JN320009

郡上八幡
伝統を生きる

地域社会の語りとリアリティ

足立 重和

新曜社

目　次

目次

序章　郡上八幡へようこそ

1　あるフィールドワークの一日

朝、午前六時、時を報せる秋葉三尺坊の鐘がゴーンと鳴る。この鐘の音が鳴ると、私はたとえどんなことがあっても、一度はふとんのなかで目を覚ます。その後すぐさま、再び目を閉じ眠りにつこうとする。だがその一方で、間借りしている下宿の表の通りでは、もうすでに近所の人々が思い思いにほうきを握りしめ、自宅の玄関前を掃除しながら、忙しく通りを行き来する人に声をかけ、立ち話にふけっている。そう、郡上八幡《ぐじょうはちまん》の朝は早いのだ。

ある年配の主婦の話によれば、かつて嫁たる者は、どんなに暑い日も寒い日も、誰よりも早く目覚めて家の玄関に立ち、家のまわりを掃除し、手際のよさを近隣の嫁どうしで競い合ったものだという。朝早くに掃除をすませ、玄関に水をまいている家を見て、郡上八幡の人々は、あの家はなんときっちりし

写真序・1　タノモシでの歓談
（岐阜県郡上市八幡町下殿町，2010年3月21日撮影）
「門講二十才会」の会員たち

たことよと口々にほめ合ったのである。もうそのような競い合いは廃れてしまったと人々は嘆いていたのだが、よそ者である私には、いまでも続いていると思えてならない。それに比べ、秋葉さまの鐘を聞きながら二度寝にふける私は、なんとお気楽なのかとぼんやりと考えながら、階下の会話をふと耳にする。そこでは、「やっとめやなぁ（＝久しぶりだねぇ）」「おぃおぃおぃおぃ」とばかりに、知り合いを呼び止め、楽しそうにおしゃべりの花を咲かせている。

そのような私でも、しかるべき時間がやってくると、遅まきながら郡上八幡での一日をスタートさせる。まず向かう先は、午前九時三〇分に開店する行きつけの喫茶店である。そこで、「やっとめやなぁ」とばかりに、その店のマスターや知り合いの常連さんから声をかけられ、雑誌や新聞を手に、彼らの傍らに座る。しばらくは、「いつ八幡に来た？」「大学はどうした？」と尋ねられるが、それもつかの間で、次から次へやってくる常連さんが会話の輪に入るたびに、話題はコロコロと変わっていく。

この喫茶店には、ほぼ決まった時間に、ほぼ決まった常連客がやってくる。彼らは、ほぼ決まった席に座って各自の飲み物をすすりながら、さまざまな話題――昨日今日のニュース、まちでのイベント、ある人物の噂、今後のまちのあり方など――をマスターを交えて語り合う。そして、然るべき時間になると、あらかじめ店にキープしてあった一一枚つづりのコーヒーチケットの一枚をはぎとり、「これで」と言って支払いをすませ、店を後にする。傍らにいる私は、新聞や雑誌に目をやりながら、耳を傾けたり、相槌を打ったり、質問したり、ときには意見を求められたりした。貴重な聞き取り調査の約束を取りつけたこともある。しかしその反面、ここでのちょっとした悩みは、そろそろ引き上げようかとしているところへ顔見知りの常連さんがやってくることである。席を立ってしまうと相手に「避けられている」と勘違いされはしまいかと、そのまま座りつづけざるをえない。これが繰り返されると、午前中ずっといることになってしまう。

写真序・2　吉田川を覗き込む地元住民
（八幡町本町宮ヶ瀬橋，2008年8月2日撮影）
地元の人々は毎日川のようすを観察する

町役場の広報のスピーカーが正午の時報をまちじゅうに響かせる頃、まちの飲食店では、地元の人々が昼食をとりに仲間と連れ立って店に入ってくる。私はほとんど一人なのだが、店内を見わたすと、みんながほぼ全員顔見知りであるらしく、親しそうに趣味、釣り、川などの話に興じていた。一人そそくさと食事をすませると、午後からは聞き取りへ向かい、そうでなければまちを歩き回ったり、図書館で資料を探したりして過ごす。市街地を二分する吉田川にかかる宮ヶ瀬橋や新橋では、橋をわたる人が必ず川のようすをうかがっている。

小さなまちを歩いていると、必ず顔見知りの人に出会い、どちらからともなく挨拶をする。そして、ときには相手から話し

写真序・3　タノモシの賑わい
（八幡町下殿町，2009年9月21日撮影）
運ばれてくるご馳走をつまむ。月一度，気の合った者どうしの共同飲食が人生にハリを与える

写真序・4　タノモシの新年宴会
（八幡町新町，2010年2月21日撮影）
三味線に合わせてビール瓶の口に置いたタバコを蹴って落とすお座敷遊び。失敗してもみんなで大笑い

かけられることもある。そうやって何人かと続けざまに挨拶をしていると、私のような者ですらこうだから、こうやって毎日を語りながら過ごすのだなぁと地元の人々の日常に思いをはせる。まちじゅうの至るところで交わされる、顔見知りどうしのちょっとした会話に目をうばわれてしまうのだ。

午後六時、役場の広報スピーカーが『遠き山に陽は落ちて』を鳴らす頃、飲み屋はにわかに活気づく。それぞれの店には、喫茶店と同じように、常連たちがほぼ決まった時間にやってくる。私も食事がてらに行きつけの飲み屋に繰り出す。近年は一人で飲みにいっても、顔見知りの主人や店員と話しながら、飲食を楽しむようになった。しかし、フィールドワーク当初、一人で酒を飲んでいると、まわりが連れ立って店に来ているだけにやけにさびしいものがあった。

そういう場合、地元の人々は「どこの若い衆や?」と声をかけてくれる。それをきっかけにして会話が始まる。彼ら曰く、八幡では一人で飲みに出かけるのは非常にまれなのだそうだ。だから珍しさも手伝って声をかけるのだという。たしかにその店の奥では、仕事を終えた人々が徐々に集まって宴会を開いている。それは単なる宴会ではなく、地元では「タノモシ」(=頼母子講)と呼んで、月一回の縁日を決めて、飲食する会であるという。そこでは何やら世話人が出席をつけていた。そして、飲み代の余りを積み立てて、みんなでバス旅行などに出かけるという。

酔って店を出る。すっかり夜になった。同じように酔った地元の人とすれ違いながら宮ヶ瀬橋を本町へと向かってわたるとき、橋の両脇に備え付けられた電灯がポーッと灯っている。吉田川の川音を聴きながら、お城山に目をやると、ライトアップされた郡上八幡城が夜空に浮かんでいた。午後九時、秋葉さまの鐘が再びゴーンと鳴り響くと、夏ならば郡上おどりのお囃子が遠くでかすかにこだまする。あたりは静まり返り、私も下宿に帰りついてすぐにふとんにもぐりこむ。すると、下宿の表を通りすぎる、酔っ払った人々の会話や甲高い笑い声が聞こえてくる——。

2　地域社会の語りとリアリティ

2・1　語りという出来事

一九九三年六月から、筆者はこのようなフィールドワークを断続的に続けてきた。このようなフィールドを、社会学では教科書的に「地域共同体」（＝コミュニティ）と呼ぶ慣わしがある。一方、地元住民も肯定的であれ否定的であれ、「この小さな町は人間関係が緊密で……」という具合に、社会学者が好んで用いる「地域共同体」を受け入れているようでもある。

しかし筆者には、このような郡上八幡の日常を一括りに「地域共同体」と実体視することで漏れ落ちるものがあるように思えてならない。それは、地元住民が日々他者（を前提）に語りかけているという出来事それ自体である。語りという出来事こそ、地域社会を突き動かしているのではないか。つまり、地域共同体とは、地元住民が語り合うことを通じて再生産され、維持されてきたといえよう。語りがなければ、地域社会は存立しえないことになる。

本書では、郡上八幡の個別性に着目しながら、地域社会が語りによって日々生成され、維持されていることを示そう。その際に、まずは住民の語りを単なる事実伝達や意思疎通の媒体と見なすのではなく、語りが地域社会を突き動かす行為であると考えたい。

2・2　構造論的アプローチにおける語りの位置

だがほんとうに語りそれ自体にそのような効力を認めることができるのだろうか。このような問いに対して、わが国の、特に家族・村落・労働社会学において「最良の遺産」（玉野 2004: 64）と評価されてきた実証研究は、暗に否と答えるだろう。もっと正確にいえば「特定の地域や集団をじっくりと観察・叙述しようとするモノグラフ」（玉野 2004: 67）は、人々をそのように語らしめる「構造」（社会構造、階層構造、地域権力構造など）のほうに分析のポイントをおいてきたために、語りそのものを研究対象の範疇外においてきたといってよい。このような分析視角を「構造論」と呼んでおこう。このような構造論的アプローチは、わが国のモノグラフ研究の黄金期（一九六〇年代以前）だけでなく、現在でもフィールドワークを志向する研究者が依拠する有力な分析視角といえよう(1)。

構造論的アプローチは、なぜ語りそれ自体を研究対象にしてこなかったのだろうか。そこには言語に対する非常に強固な想定が介在している。その想定とは、言語（語り）はなにがしかの事態・事実を的確に反映する（すべきだ）という言語観である。このような言語観を、科学哲学の分野では「言語の対応理論」（Gergen 1999＝2004: 31）と呼んでいる。ここでいう言語の対応理論とは、言語それ自体と、それに相当する（とされる）なにがしかの事態・事実が一対一に対応することを意味する。

このとき、言語と事態・事実が一致した場合にその発言は〝真〟となり、一致しない場合（あるいは、そもそも事態・事実が存在しない場合）は〝偽〟となる。このような言語観のもとでは、ある語りはつねに〝真か偽か〟のどちらかでなければならない。構造論的アプローチは、それぞれの住民の語りからニュートラルな事態・事実を抽出・分類しながら、それら事態・事実の蓄積から首尾一貫した体系を備えた「構造」を導き出してきた。

ここで問題にしたいのは、構造論的アプローチが「構造」を導こうとするあまり、目の前に頻発する住民の語りを単なる「移ろいやすい事実の乗り物」として、語りの背後に隠された構造こそ、住民たちをそのように語らせていると見なす、転倒したフィールド認識である。語りは一見すると正当に取り扱われているようにみえるが、実際には「社会の隠された特徴を指示するインデックス」（菅原 1995: 234）の位置づけしか与えられていない。つまり、構造論的アプローチからすれば、語りは構造に従属するがゆえに、語りそれ自体に効力を認めないというわけだ。

2・3　行為としての効力をもつ語り

しかし、日常的な語りは、つねに〝真／偽〟を問題にするとはいいがたい、別のタイプの発話形態を含み込んでいる。たとえば、郡上八幡における長良川河口堰建設反対運動を例にとろう。

実はこの運動は二つのグループに分裂してしまうのだが、筆者はその一方の地元住民の会合に参加してもよいという許可を得た。教えてもらった会場に約束の時間に入ったとたん、「あっ、足立が来た！」という一言が耳に入った。その瞬間、参加者（ほとんどは筆者の聞き取りに応じてくれた一〇人程度の人たち）はいっせいに目をそらし、筆者などいないかのようにふるまったのである。

筆者が入室してきた事実は、少人数の狭いこの部屋で誰が見てもわかる。この発話はむしろ「あっ、足立が来た！」とわざわざ語ることによって、「いろいろと外部から嗅ぎまわる足立という調査者がいるから気をつけろ」と警告しているのである。言い換えればこの参加者は、発話によって警告という行為を遂行している。つまり真偽問題とはかかわりなく、語ることが行為の遂行そのものなのだ。

ここに語りのひとつの効力を確認することができる。というのも、この会合で地元住民は、個々に会った時には親しげであったにもかかわらず、その一言でいっせいに筆者と距離をとり、よそよそしくなったからである。他者の態度を瞬時にして変容させ、その場をひとつに統制する効力が備わっている、このような語りを便宜的に「統制的発話」と呼んでおこう。当然、この統制的発話には、先ほど例示した「あっ、足立が来た！」といった短い叫びだけでなく、ある程度の長さの発話権を伴った、論理立った語りも含まれる。

このような行為としての統制的発話の効力を読み解いていくことこそ、冒頭で筆者が述べた、地元住民の語りから地域社会のダイナミズムをとらえる出発点にほかならない。言語の対応理論という言語観を前提にした構造論的アプローチは、目の前に展開する語りの豊饒さを飛び越して「構造」へ向かい、語り自体がもつ、その場を統制していく力をすくい上げることができなかったのではないだろうか(2)。統制的発話の効力――これもひとつの立派な「社会的事実」なのだ。

2・4　語りが産出するリアリティ

住民の語りが問題にしているのが真／偽という客観的事実ではないとしたら、語りの効力は何によって正当化されるのだろうか。

そこで再度、先ほどの発話に立ち返ってみたい。あの「あっ、足立が来た！」という発話によって住民たちがいっせいに筆者から目をそらせたのは、その場で「共同主観的なリアリティ」（本当らしさといった現実感）がはたらいたと考えることができる。そのようなリアリティは、われわれが具体的に「語ったり、指摘したり、表象したり、認識したり、考えたりするという状況づけられたコースを通じてのみ」（Pollner 1987: 26）初めて立ち現われる。

ところがその一方で、いったん語りによってリアリティが具現化すると、地元住民は語りがリアリティを産出する事実に注意を払うことなく、逆にそのリアリティこそが語りを正当化するように受け取ってしまう。つまり、住民のリアリティは、絶えず具体的な実践を通じてその場その場で生まれる相対的な性格をもつと同時に、いったん生まれてしまえば具体的な個々の実践から独立した絶対的な性格を帯びるという、相矛盾する二重性をはらんでいる（Pollner 1987: 26）。

そのようなリアリティを信奉し、そのなかで生きる人々にとって、現前するリアリティは、〈いま・ここ〉において「至高のリアリティ」として立ち現われる。それは、「すべてのリアリティは、……絶対主義的傾向を示しているために、あなた自身で経験することなしにひとつのリアリティの窓から他のものを覗き見る方法はない」（Mehan and Wood 1975: 31）ことを意味している。つまり、地元住民にとって、そこから抜け出す術を見いだすことはむずかしく、そのようなリアリティに根ざして、次なる行為へ突き動かされることになる。

2・5　まとめ

ここで議論をまとめておこう。構造論的アプローチは、言語の対応理論を前提に、住民の語りを〝真／偽〟に選別する。そして、〝真〟と判定された語りから、「構造」を導出し、そのような「（A・シュッツのいう「二次的構成物」のような）構造こそが住民を縛りあげ、方向づける」と結論づけてきた。そのような語りがなされた場から遊離して、事後的にそのような結論に至るのである。その一方で、（すでに注で述べた松島のモノグラフのように）〝偽〟と判定された語りは、単なる「説明」「合理化」「感情の表われ」として、主要な分析対象から外されてきた。

だが、地元住民の語りは、真／偽とは無関係に発せられており、住民たちのあいだで独特なリアリティを帯びる。たとえ研究者が偽と判定した語りであっても、そのような語りを通じたリアリティを地元住民たちが信奉すれば、それが立ち現われる〈いま・ここ〉において住民を直接統制する効力をもつ。

リアリティは、構造論的アプローチが扱ってきた「構造」とそれに連なる「階層」「資源」「ネットワーク」などとは異なるかたちで住民の行為を縛り、方向づけるものとして、社会学の主要なテーマになるはずである。本書の関心は、語りを通じたリアリティを信奉する＝生きることによって、人々はいったいどのような世界（＝地域社会）を生きるのだろうか、という点にある。

3　語りと語りえぬもの――コンテクストとは何か

3・1　構造論 vs 構築論

以上に述べてきた分析視角は「リアリティは人々の語りを通じて社会的に構築される」という「構築主義」の命題に集約できるだろうか。

周知のとおり、構築主義はわが国において一九八〇年代後半から社会問題・科学・ジェンダーなどを中心に注目されてきた、質的調査の新しいアプローチである。それは、一九六〇年代から理論社会学において台頭してきた現象学的社会学やシンボリック相互作用論を実証的に展開させたパラダイムである。研究者がこれから探求しようとする特定の社会問題や科学的知識などの対象や事実が実在するかどうかをいったん「括弧入れ」(bracketing) するか「判断停止」(suspension) したうえで、いかにして対象や事実が人々による言語・言説を通じて認知的に構築されていくのかという過程 (how) を記述するものである。その際、「言語の外部に対象は存在しえない」「言語の外にリアリティはない」として、目の前で展開する言語的な相互作用のみが分析のポイントになる（中河 1999; 上野千鶴子 2001）。

このようなフィールドワークの認識論を、構造論に対して「構築論」と一括して呼んでおこう。もちろん構築論と一口にいっても実に多様な理論的立場が存在するが、ここでいう構築論とは、社会構築主義をはじめ、一部のエスノメソドロジー・会話分析や言説分析などを念頭においている（西阪 1997: 105を参照）。本書もリアリティ構築論と呼べそうな立場にあり、構築論の影響を受けている。しかし、本書の分析視角は、構築論的アプローチと重なりつつも、そこから大きくはみ出すところがある。それは、語りに分析を集中するだけでなく、分析すべき当の語りが意味を獲得する「コンテクスト」（＝語りえぬもの）(3)に敏感な態度にある。

ここで構築論との違いを明確化するために、先の「あっ、足立が来た！」に再度立ち返ってみよう。なぜこれを「みんなに警告する」という統制的発話と解釈することが可能なのだろうか。それは、その場では決して言及されない「運動の分裂」というコンテクストにおかれているからである。このようなコンテクストで発言されるからこそ、先の発話は「警告」であるし、「いっせいに目をそらす」ことは独特な意味をもつのである。

もしここで、厳密な構築論的アプローチに依拠したとしよう。そのとき、ここでのリアリティをいったん括弧入れ（あるいは、脱構築）(4)したうえで、そこで展開する言語的相互作用（言語・言説）だけを分析するならば、「警告する」という統制的発話を見いだすことができるだろうか。もしここでコンテクストという〝語りえぬもの〟の利用を禁じられたら、そもそもそこで何が行われているのかを読み解くことができなかっただろう。その意味で、地元住民の語りとは、括弧入れ（あるいは、脱構築）という〝真空〟(5)のなかで発せられているのではなく、その語りの前提となる地域社会のコンテクストのなかで初めて意味を獲得するのだ。すなわち、フィールドワークに基づいて「語りによるリアリティの社会的構築」を真に分析しようとするならば、研究者はその場で何がどのように語られているかはもちろんのこと、その語りがおかれているコンテクストという「語りえぬもの」も同時に見なければならない。

このような態度は、括弧入れや脱構築を通じて言語論的転回を推し進める構築論がつねに戒めてきた「現地人《ネイティヴ》になる」（Ibarra and Kitsuse 1993＝2000: 57）ことを、現場の真っただ中にいるフィールドワーカーとして強く肯定することにつながる。この点において、本書の分析視角は構築論的アプローチとは一線を画す一方、構造論的アプローチをとるモノグラフ的伝統に通じるところがある(6)。

3・2　コンテクストと語り

ここで明確にしておかなければならないのは、語りえぬもの＝コンテクストとは何かであろう。ここでいうコンテクストとは、文化人類学者である前山隆の表現を借りるならば、語りに先行して生起した「イベントの数珠つなぎ」（前山 2003: 282）、すなわち「継起して発生する相互に関連するイベント」（前山 2003: 283）をさす。前山のいう「イベントの数珠つなぎ」（＝コンテクスト）のなかに、筆者はなにがしかの特別な歴史的出来事だけでなく、日常的な語りを加えることにしたい。というのも、そのような語りは、時間的経過にそって「出来事」と化す可能性を秘めているからである。これら出来事のシークエンス（連鎖）を、ここで「コンテクスト」と呼んでおこう。このようなコンテクストがいま・ここで問題になる語りを取り巻いている、と筆者は考えたい。

ただ、以上のようにコンテクスト概念を論じると、住民の語りとコンテクストの関係は、語りに先行するコンテクストの優位性という点において、「コンテクスト→語り」といった因果論として定式化されかねない。しかし、そうではない。なぜなら、〈いま・ここ〉で展開する語りの意味を確定するコンテクストは、〈いま・ここ〉での語りを契機にして初めて語りの場に「呼び寄せられる」からである(7)。つまり、〈あのとき・あそこ〉の時空間に属するコンテクストは、〈いま・ここ〉での語りがなければ、立ち現われることはない。

ただし、またここで注意しなければならないのは、上記のような関係性を論じたからといって、ただちに〈あのとき・あそこ〉に属するコンテクストが〈いま・ここ〉での語りによって構築＝刷新されると構築論的にとらえてはならない。〈あのとき・あそこ〉に属するコンテクストは、〈いま・ここ〉での語りに完全には還元・解消されえない。では、〈あのとき・あそこ〉に属するコンテクストと〈いま・ここ〉での語りは、どのような関係にあるのだろうか。これらの関係について、三浦耕吉郎は、被差別部落での聞き取り調査を事例にしながら、次のように述べている。

「語りという行為のダイナミズムは、……無限の再解釈の連鎖の途中で、そのつど現在の問題関心と過去へのまなざしが交差することによって、当の語り手にとってさえおもいがけない言葉が洩らされてしまう点にある」（三浦 1998: 244–5）。

この「交差」という三浦の表現を参照するならば、〈いま・ここ〉の語りと〈あのとき・あそこ〉に属するコンテクストの関係は、次のようになるだろう。すなわち、ある語りの現場においてなにがしかのリアリティが産出されていくとき、〈あのとき・あそこ〉に属する一連のコンテクストを前提にした〈いま・ここ〉での語りと、〈いま・ここ〉での語りを契機に呼び寄せられる〈あのとき・あそこ〉に属するコンテクストは、図―地のゲシュタルトのように、お互いがお互いを明確化し合う「交錯した」関係性を示すのである。ここでいう交錯とは、〈いま・ここ〉の語りと〈あのとき・あそこ〉に属するコンテクストの二つの時空間が（厳密には語られる現在において）たんに入り交じるだけではなく、それぞれの時空間がお互いの存在ぬきでは成り立たない、というダイナミックな相互依存関係をさす。

とするならば、共同主観的なリアリティとは、構築論が主張する〈いま・ここ〉での語りや実践だけで構築されるのではなく、〈いま・ここ〉の語りと〈あのとき・あそこ〉に属するコンテクストとの交錯において立ち現われる、と考えることができる。このような交錯する時間的な往還のなかで、われわれは、〈いま・ここ〉の語りと〈あのとき・あそこ〉に属するコンテクストを同時に生きることができるのだ。つまり、人々は重層的な時空間を生きている。

3・3　交錯論的アプローチ

こうした〈いま・ここ〉の語りと〈あのとき・あそこ〉に属するコンテクストとの交錯のなかでリアリティを位置づける分析視角を「交錯論」と呼びたい。この交錯論的アプローチは、構築論的アプローチとは異なり、住民の語りの内容を括弧に入れながら〈いま・ここ〉におけるリアリティの社会的構築の形式的な過程（how）を中心に扱わない。そうではなく〈いま・ここ〉での語りと〈あのとき・あそこ〉に属するコンテクストとの交錯による共同主観的なリアリティがどのような〝質〟（what）をもつのかを探求する(8)。つまり、交錯論的アプローチは、具体的でローカルな地域社会の個別性を想定したうえで、そのような地域社会を突き動かすリアリティとはどのような〝民俗的色合い〟をもつのかを問う分析視角である。

地元住民は、実に多元的、重層的なリアリティを生きるのであるが、なかでも、自分たちの身体や感覚に適合するリアリティへとにじり寄りながら行為を遂行する。「リアリティが地域社会を突き動かす」とは、このような独特の意味合いをもつリアリティに根ざして人々が集合的に行為することをさしている。このような〝リアリティの民俗的色合い〟を重視する交錯論的アプローチは、郡上八幡のような伝統を踏まえたフィールドにおいて、有効ではないだろうか。

本書では以上のような交錯論的アプローチの問題関心と分析視角に基づき、岐阜県郡上市八幡町の地元住民の語りを手がかりに、伝統というリアリティがいかにして産出されていくのか、さらにそれがどのように地域社会を突き動かし、地元住民の〝生きざま〟を浮かび上がらせかつ形づくるのか、を明らかにする。

4　郡上おどりの保存と継承――第Ⅰ部へむけて

現在、郡上八幡では「水と踊りと心のふるさと」というキャッチフレーズのもと、行政と住民が一致団結してまちづくりに当たっている。本書も、このまちを特徴づける水（＝川）や踊り（＝盆踊り）をめぐる地元住民のさまざまな集合的な行為を手がかりに論を進める。第Ⅰ部では「盆踊り」を取り上げてみよう。

地域に住む人々にとって大きな関心事は、いかにして自分たちの町や村を活性化していくのか、である。この問いをめぐって、地元住民はさまざまな解決策をひねり出す。かつてならば、自分たちの町や村に都市部からの大型資本を導入して産業を誘致し、なんとかして雇用を確保したり、あるいは直接恩恵のない原子力発電所やダム建設などの公共事業に同意するかわりに、その付帯事業として圃場や道路などの生活基盤を整備してもらおうといった具合である。

だが、ここにあげた開発や事業が行き詰まりを見せると、地元の人々は自分たちの身近にある地域の資源を活用して観光化による地域づくりをはかろうとする。そこで注目されたのが、伝統芸能や民俗芸能といった「伝統文化」である。現在、全国各地の伝統文化を観光と保存の対象として見直す機運は、日増しに高まりを見せている。

かつて「古臭い」と一蹴され、衰退の一途をたどっていた各地のローカルな伝統文化に、地元住民はどのような関心を寄せるのだろうか。地域社会の側から要約すれば、次の二点にまとめることができよう。

まずひとつめは、ローカルな伝統文化が、その地域にとって重要な観光資源として、雇用の創出や若者の定着の契機になると位置づけられる。二つめに、そのような伝統文化は、なにがしかの集合的な「アイデンティティ」をその地域に住む人々に供給する。そして、これらの点は、お互いに矛盾することなく相互補完的であると期待される（橋本裕之 2000）。

郡上八幡の「正調郡上おどり」（以下、郡上おどりと略す）も、そのような伝統文化の典型例である。この踊りは、もともと祖先供養のための盆踊りであった。だがいまではすっかり観光化され、夏期の踊りシーズンともなると、約三〇万人もの観光客が踊り目当てに押し寄せる。一九九六年一二月に郡上おどりは「国重要無形民俗文化財」に指定され、そのお墨付きによって観光資源としての価値が高まったこともあり、ますます地元住民に「郡上八幡人」としてのアイデンティティを供給する。このような現象を前にすると、郡上おどりは各地の伝統文化のなかでも、優等生の部類に属するだろう。地元住民にとって、郡上おどりはさぞや誇らしいに違いない。

ところが、フィールドワークを重ねると、郡上おどりに対する地元住民の反応はたいへん冷ややかであった。彼らは筆者に「地元の踊り離れ」を語り、実際に踊り会場では観光客が楽しそうに踊る姿を遠巻きに眺めるといった状況である。さらに近年になって、郡上おどりの担い手とは異なる地元の有志たちは、郡上おどりとは別の盆踊りを復活させ、イベント化するまでに至ったのである。このような一連の動きをいったいどのように考えればよいのだろうか。何やらよそ者の期待に肩すかしを食らわせる地元住民の「不可解で静かな動き」の意味を明らかにすることによって、今後の伝統文化と観光の関係や伝統文化を通じた地域づくり運動のひとつのあり方が提示できるのではないか。

第Ⅰ部で論じる「地域づくり」とは、「発展の政策および戦略にかんするだけでなく、より身近な、暮しのスタイルの工夫にも関わり、人々がなにを楽しいくらしと感じるかの、生活の感覚および価値観にあいわたって……根底から考え直そう」（鶴見 1996: 11）という運動のことをさす。つまり、このような運動のポイントは、インフラ整備や生業確保といった具体的な目的があるのではなく、「自分たちが暮らす地域社会を見直そう」といった価値の問題が前面に出てくる点にある。

そこで特に、郡上八幡において地元の踊り離れ、なかでも郡上おどりとは異なる盆踊りイベントの開催には、いったいどのような意味があるのかを、交錯論的アプローチから明らかにすることにしたい。観光化とは異なるまちづくりのあり方を模索するために、郡上八幡の踊りのいまを詳しく見ていこう。

注

（1）この表現からわかるように、社会調査（ひいては社会学）の歴史から見て、実証研究が構造論と深くかかわってきたために、後述する「構築主義」などの新たな質的研究のアプローチを提唱する研究者は、構造論的アプローチをとるフィールドワーカーを一括して「実証主義者」あるいは「本質主義者」とラベリングしてきたように思う（たとえば、桜井 2002; 山田 2003）。しかし、このようなラベリングは不正確であると思われる。というのも、本書の立場からすれば、構築主義的なフィールドワーカーもデータを用いて「実証」（落合 2005: 138）してきたからである。そのように考えるならば、構築主義も「実証主義」である。ただ、後に詳述するが、本書では実証研究＝構造論という長年の「癒着」を引き離し、構造論だけが唯一の実証研究の方向性ではないことを主張し、語りを基軸にした新しい実証研究の認識論や方向性を提示することをもくろんでいる。

（2）当然ながら、構造論的アプローチに依拠するフィールドワーカーも、フィールドにおいては統制的発話の存在に気づいていた。たとえば、わが国のモノグラフのなかで特筆すべき業績である、松島静雄の友子（＝鉱山労働者における親方子方関係）研究において、友子の発生時期をめぐって、次のような記述がある。

「しかしながらここで友子の発生時期を定めるにあたって、右のごとき伝承に頼ることがきわめて危険であるのはいうまでもなく、関ヶ原の役が慶長五年、大阪冬の陣が慶長一九年、夏の陣が元和六年である等、伝承における記述と具体的年代との間にギャップが多いばかりでなく、記載されるがごとき場所で家康と幸村が戦ったという史実も存在せず、たとえそのような事実があったとしても、東軍敗走して家康が坑内に入って命を助けられたというがごとき伝承が全く想像できがたいことには変わりない。それ故かかる伝承が、多くの伝承がそうであるごとく史実を忠実に伝えたものというより、むしろすでに成立していた坑夫の特異な生活様式を合理化し説明しようとする理論附けとして理解するのが至当である」（松島 1978: 19–20）。

「坑夫はそもそも流出者的な性格が強く、『あらくれ者』として外社会から常に蔑視の対象とされてきた。それに対し彼らは彼らなりにプライドを持ち、何かにつけてよく『昔坑夫は野武士の地位を与えられていた』とか、『二本の刀を差していたが、今日取立ての際二本の扇子を与えられるのはその名残である』などと真面目に主張するが、これはある意味で外社会の蔑視に対する彼らの反撥的な感情の表われとして理解することができる」（松島 1978: 80）。

これらの引用の最後において、松島は、本書でいう統制的発話に近いものを指摘している。しかし残念ながら、彼の関心が友子という親方―子方の主従関係のパターン（本書でいう「構造」）に向いていたために、統制的発話になりうる友子の起源をめぐる伝承は、「伝承における記述と具体的年代との間にギャップが多い」「史実も存在（しない）」がゆえに、〝偽〟と判定され、関心を引くことはなかった。本書の立場からすれば、そのような伝承を坑夫たちが「真面目に」受け取ることによって、どのような世界が展開するのだろうか。そのような現象は、社会学的な対象として残されたままである。

（3）「語りえぬもの」としてのコンテクストについては、三浦耕吉郎の議論（三浦 1998）に多くを負っている。フィールドワーカーからすれば、このようなコンテクストは、個々の語りや場面を分析するうえで必要となるエスノグラフィックな情報として提示されることになる。構築主義的なフィールドワーカーであるJ・A・ホルスタインらも、語りを分析するうえで「背景知の利用」を推奨する（Holstein and Gubrium 1995＝2004: 117–21）。だが、このことは構築論においてつねに、方法論的な矛盾としてとらえられてきた。この矛盾点を踏まえつつ、草柳千早はわが国の夫婦別姓やセクシュアリティなどの言説分析を通じて、問題が語られるコンテクストに着目しながら、社会問題研究における構築主義の「クレイム申し立て」概念を再考した（草柳 2004）。また、自己の物語論的構成に取り組む浅野智彦も、語りと「語りえぬもの」の緊張関係を考察した（浅野 2001; 2003）。

（4）とはいうものの、構築論的アプローチでいう対象や事実の「括弧入れ」「判断停止」「脱構築」は、フィールドワークの最中には行われない。というのも、構築論的アプローチも構造論的アプローチと同様に、インフォーマントの語りという出来事を前にして、「何かがある」という対象の実在性を前提に調査を開始せざるをえないからである。すなわち、括弧入れ、脱構築の前に、対象や事実の実在性が先行する。とすれば、かかる調査者は当初から一貫して懐疑的な態度をとっているわけではない。もしここで調査者がフィールドワークの最中に懐疑主義を貫いたならば、聞き取りそのものが成り立たなくなり、「変な奴」だとフィールドから追い出されてしまう（足立 2004: 122-3）。そういった意味では、構築論的アプローチも、まずはインフォーマントが生きる場のコンテクストに沿って、対象や事実の実在性を認めざるをえない。

なおその反対に、懐疑主義的態度を取りつづけることによって、聞き取りの現場で立ち現われる「書かない者の〝ちから〟＝常識的知識のはたらき」を見いだした事例については、足立重和（2004）を参照のこと。

（5）ここでいう〝真空〟とは、「括弧入れ」「脱構築」というアカデミックな作業が理論的に仮定する「社会的現実の〈存在論的始源〉」（山口 1982: 107）を意味する。注4でも述べたように、まずはインフォーマントが生きる場のコンテクストに沿うことでしかデータとしての語りを収集することができない。にもかかわらず、かかる調査者はデータとしての語りを収集した後、対象や事実の実在性を「括弧入れ」（あるいは、脱構築）する。岸政彦は、ここでいう真空を「真理値の空白」と表現しながら、（当初、岸自身も従事していた）構築主義的生活史研究において「論文を書くにあたって、真理値をふたたび空白のままにしておくということが、いかなる理論―実践上の一貫性を持ちうるのか理解することは相当に困難である」（岸 2004: 118）と論じる。

ただ構築論の立場からすれば、このような研究者側の作業は、「世界や対象のリアリティを否定しているのではなく、リアルなものとしての世界やそのすべての現われを、いかにしてメンバーが経験するのかを見るための戦略にすぎない」（Maynard and Clayman 1991: 389）のかもしれない。このような「戦略」

をとることで、構築論的アプローチは一瞬生じた理論的真空のなかにデータとしての語りをおき直しながら、「言説を通じて対象が0（＝無）から1（＝有）へと構築されつつある」という社会的・認知的構築過程を際立たせることに成功した。だがその反面で、インフォーマントが生きる場のコンテクストを分析対象から外してしまい、「純粋に」語りだけの分析（分類）に専心してしまった。このことは、構造論的アプローチとは異なったかたちでの、ある種の転倒したフィールド認識ではないだろうか。

（6）フィールドワークの認識論において、実証主義（本書でいう構造論）と構築主義（本書でいう構築論）を対立的にとらえる議論が盛んに行われている。そのなかで、個々のフィールドワーカーは、自らの立場を「実証主義―構築主義」のどちらかに位置づけるために、相手方を「実証主義者」あるいは「構築主義者」とラベリングする傾向にある。しかしながら、語りの現場では、フィールドワーカーはずっと一貫して「実証主義者」でも「構築主義者」でもなく、ときには「実証主義的な視点」（構造論）をとり、ときには「構築主義的な視点」（構築論）をとる。その点において、本書にて乗り越えられるべきは、フィールドワークの認識論（パラダイム、方法論、事後的なデータ処理の方法）であって、モノグラフそのものではない。ただ、玉野和志（2004）が論じるような「階層」といった構造論的アプローチだけが実証研究の唯一の方向だと筆者は考えない。

おそらく、構造論的アプローチから調査を積み重ね、重厚なモノグラフを書き残してきたフィールドワーカーたちも、本書が中心的な対象に据えている統制的発話としての語りを実感してきたはずだ。たとえばかつて中野卓は、いわゆる同族理論の関心から、ある下請工場の組合活動におけるインフォーマルな人間関係（＝親方子方）に焦点を当てたが（中野 1978: 158–223）、そこには、意図せざるかたちで統制的発話が記述されている。この記述は、構造論的アプローチのもとでもカットされずに活字化された興味深いテクストである。本書は、そのような出来事をより自覚的にとらえる社会学的な分析視角を提示していこうとするものである。

(7) なお、〈いま・ここ〉の語りを契機にしてコンテクストが「呼びよせられる」という点に関しては、認知科学者である上野直樹が提唱する「状況論的アプローチ」(上野直樹 1999: 67-73) からも、その着想を得た。ただし、本書との大きな違いは、状況論的アプローチが、エスノメソドロジーの知見である「文脈依存性」(indexicality) と「相互反映性」(reflexivity) に依拠しつつ〈いま・ここ〉という場面や局所的相互行為の記述に終始するのに対し (本書でいう「構築論」に当たる)、本書では、これまで論じてきたように、〈いま・ここ〉の語りにおいて「呼びよせられる」コンテクストに、かなりの時間的・空間的な幅 (=〈あのとき・あそこ〉といった歴史性) をもたせている点にある。

(8) 北部タイを訪れて会話分析を行った人類学者のM・モアマンは、タイ人の日常会話のトランスクリプトが「アメリカのブロンクスの若者やオレンジ郡の主婦たちの会話に比べてもほとんど変わりがなかった」(Moerman〔1989〕1992 = 1991: 315) と失望をまじえながら告白している。このことは、会話分析 (ひいては構築論) が日常会話の形式性を重視するあまり、会話の一般的な規則性のほうに関心が向いてしまい、特定の場所における語りの独特な性質 (=色合い) を対象化しにくくなっている、と考えられるだろう。

第I部　郡上おどりを踊る

第1章　「城下町」というリアリティ――郡上八幡の社会学的スケッチ

1　城山に登ってまちを見わたす

民俗学者の宮本常一は、民俗調査のなかで「とくに大切なことは高いところへ上って自分の調べようとする村と村をとりまく自然環境を見ること」（宮本 1976: 75）だと述べている。そのアドバイスに従って、郡上八幡の全容を見わたすことができるお城山に登ってみる。アスファルトで舗装された山道を二〇分ほどくねくね登っていくと、うっすらと汗をかく頃に郡上八幡城の石垣が見えてくる。さらに石と砂利の階段を登りきると、左手に城の入場口と売店がある。そこでふと右手を眺めると、眼下に郡上八幡の町並みが拡がる。四方を山に囲まれ、それら山の緑から浮かび上がったその町場全体は、地元の人々が言うように、なるほど〝魚のかたち〟のように見える。

青々とした奥美濃の山々を越えていくと突如として小京都を思わせる町並みが出現する――現在、

「郡上八幡」と呼ばれている場所は、東経一三五度・北緯三五度、岐阜県のほぼ中央にあり、木曾三川のひとつ長良川の河口からおよそ百キロ上流の地点にある。車で行けば、岐阜市内から東海北陸自動車道で北へ約一時間のところに位置する。本書でいう郡上八幡とは八幡町市街地区をさすが、郡上郡八幡町は二〇〇四年三月の「平成の大合併」で隣接する市町村との合併を果たし、郡上市の一部になった。二〇〇九年二月末現在で郡上市人口は約四万七〇〇〇人。筆者が主にフィールドとしてきたのは、このような八幡町のなかでも特に〝魚のかたち〟と称される市街地区に当たる。

現在の八幡町市街地区は、江戸後期に八幡一一箇町と呼ばれた町場と島谷村が一八八九（明治二二）年に合併して誕生した旧八幡町と、それに隣接する市街地からなる(1)。市街地区は八幡町の中央に位置し、長良川とその支流である吉田川が合流しており、合流点から吉田川沿いにかつて城下町が発達した。市街地区は四方を山で囲まれた狭い盆地のなかにうなぎの寝床のようなかたちの町家がひしめき合っており、それを取り囲む山々には狭い農地を伴った山村集落が点在している。

筆者がフィールドワークを開始した一九九三年、八幡町全体の人口は一万七七三九人、五四一一世帯であったが、この一〇年ほどのあいだにゆるやかな減少傾向が見られ、二〇〇二年には一万六七九二人、五四七七世帯、二〇〇九年二月末現在一万五四九四人、五四六四世帯となっている。八幡町市街地区の人口は約一万人ほどである(2)。

八幡町の主要な産業を見ると、サービス業二五・三％、製造業二三・八％、卸小売飲食一八・八％、建設業一四・〇％、となっている（産業分類別就業者数の割合）。特にサービス業は、観光にかかわる施設、なかでも旅館や民宿などが多数を占めていると考えられる。製造業は、家具などの木材加工と

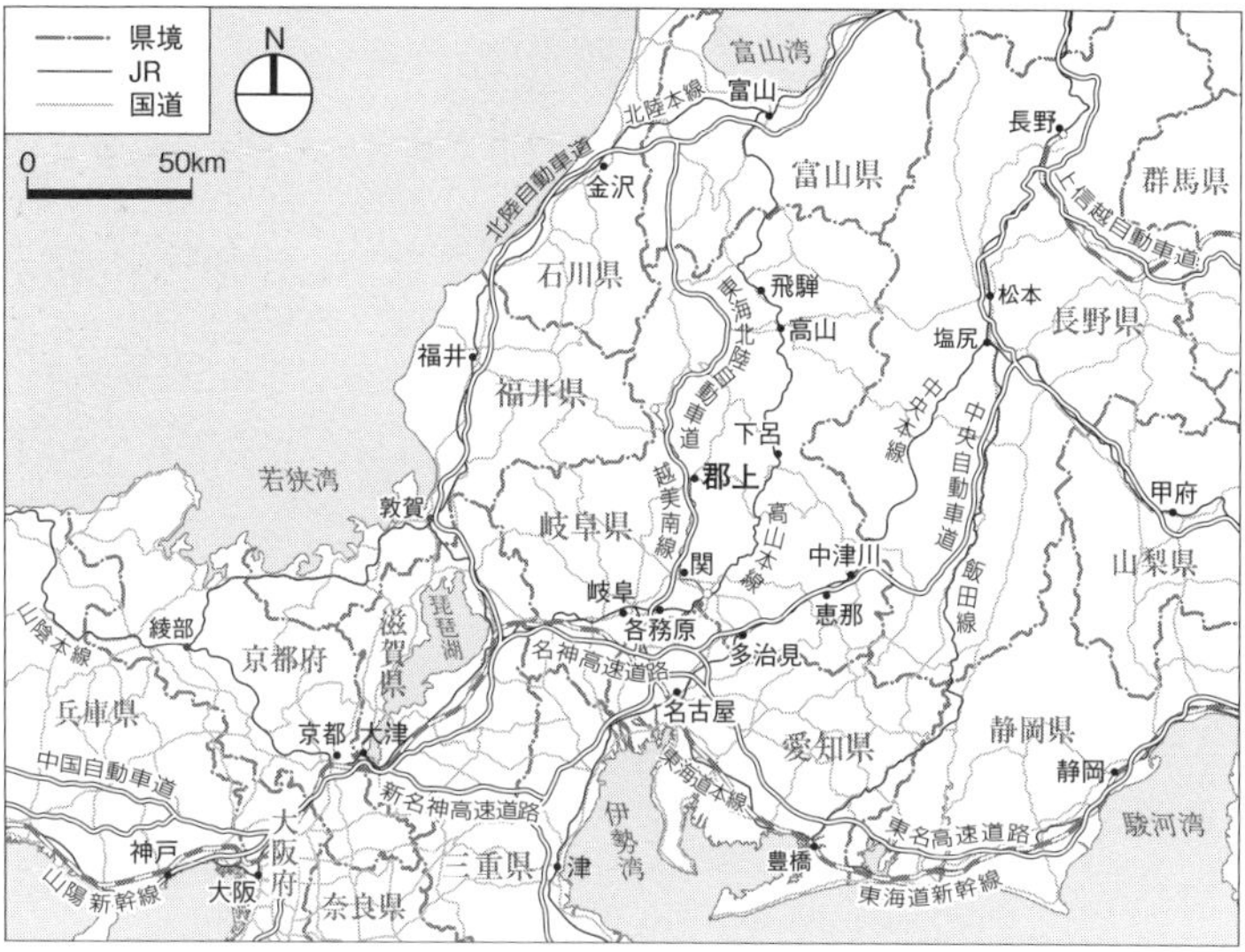

図1・1 郡上八幡位置図

写真1・1 郡上八幡 市街地全景
（郡上市八幡町，2008年11月12日撮影）
城山からの眺め

写真１・２　柳町の古い町並み
（八幡町上柳町，2009 年 5 月 15 日撮影）
袖壁のある民家が並ぶ。多くが大正から昭和初期にかけて建てられた

いった山合いの地域に特有の地場産業が主である（八幡町 2003）。

特筆すべきは、卸小売・飲食業であり、製造業に次ぐ就労数をかかえる。八幡町市街地区には実にたくさんの飲食店や小売店があるが、これは旧八幡町が郡上郡のなかで一番の商業中心地であったことに由来する。周囲に点在する集落に住む人々は、ハレの日が近くなるとまちに出て買い物をするのが楽しみであった。これらの飲食店や小売店の規模はどれくらいかといえば、就労数一五九五人に対して事業数が五四六であるから、概算で平均三人にも満たない。それら小さな店舗は、当然ながら八幡町市街地区に集中するから、常連が集う喫茶店や飲み屋をやたらに目にすることになる。序章の冒頭で述べたような筆者の印象は、それなりに頷けていただけると思う。

本章では盆踊りの事例研究に入る前に、そのような八幡町の歴史を簡単にふりかえり、「水と踊りのまち」として有名な郡上八幡がいかにして形成されていったのかを概観することにしたい。

2　郡上八幡城――まちのシンボル

中世期からこの地域は、太平洋側（岐阜）や日本海側（高岡・越前）、あるいは内陸側（飛騨・信濃）の三方をつなぐ交通の要衝、結節点であった。太平洋側からは古くは霊峰白山へ至る道として、また日本海側からは中世期の浄土真宗の流入に伴ってすでに旧街道が走り、それらの街道は郡上八幡へと開かれていた。そのため、いまでも地元の人々は、郡上八幡の生活文化の底流には白山信仰と浄土真宗という二つの信仰があり、その影響を受けたと繰り返し指摘する。

だが、かつて鈴木榮太郎がこの場所を「小都市」（鈴木榮太郎 1940: 480）と呼ぶほどまでの都市らしさを有するには、郡上八幡城の築城まで時代を下らなければならない。

写真1・3　郡上八幡城
（八幡町，2008年11月12日撮影）

室町時代から戦国時代にかけて、この地域一帯を支配していた東《とう》氏の分家に当たる遠藤盛数《もりかず》は、東氏との合戦をひかえ、一五五九（永禄二）年、八幡山に山城を築く。ここは南と西に川が流れ、北と東は切り立った崖となる自然の要塞であった。その後、東氏を滅ぼし郡上地方の統一を果たした遠藤家は、紆余曲折を経ながらもここに居城しつづけた。その後、遠藤家（盛数、慶隆）→稲葉家（貞道）→再び、遠藤家（慶隆、慶利、常友、常春、常久）→井上家（正任、正岑）→金森家（頼旹、頼錦）→青山家（幸道、幸完、幸孝、幸寛、幸礼、幸哉、幸宜）と一九代にわたり城主は入れ替わりながらも、版籍奉還によって一八七〇（明治三）年に取り壊されるまで、この城は代々守り継がれてきた。

このように、大きくは太平洋と日本海をつなぐ地に自然の地形を活かして城が築かれたことが端緒となって、後々の郡上八幡という特異な小都市の生活・文化・アイデンティティが運命づけられていくことになる。

3 「水のまち」の原型

3・1 用水の整備

郡上八幡城の築城は単なる軍事的・政治的拠点にとどまらず、多くの家臣団・職工・商人が狭い盆地に集住する城下町を発展させた。郷土史によれば、一六七六（延宝四）年に描かれた一六〇〇（慶長五）年当時の町の絵図には、いまも地名の残る本町をはじめ職人町・鍛冶屋町（職工が多く住んでいたといわれる）の町割がすでに登場している（『歴史探訪　郡上八幡』編集委員会 1998: 2-4）。それから百年ほど経過した、一六九二（元禄五）年頃の城下町は、三五七戸を有し、先にあげた本町・職人町・鍛冶屋町だけでなく、吉田川を越えて南へ橋本町・大阪町・肴町・横町・今町と拡がった（地元では、吉田川をはさんで北側を「北町」、南側を「南町」と呼ぶ）。この頃の職業別戸数を見ると、郷通商人三〇戸・茶屋一六戸・塩屋一一戸・米屋一一戸・紺屋一〇戸・酒屋九戸・大工九戸・鍛冶屋九戸・豆腐屋九戸などと、もはや町場の様相を呈している（八幡町 1960: 242）。

このように近世初期に入って郡上八幡は城下町として栄えてきたのだが、そこで問題になったのは大火である。民俗学者の岩本通弥は、城下町における都市民俗をとらえる際、まず問われるべきは、

「ムラも都市もまずそれが居住の近接という空間的地縁的なる集合であると理解するなら、それが何を規準にいかに秩序だてられているか、その相違がムラと都市の人間関係の違いであるとみてよい」（岩本 1980: 44）

写真1・4　いがわ小径
（八幡町常盤町，2008年11月13日撮影）
島谷用水の上流部。吉田川から水を引いている

写真1・5　いがわ小径（同上）
用水では住民が鯉を飼う。上方は共同の洗い場

という見当をつける。続けて岩本は、ムラが生活互助組織として秩序化されているのが葬式であるのに対し、「都市における規準を……火防であると一応帰結したい」(岩本 1980: 44)とする。つまり、城下町という人口稠密地に住む人々にとって、防火は生活防衛上切実だったのである。

このことは当然、為政者側も同様であった。実際、一六五二(承応元)年、横町から出火した火災は、またたく間に横町、本町、鍛冶屋町を焼けつくす大火となってしまった(寺田敬蔵 1986a: 75)。これを機に、第六代目城主遠藤常友《つねとも》は、川から水を引いて防火用の用水を建設し、町筋に沿って用水路網を整備した(高橋 1997: 118;「歴史探訪 郡上八幡」編集委員会 1998: 131)。以後、郡上八幡の都市計画は用水路網の拡張を伴った。近代に入った一九一九(大正八)年にも大火は起きた。このとき、現・八幡町尾崎町から出火した火災は、おりからの烈風に煽られ、商家が建ち並ぶ北町一帯をたちまちにして焼き尽くした(八幡町 1961: 588; 高橋 1997: 119; 渡部ほか 1993: 59)。その直後、取水口の変更や水路の改修による水量の増量、さらなる水路網の拡張がなされ(高橋 1997: 119)、現在いわれる「水のまち」の下地ができあがった。

いまでもこの北町大火を記憶にとどめておこうと、家屋の焼失が激しかった職人町・鍛冶屋町では、用水に面した玄関の軒下に「職人町」「鍛冶屋町」と書かれた金バケツが吊り下げられており、地区のシンボルにもなっている。

写真 1・8　古い町並み
（八幡町職人町，2008 年 11 月 13 日撮影）
用水そばの軒下に「職人町」と書かれたバケツが吊るされている

写真 1・6　北町大火（大正 8〔1919〕年）
火災後の本町（出典）嶋 1994: 126

写真 1・9　防火用バケツ（同上）

写真 1・7　用水路の建設（昭和 5〔1930〕年）
用水路は水のまちの基礎となった
（出典）同上: 64

写真 1・10　雪かきする人々
（八幡町下日吉町，1993 年 12 月 23 日撮影）
いっせいに家の前の雪をかいて乙姫用水に流す

3・2　用水を介した人と人、神と人の関係

用水は緊急時だけでなく、地元住民の管理のもとで生活用水として安定的に利用されつづけた。特に水道が敷設されていなかった昭和三〇年代前半まで、用水は地元住民の生活に密着していた。

一日のタイムテーブルにそって一瞥しておくと、まず午前九時頃までは朝の身支度のため、家の前を流れる用水で洗顔や歯磨きを行った。特に女性たちは朝食の米をとぎ、食後の食器を洗うため、「セギ」と呼ばれる木製の板で用水の一部を堰き止め、水を溜めてその都度利用した。朝食の後片付けがすむと、今度は掃除・洗濯が待っている。雑巾がけ、障子の張り替え、洗濯物のすすぎなども、すべて用水の水で行った。昼食後、だいたい午後一時から三時までは、子どもの遊び場に変わる。特に夏は水遊びや魚取りができる「子どもの天国」だったという。そして夕暮れを迎えると、夕食の準備・後片づけが行われる（足立 1992: 99）。

このように地域全体で利水するには、用水ごとに水利組合を組織し、細部にわたる規約や「暗黙のルール」に基づいて維持管理がなされなければならない。たとえば、組合費の徴収によって用水補修が行われるのはもちろん、家ごとに輪番制で「川掃除」が回ってきたり、「洗うものの順序や時間が決められていたり」（渡部ほか 1993: 51）、自然に流れてくるゴミで水の流れを遮らないように、夜は必ず「セギ板」を外すといったルールの遵守が、用水の維持管理としてあげられる。

人と人の関係への配慮だけではない。地元では「川には神様がいる」というように、水を清らかに保つことは、神と人の関係にも由来する。住民が最も神様に気を配るのは、飲用に使われる井戸や湧水である。四方を山に囲まれた郡上八幡では、山々に保水された雨水が地下の石灰岩層を伝って地下水とし

て蓄えられ、それが市街地の至るところで湧水や谷水となる。地元住民はそのような井戸のそば、あるいは湧水の噴き出し口に「水神」を祀り、得られた水を無駄にすることなく生活に活かしてきた(3)。特に湧水のなかでもまちのシンボルは、本町に湧き出す「宗祇《そうぎ》水」である。もちろんここにも水神様が祀られており、地元住民は永年にわたって生活用水としてこの水を利用してきた。

この湧水は、それ以上に郡上八幡の文化を象徴する史蹟でもある。時代は郡上八幡城の築城以前に遡るが、一四七一（文明三）年頃、この湧水のほとりで連歌師である飯尾宗祇が草庵を結び、藤原定家の歌学の流れを汲む東常縁《とうのつねより》（当時の領主）より古今伝授を受けたと言い伝えられている。特に宗祇が郡

写真1・11　セギ板
（八幡町下柳町，2008年11月13日撮影）
用水の両壁に溝を掘ってセギをはめ込み，水を溜める。道路の水まきなどに使う

写真1・12　水舟
（八幡町尾崎町，2010年6月21日撮影）
山からの湧き水は奥のふたのある水槽に溜められて飲用された後，手前の水槽で中水として利用される。生活の知恵を感じさせる施設。水は備え付けのひしゃくで誰でも飲める

写真１・13　宗祇水
（八幡町本町，2007 年 8 月 12 日撮影）
1985 年に環境庁「名水百選」に選ばれた湧水。観光客はここを必ず訪れる。御堂の中に水神様が祀られている

上八幡を離れる際、東常縁が別れの歌を宗祇に与えたのがこの場所だという。この言い伝えは城下町の礎を築いた遠藤常友によって史実として記され（『白雲水の記』）、一時「白雲水」と名づけられた。また江戸期に入り、一七四一～三年には、第一二代目城主金森頼錦《よりかね》がこの史実を碑文にした顕彰碑を建立した（八幡町 1960: 151–7; 鈴木義秋 1986: 73; 高橋 1992: 222–31; 「歴史探訪 郡上八幡」編集委員会 1998: 141–51; 郡上八幡産業振興公社 2001: 42–9）。この顕彰碑は、現在も宗祇水のほとりに立っている。

郡上八幡では市街地の至るところに湧水や井戸水があり、また用水が町筋の脇を流れているため、夜になるといまでもコロコロという水音が響きわたる。

３・３　独自の釣り文化

現在の郡上八幡が「水のまち」と呼ばれるゆえんは、湧水や用水の存在だけではない。市街地を二分する吉田川、その吉田川が合流する本流の長良川も「水のまち」という特徴に欠かすことができない。

近世初期に入り、郡上八幡は城下町の体制を整えてきた。では当時の町場に住むふつうの人々の胃袋を満たしてきたものは何だったのだろうか。それをうかがい知る手がかりは少ないが、少なくとも、長良川や吉田川から遡上してきた川魚（アユ、アマゴ、カワマスなど）が「山間部での食卓の主要なたんぱく源となっていた」（柴田 1988: 25）ことは、間違いない。

「渓流魚と人の自然誌」という研究テーマから奥美濃の伝統釣法を取り上げた鈴野藤夫によれば、

「（岐阜県高山市や福井県大野市・勝山市、山形県米沢市、秋田県角館町などの）本州の脊梁山脈周辺には地理的・経済的に海魚との関係が希薄な地域が存在し、そうした地域ほど、川魚への依存度が大きかったのはいうまでもない。前出の内陸都市はいずれも江戸時代、規模の大小こそあれ城下町として発展した人口稠密《ちょうみつ》地であって、しかも卑近な位置に、優れた漁場の河川を擁していたことで共通する」（鈴野 2002: 248 補足筆者）

と述べたうえで「郡上八幡もその一つである」と位置づけている。

郡上八幡でも昭和の半ばまで、流通経路と鮮度との関係から、海魚といえば越前から峠を越えてやってくる、塩サバ・塩ブリの焼物であり、それらを地元住民が口にできるのもほぼ正月に限られていた。それに比べ、魚といえば圧倒的に川魚であり、ひんぱんに食卓にのぼっていた。浄土真宗の影響が強い土地柄、「無駄に命を絶つことはならん」と遊びでの釣りは「殺生人」と呼ばれ忌み嫌われたフシもないではなかったが、それでも地元住民（特に男性）は、アユ・アマゴ・カワマスといった川魚を釣り上げるため、積極的に川とかかわってきた。

当然、そのような川魚の需要に応えるため、川漁で生計を立てる者が出現する。そのような人々を、地元では「職漁師」（あるいは「川漁師」）と呼んでいる。郡上八幡の職漁師の場合、川魚漁一本で生計を立てていたわけではなく、ほとんどが他の生業と兼ねていたのだが、それでもシーズンごとに獲れた川魚を自家消費に回さず、魚問屋に卸していた。彼らは鮮度のよい良質の川魚を一定量釣るべく、釣りの腕前を磨くと同時に、この地域全体の釣り技術のレベルアップを牽引してきた。それが「郡上釣り」と呼ばれる、この地方独特の釣法に結実する。

「郡上釣り」とは特にアマゴの餌釣りをさすのであるが、その所作の特徴は、アマゴの微弱な魚信（アタリ）を受けたら一気に竿を引き抜き、空中に舞い上がったアマゴを腰にさしたタモで受けるという取り込みにある（柴田 1988: 39; 天野 1990: 48–50; 鈴野 1993: 378–80）。こうして無駄な動作を極力省くことで、職漁師は竿を振る回数を増やす（たくさん釣れる）と同時に、釣り上げた魚の鮮度を保つ（商品価値を高くする）ことを可能にした。また、彼らのアドバイスに従って、地元の職人たちは「郡上釣り」に合わせた固有の釣り道具（たとえば、「郡上ビク」「郡上タモ」「郡上バリ」など）を開発し、改良を加えていく（柴田 1988: 37–50）。

こうして釣り上げた川魚は、地元の魚問屋を経て、後述する「町衆」あるいは「旦那衆」と呼ばれる豪商や旅館などに買い上げられた。特にアマゴに関しては、釣り上げてからの鮮度落ちが激しく、氷で冷やすと身がズブズブにふやけてしまうので、町内でしか消費されない。しかし、保存が効くアユは、町内だけでなく、町外へも売られた。郡上のアユが本格的に町外に流通しはじめたのは、大正期からである。その当時、地元のある老舗の魚問屋が職漁師から集めたアユを氷で冷やし、大八車に乗せて美濃まで運び、その後川舟で岐阜の市場に送ったという。それらは「郡上アユ」として、岐阜の仲買人の手を経由して鉄道で東京まで運ばれ、高級料亭に高値で引き取られた。現在でも全国的に有名な「郡上アユ」のブランド化は、この頃からすでに確立されたのだった。

以上のように、現在の郡上八幡の「水のまち」という特徴は、城下町にはりめぐらされた用水と住民とのつきあい（水循環システム）と、川魚を商品化するまでに高められた独自の釣り文化とが組み合わさった、水をめぐる生活文化に由来しているのである。

写真1・14　吉田川で遊ぶ人々
（八幡町左京町，2008年8月2日撮影）
アユ釣りを楽しむ釣り人のそばで，家族連れが泳ぐ

写真1・15　吉田川
（八幡町新町，1993年6月21日撮影）
町を二分して流れる。中央が城山，その山頂に郡上八幡城。右奥の橋が宮ヶ瀬橋

4　文化の薫りただようまち

4・1　町衆の台頭

そのような「水のまち」郡上八幡は、現在、東京―名古屋―大阪などに代表される表日本からみれば、「奥美濃」と称されるように「辺境」と見られがちである。だが地政学的にいえば、長良川を舟で下れば岐阜・名古屋へ、徒歩や牛馬で峠を越えれば越前・京都へ、あるいは飛騨・信濃へという具合に、太平洋側・日本海側・内陸側という三方をつなぐ交通の要衝であった。すなわち、城下町の誕生期から陸運の発展期まで、このまちは物と人の往来が盛んな、数ある政治的・経済的・文化的中心のひとつだったといえよう。

そのような物資輸送の大動脈は、長良川水系の舟運であった。一七世紀初め、郡上八幡より長良川を下った上有知《こうずち》（現・美濃市）では、川湊が整備され、美濃和紙の生産地を背景に市《いち》が発展して、上流部から舟運でもたらされる木材・炭・茶・生糸・林産物などの集散が盛んであった（山本 1979: 40; 伊藤安男 1991: 247; 岐阜県博物館 1994: 30; 青木ほか 1999: 64–5）。特に郡上八幡は、近郷の村々から買い上げた生糸で有名であった。郡上藩はこれら特産品を扱う郡上八幡の商人たちに専売の特権を与えたため、「町衆」「旦那衆」と呼ばれる豪商が町場に現われるようになる。町衆たちのなかには、近世後期から貨幣経済への移行に伴い窮乏した郡上藩財政のために、御用金を貸し付けるほどの財力をもつ者までいた。

つまり、当時の城下町に台頭してきた町衆は、長良川の舟運を最大限に活用しながら、周辺の村々をトレードエリアとして「關心共同圏」（鈴木榮太郎 1940: 447）に巻き込みつつ商いを営むだけでなく、そのような関心共同圏と太平洋側・日本海側・内陸側の物流も媒介することで富を得たのだった。

4・2 先端的な文化都市

明治期に入っても町衆たちの経済力は衰えることはなかった。当時の郡上八幡は、生糸・木材・炭の集散地であった。なかでも生糸は近代国家の確立にとって重要な海外向けの輸出品であったため、町衆たちは、近郷の農家の娘たちを女工として雇い入れ、次々と製糸場を立ち上げていく。また、吉田川を下手で堰き止め、そこで木材を筏に組んで岐阜まで運ぶ舟運が最盛期を迎えた。当然ながら、郵便局・税務署・裁判所といった官公庁の支所や銀行などの金融機関が相次いで郡上八幡に開設される。特に一八九九（明治三二）年、この山間の町に岐阜県下で初めて水力発電所が設立され、「八幡水力電気株式会社」が誕生するなど（寺田敬蔵 1986b: 44）、当時の町衆たちの起業精神と先進性をうかがい知ることができる。

その一方で町衆たちは、俳句・連句・短歌・文学・茶道・書道・華道・囲碁・絵画・芝居・写真・民芸品収集など、実に多種多彩な趣味の世界にのめり込んだ。なかには、自らの趣味（あるいは道楽）が高じて、本業で築いた財をつぎ込む者もいた。たとえば、一九〇六（明治三九）年、岐阜県一と評判の芝居小屋を郡上八幡に完成させたのは、芝居好きの製糸業者である武藤喜一郎だった。そのこけら落としには、上方一の芝居一座を招き、顔見せの町回りを経て、初日公演の人だかりのなかで「旦那衆が揃つて木戸番をするなど」(水野 1990: 103)、率先して町衆集団が最先端の文化を取り込んだことがうかがえる。もちろん芝居に限らず、最先端の著名な文人や芸術家と交流をもちながら、本業の傍ら「文人」「芸術家」として中央の文壇や芸術界などで自らの歌・小説・絵画などを発表した。

こうした郷土の誇りとなりうる文化活動の担い手は、郡上八幡において裾野が広く、また層が厚い。それを感じさせる記述が、ある町衆の家に育った女性(明治三〇年生)の語りのなかにある。

「満月の晩でございました。水谷のひとたちが「出會《であひ》」(長良川と吉田川の合流地点、筆者注)のところで歌をつくつておいでる。行つてみなれんかとをなご衆に言はれ、出かけたことがございました。……道から川原へ下りる中ほどの芝生にヘツとり(薄べり)を敷いて、水谷のおばさまと久任さん、靜《しづ》さん坐つてみえました。ヘツとりの上の金蒔繪のお重に稲荷鮨や海苔巻きが入つてゐて、私たちが行くとおばさまがおかさ(お皿)に取つて下さいました。ついて來た水谷の小僧さんがヘツとりのへりに腰をおろして、巻せんべいをぱりぱりと音立てて食べてをりました。

おばさまたちは、硯箱を引き寄せて、美濃紙の綴《とぢ》合わせたのに何やらちよつと書きつけたり、短冊を書いたりしてみえます。「出會」のあたりは月をいつぱいに映して、一枚の銀の板のやうにかがやいてをりました。私はこのとき風流といふもののおもしろさと不思議さとを、うつすらと感じたやうに覺えてをります。そして川原の方から子供ながらの寫生帖を持つて戻つて來ました隆さまは、のちに私の主人となりましたひとでございます」(水野 1990: 82–3 強調原文)。

このように、当時の町衆と呼ばれる家々は、季節の行事として郡上八幡の自然を愛で、それを日常的に歌に詠んできたのである。それほど当時の町衆たちは幼い頃からさまざまな文化や芸術を身近に感じることができ、それらを実践する「サロン」のような「社交社会」（山崎 2003）が日常的に存在していたわけである(4)。

4・3　観光への着目

ところが、大正期にさしかかり、第一次産業から第二次産業（重工業）へと移り変わる産業構造の変化や、舟運の衰退による河川の「中心性の喪失」（田中 1993: 108–9）によって、郡上八幡の経済はかつ

写真1・16　明治時代の郡上八幡市街地
（明治35〔1902〕年）
城山から見た南部の市街地と吉田川，
宮ヶ瀬橋　（出典）嶋 1994: 10

写真1・17　宮ヶ瀬橋付近（同上）
寄席の朝日座が料理店玉屋として開店
（出典）同上: 22

写真1・18　明治時代の新町通り
（明治40〔1907〕年）
商家の町並み。右が百二十八銀行本店
（出典）同上: 18

ての勢いを失っていき、「町衆」たちの組織も少しずつ崩れていくようになる。特に、当時の郡上八幡の主要産業である「……製糸工場や織物会社は、消費地が遠方であるのと交通が不便で輸送が困難なため大正期に衰微した」（八幡町 1961: 637）のだが、ここでいう「消費地が遠方」あるいは「交通が不便」などの点は、「明治末から大正にかけて……地方において多くの電気鉄道会社が設立され……国有鉄道の地方線網が整備されていった」（田中 1993: 108）ために、郡上八幡が鉄道網から取り残されて、いわば「僻地化」「辺境化」したことが原因と考えられる。

写真1・19　昭和初期の郡上おどり
（昭和5〔1930〕年，下柳町）（出典）嶋 1994: 108

このような状況で新たに誕生したのが「郡上おどり」である。郡上おどりについては後の章で詳しくふれるが、この盆踊りは、もともと郡上郡全域においてさまざまな踊り種目のなかから、七種類（後に一〇種目）が選定されて、郡上おどりと命名されたものだった。それらの曲調や所作は、明治期からこの地に栄えていた芸妓衆の協力のもと、日本舞踊の影響を受けて、再創造された。一九二三（大正一二）年には、明治期に「土俗」として公的に禁止された「郷土芸能の復興」をめざして、地元有志たちが「郡上おどり保存会」を結成し、本格的に保存・継承に乗り出していく。その際、町の有力者である町衆たちは、積極的に踊りに手を入れ、保存会の顔役として要職に就いていく。

大正期に入って郡上おどりが創造された経緯については、郷土資料や郷土史家の解釈に当たってみても、この時期になぜ「郷土芸能の復興」が起こったのかが定かではない。当時の郡上八幡を考えると、経済的・文化的に先進的な目をもつ町衆たちが中心となって、将来のまちづくりの方向として観光化を意識していたと見ることができるのではないか。

というのも、大正末から昭和初期にかけて、都市部をはじめ全国的に、

「大衆歌謡としての『民謡』は、村おこしを図る市町村、観光関連産業や都市の百貨店・三業（料理屋・芸者屋・待合）組合・電鉄会社・企業、各地の商工会といった文化仲介者とでも言うべきエージェントの強い要望と、当時大きな飛躍を見せたレコード産業、各地への放送網の伸張を図る放送局の利益にも見合う形で大量に製作され、全国的かつ広範な社会層に広まっていった」（武田 2001: 5）

時期であったからである。現に郡上おどりも、「宣伝」（寺田敬蔵 1997: 73）と称して東京・名古屋・大阪のラジオ局で放送されたり、百貨店の博覧会などで披露されたり、レコード製作されたりして、全国的な消費の対象となっていた。このような時流に乗って、郡上八幡はいち早く「踊りのまち」というイメージで観光化をめざしたのである。

おりしも一九二九（昭和四）年、地元待望の国鉄越美南線がようやく郡上八幡まで開通する。しかし昭和大恐慌下で郡上八幡も不況の底にあった。そんななか、一九三三（昭和八）年、八幡町は岐阜の大垣城をヒントに、四層五階建て木造の郡上八幡城を再建する。この城再建の際、町衆たちは、それ相当の寄付金(5)を供出するとともに、「お城の向きをどっちに向けたら、汽車を降りたお客様に一番見やす

いか、美しいか」を考え、「町のはじっこからお城山の石垣の上へ向かって手旗信号で指示した」という。この出来事からも、当時の町行政や町衆たちが郡上八幡の行く末をいかに観光に託していたかがわかるだろう。

ここに一冊の観光パンフレットがある。それは、一九三七（昭和一二）年に郡上観光協会が発行した『観光の郡上』（第三號）である。このパンフレットを見てみると、先ほど述べた郡上八幡城天守閣の写真が中央にあり、「城下町――夏の夜の古典繪巻　民謡の王座　郡上踊の和樂」という見出しが躍り、踊り日程や踊りの由来などの記事が続く。その紙面の下三分の一は、踊りを案内する旅館と料理店の広

写真1・20　国鉄越美南線開通祝賀行列
（昭和4〔1929〕年，山本町）（出典）嶋 1994: 67

写真1・21　郡上八幡城の再建
（昭和8〔1933〕年）（出典）同上: 65

城下町―夏の夜の古典絵巻

民謡の王座

郡上踊の和樂

夏の龍宮…郡上八幡
涼しい夏の…郡上八幡
蚊も居らぬ…郡上八幡

長良川上流、青葉の景趣に包まれた紅一点夏の郡上八幡には、名にし負ふ『郡上踊』の純眞素朴、男女和樂のうれしい絵巻が繰り展げられるのである

三百年の歴史を持ち、三百年の昔の姿そのまゝに、老ひも若きも、男も女も踊つて〱、歌つて〱、踊りの輪中にたゞ無心！我を忘れての陶醉境

夜のとばりが詩の町を神秘に包み、涼風がころ〱河鹿の音を傳ふころ、ゆかた掛けの若い衆、姐さん冠りの生娘らが相集ひ、手拍子揃へ、音頭に囃して天の川原が西東になる夜明けまでも踊り抜く

七月の中旬から九月の中旬へかけて、打續く踊りの縁日、或は鎮守の森に或は寺院の庭に、また盆會四日間はその最高潮として軒並の街を交通止めにして踊り場とし、懸賞變裝踊り子も三百年の昔を偲ぶ装ひにまた尖端的な變り風に一入の興を添へるのである

郡上踊は見るだけでなくその踊りの輪の人となつてこそ眞の味はひがある、毎年郡上踊觀光の人々はすぐ手拍子、足踏みを覺へ、田舎の若い衆らと共に踊り狂つてその陶醉境の人となりほんとうの郡上踊の面白さを味はつて行かれる

◇踊りの種目　川崎、三百、ヤツチク、松坂、サバ、郡上甚句、サツサ、猫の子

踊り日

郡上踊は七月中旬から九月中旬へかけて郡上八幡を中心として踊り、そのうち最も賑はふ夏祭りの踊りは次の通りである

七月十六日　八坂神社
七月二十日　神農藥師
八月一日　甞神祭
八月三日　およし祭
八月七日　七夕祭
八月十三日より
八月十六日まで
　盆會〔徹宵〕
八月十七日　辨天祭
八月十八日　愛宕觀音祭
八月二十日　白雲水神祭
八月廿一日　愛宕弘法祭
八月廿四日　桝形地藏祭
八月廿八日　城山公園
九月十五日　電氣地藏祭

郡上踊由來

郡上踊は今から凡そ三百年前、時の藩主が士農工商の融和を圖るため、年々盆祭りの夜に、上下の別なく老若男女とも一團となつて踊らしめたに始まり、爾來この野趣頗々たる郷土民謡は郡上の各地に傳はり踊りさきに畏くも　東久邇宮殿下御來町の節御台覽に供し奉つたところことの外御滿悦、御賞めの御言葉を賜はり、また東京、名古屋、大阪各放送局より放送、コロムビア、ポリドール、テイチク、タイヘイの各レコードにも吹込まれ全國的にその名をなすに至つたものである

地方民謡の王座

郷土藝術としての郡上踊は大衆向きで、何人にも習得し易く傍觀數分にして踊りの輪の人となつて陶醉境に入つてしまふ面も單調の中に一たび習得すれば興味駿々その飽くところを知らず徹宵踊り抜くであらう

郡上踊保存會では踊り習得者に『許し状』を交付する

―郡上踊御案内代表旅館と代表料理店―

御旅館 御料理　備前屋　郡上郡八幡町　電話六八番	古池旅館　郡上郡八幡町泉町　電話四八番	御旅館　岐阜屋　郡上郡八幡町新町　電話一二七番	御旅館 御料理　水屋　郡上郡八幡町新町　電話一〇三番	御料理　花月　郡上郡八幡町左京　電話七六番	割烹 香水風呂　三富久　郡上八幡吉田川河畔　電話一六八番	和洋御料理　下原屋　郡上郡八幡町稲荷町　電話五五番	郡上名産 郡上鮎 天然鰻　御料理　杉錠　岐阜縣郡上郡八幡町今町　電話二一番	和洋御料理　千惠里　郡上八幡宮ヶ瀬橋畔　電話一三三番　サクラ撞球場
御旅館　三原屋　郡上郡八幡町柳町　電話一四八番	御旅館 御料理　櫻陽館　郡上郡八幡町殿町　電話六九番	御旅館　中島屋　郡上郡八幡町新町　電話二七番	御旅館 御料理　喜羅久　郡上郡八幡町新町　電話二四九番	御料理　吉田屋　郡上郡八幡町左京　電話一三一番	御料理 鑛泉風呂　いろは　郡上郡日吉町新開地　電話一二五番	郡上名産 あまご八幡煮 鶫みたゝき 鮎の粕漬　御料理　茶市　岐阜縣郡上郡八幡町新町　電話五八番	和洋御料理　敷島　郡上郡八幡町裏田通　電話二〇六番	小野温泉　御料理　あけぼの荘　八幡町郊外小野

図1・2　『観光の郡上』第三號（昭和12〔1937〕年，郡上観光協會）

告がずらりと並んでいる。次の頁をめくると、そこには「郡上藝妓と郡上節」と題された見出しの下に、各置屋に在籍している芸妓の顔写真が郡上節の一節を織り交ぜながら掲載されている。その次の頁には、「水郷の山都　郡上の八幡」と題された見出しに続いて、「眞夏の暑さを忘れて、山水美と人情美の城下町郡上八幡へ――／夏の夜につきもの、の蚊もゐない／吉田川の清流に竿さす鮎の友釣……」（郡上観光協會 1937: 4）という文章の後、郡上八幡の自然・名勝・史蹟が紹介される。そこでは、モダンな軽井沢とは対照的な「和の避暑地」のイメージを漂わせている。

つまり、当時の観光客の期待は、涼を求めて真夏の都会を離れ、「古風な」城や城下町をなつかしみながら、昼はアユ釣り、夜は川魚料理に舌鼓をうち、その後に「純真素朴」な「郡上おどり」を観て、ときに芸者をあげて宴会する、というもののようである。また、地元住民の記憶では、かつての郡上八幡は明治の頃から遊郭的な料理屋が軒を並べており、そこで昼間アユや木材の商売で儲けた金をすべてつぎ込む者もいたという。郡上八幡は花街を中心とした歓楽街の様相も呈していた。

以上のように、現在の郡上八幡の「踊りのまち」という特徴は、大正期の町全体の商業の衰微をきっかけに、文化的に先見の明をもった町衆たちが中心となって編み出したまちづくり戦略を受け継いだものだったのである。

5 「城下町」というリアリティ

5・1 「小盆地宇宙」

以上見てきたように、現在の「水と踊りのまち」という郡上八幡の特徴は、大きくは中世期の郡上八幡城の築城以後、徐々に形づくられてきたといえよう。より具体的にいえば、長良川の本・支流が注ぎ込み、旧街道筋が行き交う盆地に、自然の地形を活かして城が築かれ、時の領主が代々居城してきたことが、城下町を繁栄させ、町衆を生み、そして先進性をもつ文化や芸術を取り込んでまちを発展させてきたのだった。その結果、郡上八幡は、全国的にユニークな「水と踊りのまち」という個性ある生活や文化をはぐくんできたのである。

このような盆地に存在する城下町の独自性・自律性・自己完結性に注目した文化人類学者の米山俊直は、この世界を「小盆地宇宙」と名づけた。小盆地宇宙とは、

「盆地底にひと、もの、情報の集散する拠点としての城や城下町、市場をもち、その周囲に平坦な農村地帯をもち、その外郭の丘陵部には棚田に加えて畑地や樹園地をもち、その背後に山林と分水嶺につながる山地をもった世界である……このような地形を特徴とする世界で、住民が構築してきた精神世界」(米山 1989: 12)

をさす。このモデルに従えば、郡上八幡も典型的な小盆地宇宙のひとつだといえよう。

では、どうして米山が小盆地宇宙論を主唱したのかといえば、東京を中心とする首都圏に人・モノ・情報が集中するあまり全国の地方が疲弊していることを是正し、「日本の地方の復権を真剣に志向」するために、「それぞれの地方において、文運おおいに隆昌して、それぞれの小盆地宇宙がほんとうの文化の場」となる「多極分散型社会」（米山 1989: 17, 223, 255）を構想するからである。このような実践的意味をもつ小盆地宇宙論は、単なる理念レベルの議論にとどまらない。それは、「つい一世紀前の日本人にとって、文字通りもっとも重要な文化の場であり、生活の場」であり、「近代日本の統合がすすめられる前には、日本列島におよそ百を数える地方的な社会文化的な統合があった」（米山 1989: 198, 253）という事実を踏まえている。そして米山は、柳田國男の『遠野物語』で知られる岩手県遠野をモデルにしながら、その現代的な事例を、奈良盆地、亀岡盆地、篠山盆地、綾部・福知山、峰山に求めた。その一方で、米山はこのような小盆地宇宙が近代に特徴的な中央集権体制や工業化によってかなりの部分破壊された、との認識も示している（米山 1989: 201）。

もちろん郡上八幡も例外ではなく、特に大正期に入ったあたりから、小盆地宇宙がもつ自律性・独自性は徐々に崩れていった。特に戦後、郡上八幡は踊りを地域資源としてまちの観光化をはかり、なんとか自律性・独自性を確保してきたが、それとてどこまで自律的か真剣に検討する必要に迫られている（この点については、後の各章で詳述する）。また、かつてのような経済的な豊かさを取り戻すために「中央から産業を誘致しよう」という地元の声も根強いが、郡上八幡の地理的位置はすでに「辺境化」しているし、盆地ゆえに誘致できる土地の確保もままならない。さらに追い撃ちをかけるように、現在ではモータリゼーションの影響を受け、かつての郡上郡の商業中心地という地位も危ういとされている。具体的には、高速道路のＩＣ付近や近隣町村にある国道沿いの大型量販店などに客を奪われ、城下町の伝統をもつ市街地の小売店は、苦戦を強いられているという。

このように、郡上八幡という城下町をかかえた小盆地宇宙は、グローバリゼーションの波にさらされている。そういった意味では、

「現在でもダイナミックな発展を続けている門前町や港町などとは異なり、城下町というものが既に機能的には過去のものだということである。景観的には同じであっても……、身分階級制の消滅し

写真 1・22　八幡町役場建設工事
（昭和 11〔1936〕年）（出典）嶋 1994: 64

写真 1・23　旧庁舎記念館
（八幡町常盤町，2008 年 11 月 13 日撮影）
旧八幡町役場庁舎を活用して観光案内，郡上おどりの講習会，産業振興を目的とした物産展，おみやげ販売などが行われる

写真 1・24　郡上八幡博覧館
（八幡町上殿町，2009 年 2 月 21 日撮影）
旧郡上税務署の建物を活用して 1991 年から町の歴史，産業，伝統文化を紹介・展示する

た現在においてその内容は隔絶する」（岩本 1980: 32）

という指摘は、妥当であろう。一見すると「城下町」としての郡上八幡は、もうすでにそのリアリティを喪失しているのかもしれない。

5・2 反復する「城下町」というリアリティ

しかしながら、郡上八幡で地元住民がよそ者に向かって自分たちの特異なふるまい（たとえば、なぜこんなに郡上八幡の人々は文化活動に熱心なのかなど）を「城」「殿様」「町衆」などにかこつけて説明するとき、むしろ「城下町」というリアリティの存在が、

「……詳しく検討するならば、近世・近代以後の生産の革新、生活の改良の過程のなかで変形し、さらにはついに消滅しさったかに見える事物が、なお伝えつづけられている例を発見することが、可能なのではないだろうか」（米山 1989: 11）

と予感させるのである。

では、そのようなリアリティをとらえるには、いったいどうすればよいのだろうか。先に引用した岩本は、城下町の過去と現在を比べると「景観的には同じ」と認めている。とするならば、ここでいう城下町の景観、もっと具体的にいえば、その景観を構成するさまざまなモノ（たとえば、書や遺跡など）

写真1・25 金森頼錦が建立した顕彰碑
（八幡町本町，2007年8月12日撮影）
「千載白雲水／長流自冽清／歌成如有意／即是古今名」と水の清らかさと古今伝授が刻まれている

が、現代における「城下町」のリアリティをとらえる手がかりになるのではないだろうか。

たとえば、先の「宗祇水」を取り上げてみよう。前述したように、宗祇水は東常縁が飯尾宗祇との別れに際し、宗祇へはなむけの歌を与えた場所として知られている。そのような史実は、後の第六代城主遠藤常友によって『白雲水の記』に記述され、また、第一二代城主金森頼錦によって顕彰碑として刻み込まれた。これら現存する書や顕彰碑は、たんに東常縁―飯尾宗祇のあいだの私的な出来事を史実として記録・記憶するだけでなく、現在に生きるわれわれにとってそれらの記憶・記録自体も重要な歴史的出来事となる。つまり、これらの書や顕彰碑は、われわれにとって「歴史的出来事を記憶・保存する歴史的出来事」としてのモノなのである。

このように後世で「いくらでも後から量産可能」なモノ（ここでは、書や顕彰碑）を、民俗学者・社会学者の山泰幸は、「隠喩的なモノ」（山 2003: 87）と呼んだ。山は、赤穂義士の記憶を事例にしながら、隠喩的なモノの性格について次のように述べている。

「隠喩的なモノは、事件そのものの記憶とともに、それだけでなく、そのモノが事件に関係づけられたという出来事そのこと自体の記憶をも保存してしまう傾向があるのである。このような特性によって、これらの勅書や書は、赤穂義士を文字通り顕彰するだけでなく、明治天皇という国家の主権者や、榎本武揚などの著名な政治家が顕彰したという出来事自体の記憶を保存することで、義士たちを新たに価値づける役割を果たしているのである」（山 2003: 88）。

山の議論を踏まえるならば、ここでの書や顕彰碑は、まさしく隠喩的なモノであるといえよう。そのうえで次のことが導かれる。すなわち、先に生きた「歴史的な偉人や偉業」（この場合、東常縁—飯尾宗祇の別れ）は、後に生きた「歴史的な偉人や偉業」（史実についての顕彰行為）によって、より崇高なものへと権威づけられ昇華される、ということだ。

このように後続者たちによる昇華のプロセスは、宗祇水においていまも進行中である。現在、宗祇水のほとりで毎年八月二〇日に「宗祇水神祭」という祭りが行われている。この祭りの目的は、清らかで、しかも枯れることなく湧き出る水をもたらしてくれる水神様への感謝を表わすものとなっている。実際の祭りでは、地元本町の「宗祇水奉賛会」会長による司会進行のもと、神主による祝詞、地元住民による玉串奉奠、町長代理による祝辞などの行事が執り行われる。

特にユニークなのは、「連句奉納」という行事である。これは、地元の連句会の会員が祭りの前に一堂に会して詠み合った連句を奉納し、一年間宗祇水の入口に立てかける。では、なぜ連句なのか。それはずばり、前述した東常縁—飯尾宗祇の古今伝授にちなんでいるからである。つまり、会員たちが一年間精進した成果である連句は、水神様だけでなく、東常縁と飯尾宗祇にも捧げられたものである。

だが、連句奉納の対象は、それだけではない。東常縁—宗祇を讃えた書を残した遠藤常友や、顕彰碑を建立した金森頼錦といった歴代の城主も含まれる。というのも、彼らが文学や芸術に精通していたからこそ、東常縁―宗祇への顕彰が可能になったのであり、また、彼らの残した書や碑が当の史実を権威づけ、その結果それが史蹟としての宗祇水という景観の一部と化しているからである。

さらに、「宗祇水奉賛会」の現会員にとって忘れてはならないのは、宗祇水をめぐる史実や、それを顕彰する書や碑を、水神様とともにお祭りしてきた「宗祇水奉賛会」の祖先たちの存在である。「奉賛会」の会員は、自分たちが毎年祭りを行うのは、親たちも代々祀ってきたからだ、と当然のように述べる。宗祇水の連句は、すでに他界した「奉賛会」会員のご先祖様にも捧げられてきたわけである。

写真1・26　宗祇水神祭連句奉納
（八幡町本町，2009年8月20日撮影）
連句会の会員が今年できあがった連句を奉納している

ここに至ってわれわれは、水神様を起点にして、東常縁―飯尾宗祇→遠藤常友→金森頼錦→無数の祖先たちへと時代を下るごとに累積する死者たちと、現にここで生活する生者とのコミュニケーションを確認することができよう。つまり、郡上八幡において連句をはじめとする文化活動が盛んなのは、東常縁と飯尾宗祇をはじめ代々の文武両道に秀でた城主と、彼らを祀ってきた身近な祖先のおかげである。彼らのおかげで今がある、とするならば、地元住民はその恩義に報いるために連句を詠み続け、奉納しなければならない。

このように、「かつては共同体の成員でありながら、いまは聖なる空間に棲む死者への追憶に支えられている秩序編成のあり方」を、荻野昌弘にならって「追憶の秩序」（荻野 1998: 10）と呼ぶならば、次のようにいえよう。郡上八幡の景観を構成するモノ（ここでは、宗祇水そのもの、宗祇水にまつわる書や顕彰碑）によって喚起される追憶の秩序に従って、地元住民が語りやふるまいを整序することで「ここが城下町である」というリアリティが、地元において日々立ち現われるのである。

ただし、追憶の秩序に沿って生み出される「城下町」のリアリティは、すでにそこにあった歴史的なモノからのみ喚起されるのではない。それは、時としてそこに住む人々を突き動かしそのかして、新たなモノを生み出していく場合がある。これに当てはまるモノとは、郡上八幡の場合、一九三三（昭和八）年に再建された郡上八幡城であった。

すでに述べたように、城下町のシンボルである城は、版籍奉還によって一八七〇（明治三）年に取り壊された。城は明治初期から昭和初期までの約六〇年にわたって、物理的にこのまちに存在しなかった。だが、「城下町であること」がなくなることはなく、前節でもふれたように、観光化の動きを契機として当時の行政や町衆をはじめとする人々が城を再建したのである。城下町というリアリティは地元住民を突き動かし、再建された城という存在によって、リアリティはより強固なものとなった。このことは、あたかも「歴史は自らがつくり出した遺跡に身体を借りることによって、リアルな存在としてその姿をあらわす」（山 2007: 149）かのようである。

宗祇水や郡上八幡城をはじめ、町にはりめぐらされた用水網、北町大火の後に再建された町並み、まちを取り囲むたくさんの寺、「山内一豊とお千代の像」（山内一豊の妻は遠藤盛数の娘とされる）など、さまざまなモノが郡上八幡の景観を構成することによって、「城下町」というリアリティは突如として

「息を吹き返す」。そして、その中心には「城」というモノがある。本章でも城を中心にして郡上八幡という場所の特徴を描いてきたが、そういった意味で城というモノは、確固たる実在や人々のふるまいを呼び寄せる「喚起する対象」(evocative objects)(Leuenberger 2006) であるといえよう。

喚起する対象であるモノとしての城こそが、今日までの郡上八幡の生活・精神・アイデンティティを運命づけてきたし、また今後もそうするのであろう。

注

(1) 地元住民の認識によれば、旧八幡町といえば明治二二年の町村制に基づく行政単位としての旧八幡町だけでなく、それを含めた現在の市街地区全域をさすことが優勢であるので、以下では基本的にこの認識に従う。町村制の移り変わりでいうと、一九五四(昭和二九)年、それまでの八幡町は、隣接する川合村、相生村、口明方村、西和良村と合併し、その三年後、有坂地区も編入されて新制の八幡町になった(八幡町 1960: 430–7)。なお「平成の大合併」後の郡上市八幡町を基準にすれば、ここでいう旧八幡町は、本来ならば「旧・旧八幡町」と呼ぶのが正確であるが、本書で得たデータのほとんどが郡上郡八幡町時代のものであるため、ここでは旧八幡町と呼ぶことにする。
(2) 二〇〇二年までの統計は八幡町(2003)による。なお、八幡町市街地区の人口は正確には、一九九八年の調査時点で一万二二九人、三四六一世帯である。
(3) 水道設置以前、地元住民が飲用あるいは生活用に湧水や谷水を溜めた「水舟」は、そのひとつの表われである。水舟とは、階段状の三層の水槽が上・中・下と棚田のように段々に組み立てられ、水源に一番近い水槽で飲み水をとり、二番目をすすぎ水あるいは冷却水として使い、最後の水槽は食器などの洗い水用となる。使用された水が水舟直下に設置してある池に流れ込み、池の鯉が残飯を食べて水をきれいにして川へ水を戻すようになっている。なお、水舟をはじめとする郡上八幡での水循環システムを、建築学者の渡部一二をはじめとする多摩美術大学水環境調査グループは、「水縁空間」と名づけ、綿密な調査を行っている（渡部ほか 1993）。ここでの記述は、彼らの知見も参照しながら、筆者自身の聞き取りも踏まえたものである。

（4）現在でも郡上八幡に足を踏み入れると、人口一万人規模の町であるにもかかわらず、連句・詩・三味線、はたまたクラシック・ジャズなどといった多彩な文化的サロンを目にすることができる。さまざまな文化がこのまちに根づいているのは、どうやら明治期からの気風を受け継いでいるようである。今でも、お寺の講堂や文化センターでは、東京や大阪の有名な落語家が定期的に寄席を開いたり、国内外の著名な芸術家が公演している。これらのさまざまな文化活動は、一九七一年から不定期ながら刊行されている『郷土文化誌 郡上』にてうかがい知ることができる。

（5）郷土史によれば、昭和八年当時、白米一俵＝約八円の時代に、無料奉仕を除いた建築費の総額は、八五四二円一三銭であり、そのうち町費が四九一六円一三銭、寄付金が三六二六円であった（「八幡城ものがたり」編集委員会 1991: 140）。寄付金全体のなかで最高額は、三〇〇円一名、一〇〇円二名である（「八幡城ものがたり」編集委員会 1991: 137）。

第2章　郡上おどりの「保存」——伝統文化のリアリティをささえる推論

——だって前世がなかったら　私たちはまるで
——まるで……まるでなんだというのです
——ゆ……幽霊ではありませんか

つげ義春「ゲンセンカン主人」(1)

1　かたちがないものの保存とは

1・1　伝統文化の再創造

筆者は交錯論的アプローチから、観光化とは異なる伝統文化を通じた地域づくりの方向性を模索したいと述べた。しかし、地域社会の現状を見ると、観光化された伝統文化は地元住民から多くの支持を得ているように思われる。それほど全国各地において伝統文化を観光資源化しようとする動きは、地域づくりの主流になっている(2)。そこでまず第Ⅰ部において着手しなければならないのは、観光化がかなり進行した「郡上おどり」に注目し、踊りをささえる郡上八幡の人々のリアリティがどのようなものであるかを明らかにすることであろう。

観光資源としての伝統文化は、どのようなあり方が求められているのだろうか。伝統文化の価値を高めるやり方のひとつに、その文化がどれほど昔の人々の暮らしぶりを今に伝えているかといった、「昔からそのまま保存されている」という価値づけがあげられよう。この「保存」という価値を有する伝統文化にふれたり・見たり・聞いたりすると、われわれはあわただしい現代の日常生活から離れて何かノスタルジックな気分を味わうことができ、いまも自分たちの伝統文化を守り、それに興じる人々をうらやましく思うものだ。つまり、観光資源として売り込まれる伝統文化は、昔からそのままの形で残っていればいるほど、また近・現代社会に毒されていない「素朴」「純粋」なものであればあるほど、観光の目玉になるわけだ。

しかし、町並みや遺跡といった形あるものとは違って、かたちがなく・抽象的な伝統文化は、はたして「昔のまま保存されている」のだろうか。この問いかけに対して、観光と伝統文化の関係を探究する近年の人類学や民俗学者は、暗に否と答えてきた。彼らは言う。今までの人類学者や民俗学者は、伝統文化を昔のまま保存されてきた真正な実体だと考えてきた。しかし、そのように考えられた伝統文化は、実は近・現代の政治経済のなかで発明あるいは再構築されたのだ、と。たとえば、文化人類学者の山下晋司は、「ケチャ」に代表されるバリの伝統芸能が実は「一九三〇年代以降バリと欧米との出会いのなかであらたに創り出されたもの」（山下 1999: 52）であり、「たんに保存されたというより、（西欧の）芸術家や人類学者たち、さらにこの島を訪れた観光客のまなざしのなかで再創造された」（山下 1999: 55–6 補足筆者）と論じた。

また、民俗芸能研究者の橋本裕之も、中国地方に分布する田植えを囃す楽であり、国重要無形民俗文化財の指定を受けた「壬生の花田植」を「文化財を保存するという理念を体現しているはずであった。ところが、実際はそういうわけでもない。今日の存在形態はむしろ観光が何度かにわたって介在した結果であると考えられる」（橋本裕之 1996: 182）と指摘する。

このように、彼らに言わせれば、「純粋な伝統文化」とは、脈々と受け継がれてきた真正な実体ではなく、地元住民・行政・外部者（研究者や観光客）の介在によってつくられた「虚構」（山下 1996: 7）であり、「幻の姿」（福田珠己 1996: 734）であるのだ。この「虚構としての伝統文化」がいかにして構築されるのかという過程そのものが、彼らにとっての主題となる。このような伝統文化へのアプローチを本書では「伝統文化の構築主義」（以下、文化構築主義）と呼んでおこう。この文化構築主義的な説明は、「伝統文化とは昔のまま保存されたものである」と常識的に信じる者たちに驚きを与え、ボーダーレス化やグローバリゼーションと称される今日の時代状況において説得力をもつ。

1・2　「保存」をめぐる文化構築主義への疑問

しかし、いくら文化構築主義的な研究者が綿密な調査研究を踏まえた末に「その伝統文化は近代以降につくられた虚構である」とか「昔のまま保存されていない」と結論づけたとしても、それでもなお、当の伝統文化を担う当事者たちは、研究者の手による綿密な調査研究を飛び越して「いや、これは昔からそのまま保存されている」と〈いま・ここ〉において信じたり・考えたり・語ったりする。これはいったいどういうことなのか。このとき文化構築主義は、直ちに「伝統文化が保存されているか否か」をめぐって当事者たちと競合することになる。そのなかで、彼らはただたんに当事者のものの見方を皮肉るだけの人々と化してしまうのではないだろうか(3)。

それに対し、筆者は「本当に伝統文化が保存されているのかどうか」をめぐる競合状況に立ち入らない。なぜならば、当該の伝統文化の状態そのものが客観的に「保存されているのか」「つくられたのか」「変化したのか」を判定することにポイントがあるのではなく、当事者（＝地元住民）が語る「保存されている」あるいは「変化した」という語りを手がかりにしながら、当事者のあいだで頑強に維持されている「これは伝統文化である」というリアリティそのものを主題にしていこうとするからである(4)。

そこで本章では「郡上おどり」に対して、地元住民はいかにして「この踊りは昔からそのまま保存されている」というリアリティを維持するのかを明らかにしたい。言い換えれば、このリアリティを維持するのに、地元住民はどのような「推論」(5)をはたらかせるのかを明らかにしてみたい。

2　郡上おどりの現在

2・1　郡上おどりの概略

「郡上おどり」とは、八幡町市街地にて毎年七月中旬から九月上旬のあいだの夜間に約三〇日間催される盆踊りである。特にお盆の四日間（八月一三・一四・一五・一六日）は徹夜で踊るという際立った特徴をもつ。地元ではこれを徹夜おどりと呼ぶ。郡上おどりという踊りが一種目あるのではなく、「かわさき」「三百」「春駒」「猫の子」「げんげんばらばら」「甚句」「古調かわさき」「ヤッチク」「さわぎ」「まつさか」という一〇種目の踊りがあり、すべての種目にはそれぞれに明確な型が存在し、それらすべてが総称されて郡上おどりと呼ばれる。踊りの形態は、全種目すべて輪踊りで、大きなひとつの輪をつくり、その真ん中に移動式の屋形《やかた》をおき、その上にお囃子《はやし》方（歌、三味線、太鼓、笛）が乗り、お囃子に合わせて踊り手が踊るというものである（ただし、歌と太鼓だけや歌だけの種目もある）。

この踊りには約四〇〇年の歴史があるといわれている。はっきりと起源を示す歴史資料は今のところないが、「寛永年間（一六二四〜四三）に遠藤慶隆《よしたか》が、毎年の盆中に領民とともに融和を図って踊りを奨励した」[6]（八幡町、1961: 720 ふりがな筆者）という起源が町民のあいだでよく流通している。

現在、約三〇日間の踊り日程を取り仕切っているのが「郡上おどり運営委員会」（以下、委員会）で

写真２・１　おどり流し
（八幡町新町通り，2003 年 7 月 12 日撮影）
踊り日程の幕開けには，保存会の人々が今町の十六銀行前から旧庁舎記念館前までの通りを踊りながらパレードする。踊り種目は「かわさき」

写真２・２　徹夜おどり最終日
（八幡町本町通り，1998 年 8 月 17 日撮影）
お盆の 4 日間は深夜，日付が変わった後もたくさんの人が踊る。踊り種目は「かわさき」。輪の中央に屋形がある

ある。委員会は、行政（特に商工観光課）(7)、「郡上おどり保存会」（以下、保存会）、自治会（氏子組織や顕彰会といった団体を含む）、観光協会、商工会などから組織されている。なかでも重要な役割を果たしているのが、自治会、商工観光課、保存会の三者である。

運営形態とそれぞれの役割を概観すると、まず市街地の各々の自治会（あるいは氏子組織など）は、自分たちの町内にある、あるいは自分たちにとってゆかりのある神社・寺社・お地蔵さんなどの縁日にちなんで「郡上おどり」を開催する。また「徹夜おどり」の四日間は、商店街である市街地中央に位置する各自治会が踊りを催す。各自治会は事前に委員会を経由して保存会に出演依頼をする。当日、それらの団体は踊り場の準備（屋形の移動・交通整理・踊り場の飾り付け）や後片づけを担当する。

次に、町の商工観光課は委員会そのものの実質的な運営（事務局）を引き受け、各自治会から出される踊り日程の調整、警察・消防との折衝、郡上おどりの広報、保存会への出演・出張依頼など受付を担当する。

最後に保存会は現在郡上おどりの直接的な担い手であり、委員会の要請を受けて踊り会場に出向き、揃いの浴衣《ゆかた》を着てお手本となって踊ったり、屋形の上でお囃子をしたりする。保存会は、一九二三（大正一二）年に設立され、踊りやお囃子の技術の保存・発展をめざす。現在八幡町民を中心とする有志約七〇名の会員からなるこの会は、委員会の傘下にあり、海外・国内での出張公演なども精力的にこなす。これら活動は、主に委員会からの補助金で賄われている。

ここで縁日おどりの日の簡単なタイムスケジュールを紹介しておくと、各自治会は、自分たちの地区にある寺社やお地蔵さんの縁日にちなんで、午後六時頃に地元住民を中心に神事を執り行う。神事終了

表2・1　平成21年度　郡上おどり日程表

月	日	曜日	会　場	縁日おどりの名称
7月	11	土	❶旧庁舎記念館前	おどり発祥祭（神事:午後6時30分～　おどり流し:午後7時30分～）
	16	木	❷上　殿　町	八坂神社天王祭
	18	土	❶旧庁舎記念館前	下柳町神農薬師祭
	19	日	❶旧庁舎記念館前	犬啼水神祭
	25	土	❶旧庁舎記念館前	常盤電気地蔵祭
	27	月	❺積　翠　園　前	毛付市　赤髭作兵衛慰霊祭
	28	火	❸城　山　公　園	毛付市　岸剱神社川祭・凌霜隊慰霊祭
	30	木	❹川　原　町	慈恩禅寺弁天祭・乙姫水神祭
8月	1	土	❽本　町	大乗寺三十番神祭
	2	日	❸城　山　公　園	山内一豊夫人　千代の夕べ
	3	月	❻下　殿　町	およし祭
	4	火	❼大　手　町	城山地蔵祭
	5	水	❺積　翠　園　前	宝暦義民祭
	7	金	❽本　町	洞泉寺弁天七夕祭（郡上八幡城下町花火大会〈予定〉）
	8	土	❾郡上八幡駅前	越美南線開通記念祭・郡上市人権の夕べ
	9	日	❿今　町	秋葉祭
	10	月	⓫新　栄　町	恵比須祭（個人おどりコンクール　午後8時～）
	11	火	⓬下　日　吉　町	秋葉祭
	12	水	⓲城下町プラザ	納涼祭（主催:郡上八幡まちネット　お囃子:郡上八幡おはやしクラブ）
	13	木	⓭新町～橋本町	午後8時～翌朝4時頃まで　盂蘭盆会（徹夜おどり）
	14	金	⓭新町～橋本町	午後8時～翌朝5時頃まで
	15	土	⓭橋本町～新町	午後8時～翌朝5時頃まで
	16	日	❽本　町	午後8時～翌朝4時頃まで
	17	月	⓲城下町プラザ	納涼祭（主催:郡上八幡まちネット　お囃子:郡上八幡おはやしクラブ）
	18	火	⓮下　愛　宕　町	十八観音祭
	19	水	⓯立　町	日吉神社祖霊祭（団体おどりコンクール　午後7時30分～）
	20	木	❽本　町	宗祇水神祭
	22	土	⓱八　幡　神　社	小野天神祭
	24	月	⓰上　桝　形　町	桝形地蔵祭
	29	土	⓭新　町	商工祭（おどり変装コンクール　午後8時～）
	30	日	⓭新　町	女性の夕べ（地区対抗コンクール　午後8時～）
9月	5	土	❶新　町　～　今　町	おどり納め（納め流し:午後11時～）

おどり時間

- ●平日・日曜日　午後8時～午後10時30分頃
- ●土曜日　午後8時～午後11時頃
- ●8/12・8/17のみ　午後7時30分～午後9時30分頃

おどり関連イベント

- ●7月11日（土）　青山公入部250周年記念イベント
- ●7月下旬予定　子どもおどりの夕べ
- ●9月18日（金）〈予定〉　昔をどりの夕べ

※一部のコンクールは開始から30分程度、審査対象者のみのおどり時間となります。
※午後8時で警報等発令されている場合、その日のおどりは中止になることがあります。

郡上おどり運営委員会

（出典）郡上おどり運営委員会発行，2009 年

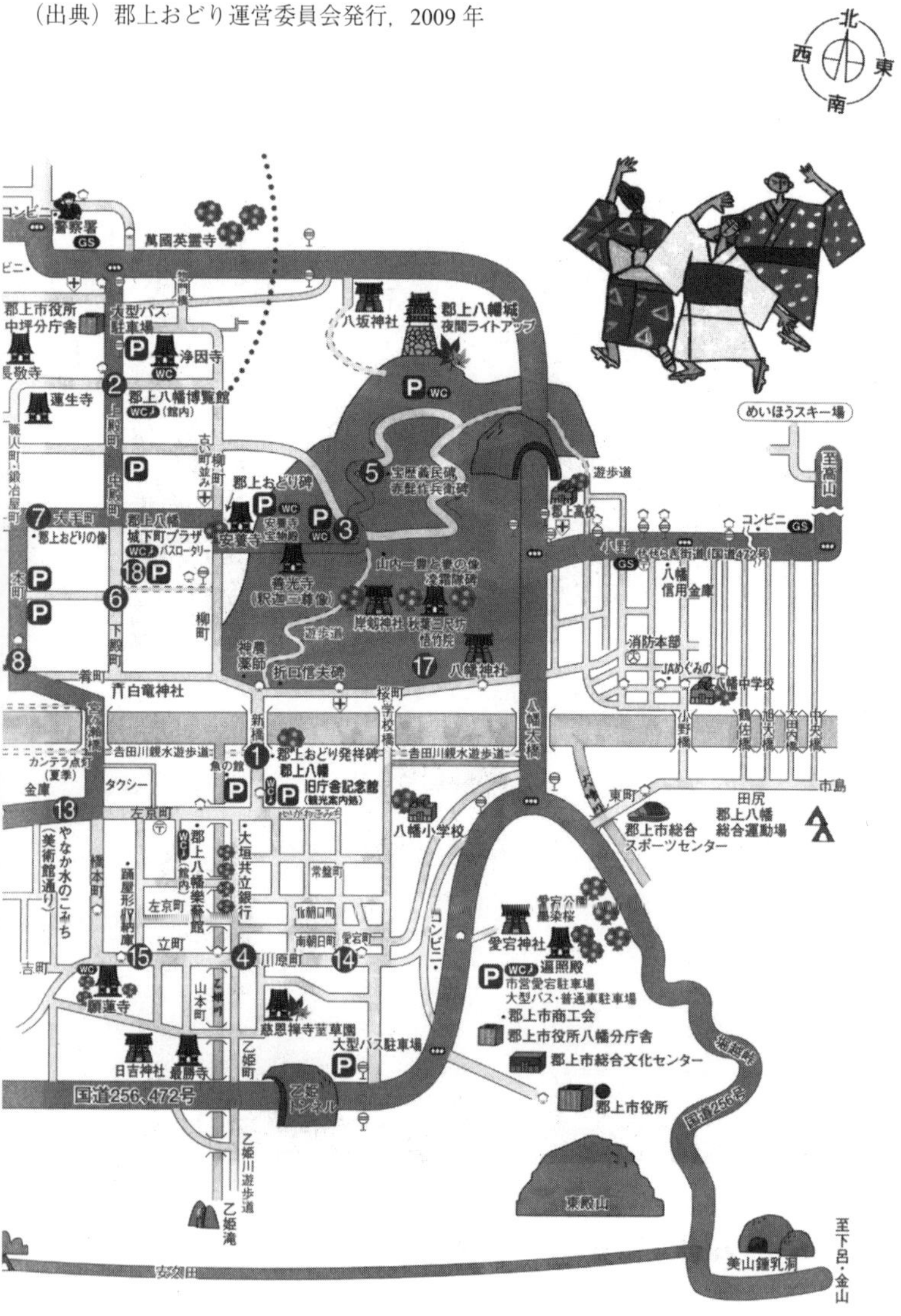

図2・1　郡上おどり会場案内図

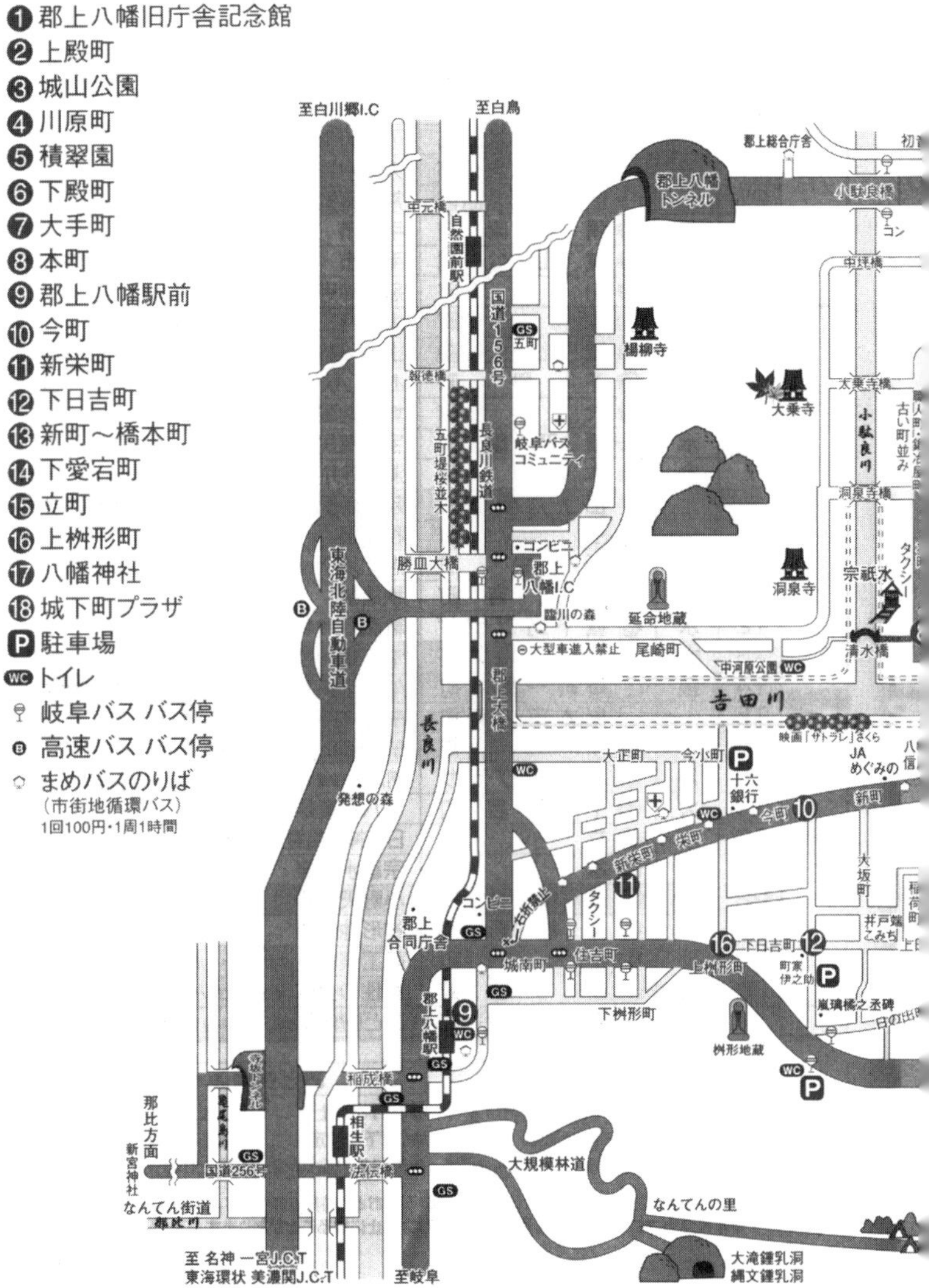

後すみやかに踊り会場の準備（移動式の踊り屋形の設置など）にとりかかる。午後八時から踊りを開始する。お囃子を合図に大きな踊りの輪がいっせいに動き出す。その後、踊りはさまざまな種目を踊り継ぎながら、午後一〇時三〇分（土曜日は午後一一時）まで催される。踊りが終わると、主催者である自治会の会員たちは後片づけ（屋形の移動、掃除など）に取りかかり、それがすむとやがて市街地は静けさを取り戻す(8)。

郡上おどりは八幡町にとって重要な観光資源になっている。特に戦後以降、行政と保存会が連携して全国各地を回って積極的に宣伝してきたおかげで、いまでは踊りシーズンになると必ずといってよいほど全国版のニュースで紹介される。ここ一五年の観光客数は、平均して一シーズンおよそ三〇万人を記録する。

観光客は、踊り場でただ観るだけなく、平服のまま踊りの輪に入って踊る。そのために、保存会は観光客向けの踊り方教本を発行したり、一般講習会を開催したり、本番で揃い浴衣を着た保存会員が観光客に踊りを教えたり、踊り上手には免許状を発行したりする。それらの甲斐あって、郡上おどりは外部から「地域を開放することで成功をおさめている」（赤阪 1994: 187）と評価されるまでに至った。

郡上おどりは単なる観光資源にとどまらない。一九九六年一二月に文化庁から国重要無形民俗文化財の指定を受けた（保護団体として保存会が登録された）。この指定は、地元住民が踊りを観光客に開放しつつも、伝統文化として昔のまま保存・継承しようと努めてきたことに、国がお墨付きを与えたといえる。このように郡上おどりは、観光資源と文化財保存という二つの価値の両立を果たしたといえるだろう。

写真２・５　お祭りの準備
（八幡町大手町，1998 年 8 月 4 日撮影）
縁日踊りの一つである，城山地蔵祭の飾り付け

写真２・３　踊りのまち
（八幡町上日吉町，2003 年 7 月 26 日撮影）
7 月の踊りシーズンになると，軒下に郡上おどりの提灯が吊るされる

写真２・６　下日吉町の秋葉祭
（八幡町下日吉町，1998 年 8 月 11 日撮影）
お経に合わせて一心に秋葉さまを拝む

写真２・４　踊りのまち
（八幡町本町，2008 年 8 月 20 日撮影）
夕暮れになると踊りを待つ人々でまちは賑わう

写真２・７　秋葉さまへのお供え
（八幡町下日吉町，1998 年 8 月 11 日撮影）
踊り終了後，地元住民でセリをして分配される

写真２・８　桝形地蔵祭のにぎわい
（上桝形通り，1998 年 8 月 23 日撮影）
縁日おどりの一日

写真２・９　徹夜おどりの後片づけ
（橋本町―新町通りの交差，2001 年 8 月 16 日撮影）
お盆の徹夜おどりが明けた早朝，地元住民がみんなで協力して屋形を移動する

２・２　二つのおどり？

しかし、地元住民、特に郡上おどりの運営・保存を担う地元住民に聞き取りをするなかで、筆者はまことしやかに語られ・町民のあいだでよく流通する語り口に出会った。それは郡上おどりに対する「地元の踊り離れ」である。

地元住民は、口を揃えて「踊り場に地元の人が踊っているのを見かけなくなった」と嘆く。そして、その原因を「観光化しすぎた郡上おどり」に求めた。人々は言う。八幡は土地が狭く、交通の便も悪い。これといった産業も誘致できない。そこで町は踊りを観光資源にしてまちおこしをせざるをえない。戦後、保存会が踊りを「見せる踊り」に整え、精力的に出張公演を行い、踊り場に屋形を導入した。そのおかげで観光客がどっと押しよせ、全国的にも有名になった。けれども、踊り場に観光客がたくさん来るので地元の人が窮屈で踊れない。また、観光客のために踊りそのものも型が決められてしまい、何か「踊らされている」感じがする。踊りが「観光化」されてしまった。だから、いつのまにか地元の人が踊らなくなったのだ、と。

　このように述べた後、彼らは、必ず「踊りが変化した」「踊りが観光化した」「以前はこうじゃなかった」と語りつつ、自分たちが幼い頃に見聞きした（あるいは踊った）「昔おどり」のようすを語りはじめる。地元住民の話によれば、昔おどりとは、現在の郡上おどり以前に踊られた踊りの総称である。いつ頃まで踊られたのかといえば、戦前までだという。昔おどりの種目は、今の一〇種目だけでなく、近郷のムラやマチの踊りや全国的に有名な踊り（たとえば、草津節や炭坑節）もあった。踊りには郡上おどりのような明確な型はなく、自由に踊られたという。

写真２・10　郡上おどりの踊り免許状
（筆者所蔵，2001 年 12 月 20 日撮影）
郡上おどり保存会発行の「かわさき」免許状。「かわさき」「春駒」「三百」「げんげんばらばら」が免許対象種目であったが，2006 年より新たに 3 つが追加された

　踊りの形態はこうである。まず昔おどりには屋形・お囃子などがなく、踊り手自身が音頭を取りながら踊る。

踊り手たちは三〜二〇人までの小さな輪をつくる。このような輪がいくつもでき、それぞれの輪では別々の踊り種目が踊られる。

音頭取りは地元の「声自慢」が中心となって担当する。輪の中には声自慢が複数おり、一人が節の区切りまで歌いあげると別の者が続けて（掛け合って）歌う。もし声自慢どうしが歌い出しでかち合ったならば、お互いが音頭を取ろうと大声で、しかも歌詞を長く伸ばして歌い合い、そこで長く息が続くほうが音頭を取る。音頭取りの技量には、歌の上手さだけでなく、その場でユニークな歌詞をつくり歌う即興性も含まれる。もちろん、卑猥な歌詞も飛び出したという。そのような歌のうまい人がいる輪に踊り手は集まる。反対に、踊り手は音頭取りが下手だったり、またその種日に飽きたりすると輪を壊して別の輪をつくって踊るという。

この昔おどりについて語る際に、地元住民は「土臭い」ものを感じると述べ、「あの頃は楽しかった」「あの頃がなつかしい」とばかりに昔おどりの晩の若い男女の恋愛話や近郷のムラやマチから声自慢が歩いて山を越えて踊り場にやってきた話をなつかしそうに語った。

だが、昔おどりはノスタルジックな語りだけに安住しない。それは「復活」して町民のあいだで現在踊られている。一九九六年九月、とあるお寺の境内にて「昔をどりの夕べ」が催された。その後も年に一日、三〇日間の郡上おどりの公式日程が終わった頃行われる。そこでの踊りは、電気照明・マイクをいっさい使わず、「切り子」と呼ばれる灯籠（この灯籠に祖先の霊が集まるという）を上からひとつ吊るす。踊りの初めに主催者代表の号令によって参加者一同が祖先供養のために切り子に向かって合掌した後、参加者は小さな輪をいくつもつくって昔おどりを踊っていく。

主催者たちは、保存会に所属せず、各自で踊りやお囃子を日々練習して郡上八幡の文化を再興しようという地元有志の集まりである。なぜ有志たちはこのイベントを始めたのか。彼らによれば、昔おどりを町民に示すことで郡上おどりが町民の大切な遺産であることを再確認してもらい、現在の観光化された郡上おどりに対する地元の踊り離れを何とかして食い止め、郡上おどりをより豊饒化・活性化させるためだという(9)。そのために彼らは、保存会、商工観光課、教育委員会、観光協会などにも呼びかけて協力を取りつけている。

写真２・11　「昔をどりの夕べ」の賑わい
（八幡町中柳町安養寺境内, 2003 年 9 月 17 日撮影）
松明の灯りの回りを踊る。右上が切り子

写真２・12　「昔をどりの夕べ」での合掌
（同上, 1999 年 9 月 17 日撮影）
切り子に向かって合掌する。踊りが終わる頃にも再び合掌する

3 「保存」というリアリティの維持

3・1 伝統の政治学？

だがここで奇妙なことは、国重要無形民俗文化財の指定を受け・昔の形態をそのまま残しているはずの郡上おどりがあるにもかかわらず、それとは別に昔おどりが現に踊られているという事実である。では、いまの郡上おどりはいったい何なのか。郡上おどりは昔のままではないのか。郡上おどりは二つあるのか。これらの疑問に対して、文化構築主義ならば、保存会設立当時に八幡の花柳界と保存会の手によって踊りの猥雑な部分が消し去られ・整美されて「再編成」（郡上おどり史編纂委員会 1993: 230）された事実に着目しながら、「郡上おどり」は再創造されたと結論づけるだろう。また、近年の昔おどりの復活を郡上おどりへの「クレイム」と見なして、これを「伝統文化の真正性」をめぐる「伝統の政治学」(10)と解釈するだろう。

しかし、本章にとって重要なのは、現在「郡上おどりが二つある」ことを地元住民がどのように認識しているのかという点である。筆者からすれば、「郡上おどり」と「昔おどり」を別個の「もの」のように数えたら、いま郡上八幡に踊りが二つあると考えることができる。そこで「いまの郡上おどりは本当に昔のままなのか」という懐疑的な態度をとって「郡上おどり」や「昔おどり」を運営・保存する人々に向かって「郡上おどりは二つありますね」と質問してみた。すると、それまで流暢に流れていた会話に一瞬の沈黙が訪れ、その後筆者の質問は、割り込まれたり・はぐらかされたり・笑われたり・

「よそ者だから」とか「厳密に研究される方だから」と切り返されたりした。そして人々は、筆者の話が「ばかげた」「間違った」ものであるとした。なぜならば、地元住民にしてみれば「昔おどり」はあくまでも昔踊ったものであって、いまイベント化されて踊られているのは、その「再現」にすぎないからだ。

そこで、彼らは筆者の発話を「踊りはひとつ」に矯正しつつ、「いまの『郡上おどり』であっても昔のまま保存できている」というリアリティをささえた。その際、次に述べる二種類の推論がはたらいていた。

3・2　「祖先化」という推論

まず、「郡上おどりが二つありますね」という質問に対して、地元住民は、たしかにいまの踊りは昔に比べて「変化」してしまったけれども、われわれがこうしていま踊っているのは、自分たちの「祖先」たちがその時代時代の変化に対応しながら踊り継いできた努力のおかげであると答える。

この語り方には、〈伝言ゲーム〉のようなモデルが想定されている。つまり、地元住民は、〈伝言ゲーム〉のように、オリジナルなメッセージ（＝始源とされる踊り）が「そのまま残っているか」という問題にある程度目をつぶる。しかし、自分たちの責務は、何らかのメッセージ（＝踊り）を「誠実に、確実に」習得して受け継ぎ、次の人（＝次世代）に伝えることができればそれでよい。その責務は、時代を遡れば、その時代時代に生きた「祖先」たちも「同じこと」をしてきたに違いない。だから、自分たちがいまやっていることは、その前も、その前の前も「同じこと」であるはずだから、伝えられた内容がどうであれ、この行為の同一性が「保存」であるのだ、と。

このように推論するとき、地元住民は自分たちの「祖先」が確実に実在することを示しさえすればよい。では祖先とは誰のことか。当然ながらそれは、具体的に自分たちの父母、祖父母、先輩、あるいはお囃子の名手である坪井三郎氏（故人）などである。と同時に、地元住民による祖先の例証は、「保存」というリアリティに対してこれ以上の懐疑的な発話を封じるレトリカルな力となる。

このような推論を本章では「祖先化」と呼ぼう。「祖先化」とは、「唯一の歴史」という時間軸を前提に過去に遡って祖先たちを配置し、それらの実在性を示しつつ、いま存在する物事は自分たちが祖先たちと「同じこと」をして受け継いだとする推論のことである。

しかし、〈伝言ゲーム〉というアナロジーと踊りの保存とは決定的に異なる点がある。というのも、〈伝言ゲーム〉のほうはオリジナルなメッセージがわかるため、最後まで伝わったメッセージとオリジナルなメッセージの歪みを楽しむことができる。だが、無形民俗文化財としての踊りの保存はオリジナルがわからないし、またゲームではないので歪みを笑う余裕はない。地元住民はとめどなく踊りが変化する可能性を笑うことはできない。

3・3　踊りと歴史の存在論

そこで、「祖先化」という推論を補完し、踊りの変化に歯止めをかける語りが出現する。以下の会話を見ていただきたい。

【会話１】一九九七年一二月七日「保存会」会員Ａ氏（七〇歳代前半、女性）

（国重要無形民俗文化財に指定されたのはみんなのおかげだという会話から。∥＝割り込み、（　）＝筆者補足、……＝中略、太字＝筆者強調）

筆者：あのぅ、ぼくちょっとひとつ疑問があって、その、最近その、（保存会）会長さんとかにもちょっとお話うかがってたときに、昔おどりゆうの、これいっぺん見なあかんと思てるんですが、そのぉう、昔おどりっていうのがあって、それで、まっ、特に会長さんのお話でいうと、戦後ね、屋形とかできて、こう、いまのようなかたちになっていったんだっていうふうにおっしゃってて、なんか、ぼくからすると、こう、**踊りがなんか二つあるような感じがしてぇ**∥

Ａ氏：そうでないんですよ。

筆者：そうじゃないんですか。（……）

Ａ氏：二つあるような気がするんですね。それは昔の踊り方っていうものは、見せる踊りでなかったでしょ、見せる踊りはなかったでしょ、ただの輪踊りで、暗いところで、明るくせずに踊りましたやん、ね、あんなそんで、**そういうときは、あの、昔おどりのかたちが違いましたわ。**

筆者：あっ、**かたちがね**∥

Ａ氏：**かたちが、いまのおどりと基本はいっしょですわ、基本はいっしょですけど**、いま見たように「はい、手はこうで、ああで」なんていうことは、やかましゅう（言わなかった）

この**【会話１】**で奇妙なことは、Ａ氏が言うように「かたちが違う」のであれば、筆者の「踊りが二つある」という発話に一致するはずなのに、「いまのおどりと基本はいっしょですわ」と語ることによって筆者の発話を無効にしてしまう点である。この「基本」と同じように使われる語彙には、「基礎」「原型」「源流」「もと」などがある。たとえば、「昔おどり」をよく知るある地元住民は、現在の「郡上おどり」について「昔のおどりは知らんけど、多少なんかなぁ優雅になって多少は変わっとるけど原型は変わっとらんってやつやな」と語る。

では「二つある」という発話を無効・矯正するために、地元住民は「基本」という語彙を用いながら、どのような推論をはたらかせているのか。

まず、彼らは、①共時的に存在する昔おどりと郡上おどりを通時的におき直す。たとえいま踊られているとしても、昔おどりは郡上おどりに先行したものでなければならないし、逆に郡上おどりは昔おどりの後に続かなければならない。

②次に、昔おどりから郡上おどりへと通時的に並べかえられた両者を比較して、違う部分を前者から後者へと「変化した」ものと考える。

③その一方で、それでも比較できるほどだから、両者に同じ・共通する〝何か〟（〝質〟）があるはずだと想定する。このとき、ひとつの・共通する〝質〟が初めて立ち現れる。その際に、〝質〟を言い表わす語彙として「基本」「基礎」「原型」「源流」「もと」などが用いられる。

この①から③の推論過程を通じて、地元住民は、「現に二つある」という「わけのわからない」筆者の発話を、「わけのわかるもの」（＝おどりはひとつ）に矯正して「郡上おどりは昔のまま保存されている」というリアリティを〈いま・ここ〉において維持しようとした。このような推論を、本章では「本質化」と呼んでおこう。本質化とは、共時的に存在する・別個と考えられうる物事を「唯一の歴史」という時間軸に基づいて通時的に並べ直しながら、それらからひとつの共通性を見いだす推論のことである。

3・4 「本質化」の拡張

本質化は郡上おどりと昔おどりのあいだにだけはたらいて「昔のまま保存されている」というリアリティを達成するだけではない。

【会話2】一九九八年一月三〇日　保存会幹部B氏（五〇歳代前半、男性）

（筆者の「二つあるような気がする」という発話に対してB氏は「もとは、やっぱり昔おどりなんやけども、だんだんあれが近代化してきたというふうに考えてもらって」と語った。さらに筆者が踊りは四〇〇年そのまま続いているのかと質問した後で）

B氏：それはぁ、踊りとしては続いとる思うんです。踊りといまの形態とを別個に考えて、郡上おどりというもんができたのは、結局なんでもやっぱり人間の進化とおんなじで人間がいつこんなかたちになってどうってことはわからんけど、生物っていうものは地球上にできて、ほんで進化して進化して人間ってものは人間ってものになってきたっていう話を聞くんですけど、ほんで人間のその先祖はどの程度まで先祖かもしれんけど、生物というものの人間のもとがある勘定やもんで、ほんで人間誕生ってものがどれくらいの程度のものを人間誕生にするかもしれんけども、この郡上おどりってものの誕生は四〇〇年前やと思うんです。だけども、そのときは郡上おどりというかたちで名前はつけられてもおらなんだやろうし、うん、ただ踊りやったもしれんし、その踊りっていうものがだんだんこういうふうに変わってきて、ほんで今の郡上おどりやけども名前がある。で、これ郡上で、ま、郡上一円で踊られとったで郡上おどりになったと思うんやけども名前がぁ、で、こっからやってずぅっと四〇〇年はぼくは一本の線が通っとると思うんです、ぼくの考えとしては。ほやけども、やっぱり、そのずーっと前からこういうふうに踊られてきたっていうあれも考えられんでもないですけど、うん、やっぱり育ってきたもんやもんでなぁ、うん、そこんとこでぼくは、あのぅまぁ一本やと思います。その各、一番初めは、あれがあったんですけど、うぅんと、(郷土史家の)先生からな、いろいろそう歴史に、郡上おどりに関しての歴史を伊勢のほうからとかっていう、な、あいうかたちであったんですけど、せやけども、まあ八幡に踊りができて、そして、ずぅっとできてきたには、ま、一本のレールのうえを転がってきたと思ってもいいんじゃないですか。

【会話2】の冒頭において、まずB氏は、【会話1】と同様に「もと」という語彙を用いて郡上おどりと昔おどりの連続性を達成した。しかしその後、筆者が「四〇〇年そのまま続いているのか」と問うたために、彼は、「踊りの誕生・進化」を「人間(人類)の誕生・進化」に喩えつつ、さらに時代を遡る。そして、人間も踊りも誕生してから進化を続けていまのようになったけれども、踊りの場合、たとえ誕生した頃の「名前はつけられておらなんだ……ただ踊り」であっても、「郡上おどり」と「もと」は変わらないので「一本のレール」が通じていると彼は主張する。つまり本質化を用いることによって共通する〝質〟があるに違いないと仮定して、時代を遡って別の形態と考えられうるものから「ひとつのおどりの本質」をサーチすることができる。

このような「本質化」の拡張によって、われわれは郡上おどりと昔おどり以前にあるとされる「踊りの起源」から、さも踊りが「保存されている」かのように信じたり・考えたり・語ったりすることができる。と同時に、この拡張は郡上おどりと昔おどりのあいだにすでに達成された「保存」というリアリティをより正当化し、より頑強なものにする。

この拡張は、踊りの保存や運営にかかわる地元住民のあいだだけではなく、専門家にも作用する。第3章で見るように、たとえばある郷土史家は、A氏の言う「もと」を「源流」と表現し、郡上おどりの源流が今から約六〇〇年前に成立したとされる「ばしょ踊り」まで遡ることができると主張する。そうなると郡上おどりは四〇〇年ではなく、六〇〇年の歴史を有することになるのだが、六〇〇年だと郡上八幡の誕生以前になってしまうので、四〇〇年で落ち着いているのだという。

すなわち、四〇〇年の起源のストーリーそのものを疑う郷土史家や町民でも、「本質化」の拡張によって時代を遡ることで「四〇〇年の郡上おどり」を信じたり・考えたり・語ったりすることができるのだ。

3・5　「踊りはひとつ」

では、「本質化」において重要な「基本」「基礎」「原型」「源流」「もと」とは、地元住民にとっていったい何をさすのだろうか。

すぐに思いつくのは、これらの語彙が踊りの所作を表わす点であろう。地元住民も郡上おどりと昔おどりを比較して、たとえば「ここの所作はお百姓さんが田んぼに入ったときに似ている」と踊り方に言及する。が、その一方でそれらは郡上八幡人の「生活」「精神」「アイデンティティ」「存在の意義」であると断言する人々が存在する。ここでの「生活」「精神」とは、祖先化と重なりつつ、現にここで生活する郡上八幡人とその祖先たちから最大公約数的に抽出可能な共通性をもつのだという。

とすると、「踊りが二つある」という筆者の発話は、いわば郡上八幡人の「生活」「精神」「アイデンティティ」「存在の意義」を分断する恐ろしい試みであることがわかる。つまり、この発話は先に述べた認知的な「間違い」や「わけのわからなさ」だけではなく、それ以上に道徳的に「許せない」ものになる。地元住民にしてみれば、筆者が言うように、たとえ町でいま二つの踊りが踊られたとしても、それらをモノのように「一つ、二つ」と数えてはいけない。伝統文化としての踊りは、郡上八幡人の「生活」「精神」であるので、「唯一の歴史」という時間軸を伴ったかたちで、ひとつでしかありえないし、そうあるべきなのだ。

このように、郡上おどりや昔おどりを運営・保存する地元住民にとって、「祖先化」や「本質化」という推論をはたらかせる限りにおいて、昔おどりは、郡上おどりへのクレイムとはならない。彼らは、「昔はよかった」と言いつつも、結局「郡上おどりが観光化されるのも無理はない」とつぶやいて自らオチをつけるのだ。つまり、いまのところ八幡において「伝統の政治学」は回避されている。

4　伝統文化の保存にはたらく推論

まとめよう。郡上おどりをめぐって地元住民は「この伝統文化は昔のまま保存されている」というリアリティをいかに維持するのかを明らかにしてきた。このリアリティを維持するために、地元住民は、「唯一の歴史」という時間軸の存在を前提にして、①「祖先」を配置し、それらの実在性を示しつつ、いま存在するものごとは自分たちが祖先たちと「同じこと」をして受け継いだものだとする「祖先化」と、②共時的に存在する・別個と考えられうる物事を通時的に並べ直しながら、それらからひとつの共通性を見いだす「本質化」という二つの推論をはたらかせていた。

これらの推論の作動には、「唯一の歴史」という時間軸が前提としてなければならない。この前提によって、地元住民は、祖先と自己や複数の踊りを秩序づけることができる。つまり、歴史とは、〈いま・ここ〉において物事を理解可能に整序するひとつの方法でもあるのだ(11)。「歴史」はつくられるだけではなく、つかわれる。

そのように考えると、文化構築主義の「伝統の再創造」論を唱えるためには、「唯一の歴史」という時間軸を用いながら、複数の文化形態を比較・整序可能にさせる「何らかの同一の質がある」という推論を暗黙のうちに引き受けなければならない。にもかかわらず、彼らは、自らの議論のなかにはたらく通俗的な推論に気づかぬまま、「再創造された」とか「変化した」部分を強調しているにすぎない。

現在の無形民俗文化財は昔のまま保存されているのだろうか。いまこの問題は直ちに「保存か観光か」という二項対立に変換される。そして、多くの研究者は「観光化する無形民俗文化財」をめぐって嘆くか賞賛するかのどちらかである（大石 1998）。

筆者の立場からすれば、当該の伝統文化が「本当に昔のままなのか」あるいは「『真正』なのか『虚構』なのか」という問いかけは、そもそも検証しがたいといえる。なぜなら、無形民俗文化財が保存されているか否かは、本章で明らかにしてきた推論をその場その場で作動できるかどうかにかかっているからだ。うがった見方をすれば、われわれが〈いま・ここ〉において推論を作動させることができれば、いまある無形民俗文化財は、いかようにでも「昔のまま保存されている」というリアリティを帯びるのである。

注

（1）『つげ義春全集6　ねじ式／夜が掴む』筑摩書房〔一九六八〕一九九四、四二頁。

（2）このような動きには法的なバックアップがある。一九九二年六月、「地域伝統芸能等を活用した行事の実施による観光及び特定地域商工業の振興に関する法律」が公布される（大蔵省印刷局 1992: 55–9）。この法律によって、伝統文化を観光資源として活用する動きは、官民一体になったといえる。

（3）ただ、文化構築主義的説明には別バージョンが存在する。「虚構としての伝統文化」を担う当事者たちが観光というコンテクストのなかで積極的にそれを利用する姿に「地域アイデンティティーの源泉」（八木 1994: 601）、「戦術」（森田 1997: 57）、「戦略」（橋本裕之 1996: 186）といった「現地の人々の主体性」（太田 1998）を見いだすものである。これを本書では「文化構築主義の主体性バージョン」と呼ぶことにする。

しかし、このバージョンが「誰がどのようなポジションで語るのか」（太田 1998）という自己言及的な問題とともに生成し、つねにそれを踏まえなければならないとすれば、文化構築主義が当事者の活動を「現地の人々の主体性」と表象することそれ自体にも、同等にポジションからの考察が求められよう。さもなければ、ここでいう「現地の人々の主体性」は、学問上の「調度品」と化すだろう。なお、文化構築主義の主体性バージョンについては、第3章および第10章も参照のこと。

（4）と同時に、ここで筆者が「保存されているかどうか」をめぐる競合状況に立ち入らないもうひとつの理由は、伝統文化をモノのように「保存」するだけでは、当該の伝統文化ひいては地域社会の活性化につながらないと考えるからである。この点については、第4章と第5章で詳述する。

（5）本章でいう「推論」とは、ものごとを〈いま・ここ〉において理解可能・報告可能にする人々（素人であれ専門家であれ）の説明のしかた・実践のことである。本章に引きつけるならば、「郡上おどり」を見たり・聞いたりするや否や、瞬時に「この文化は昔のまま保存されている」と人々が理解・報告できるのは、〈あのとき・あそこ〉に属する地域活性化というコンテクストを踏まえた〈いま・ここ〉の関心に従った説明（＝推論）がはたらいているからであり、むしろ、この説明のしかたや実践こそが「保存」というリアリティを所与で・自然なものとして人々に受け取らせているのだ。

（6）ただ、地元の郷土史家たちは、歴史資料が見当たらないことを理由に、この起源のストーリーの信憑性を疑っている。このストーリーが郡上おどり保存会設立当時（一九二三年）に発行されたパンフレット『郡上踊』に初めて登場したものであり、「大正デモクラシーの風潮と日本伝統文化見直しの機運に促され」、盆踊りを「土俗」として禁止していた「権力との無用な摩擦を避け」るために「『官民意志疎通』

を旗印に健全なる娯楽として復興」（郡上おどり史編纂委員会 1993: 230）させるために用いられたレトリックであると分析している。

（7）二〇〇二年から、商工観光課は産業振興課に改められた。その後、一〇〇四年三月に八幡町は「郡上市」に合併されたため、今までの産業振興課は、八幡地域振興事務所・産業振興課・商工観光係としてスタートした。その後この部署は、二〇〇七年に郡上市役所商工観光部に統合された。ただ、以下の記述ではフィールド・データに従って、当時の部署名を使うことにする。

（8）このタイムスケジュールは、地元で「縁日おどり」と呼ばれる日程の一日を紹介したものである。本文中でも紹介したように、八月の孟蘭盆会の四日間は市街地区の中心で、徹夜で踊られる。この四日間は、会場となる自治会が踊りの準備や後片づけを担当するが、神事などは特にない。

（9）「昔おどり」は、この土地をよく訪れる永六輔氏が週刊誌の連載コラムですでに提案していた（永 1996: 117）。これに触発されて昔おどりを始めたと一部の主催者は語る。なお、昔おどりについての中心的な分析は第4章で行う。

（10）ここでいう「伝統の政治学」とは、伝統文化における唯一の正統性を獲得するために、複数の文化形態どうしがせめぎあう闘争状態をさす。

（11）「唯一の歴史」という方法は、個人の経験（小林 1997: 216）や博物館の展示（浜 1998: 154）を秩序づける。

第3章　郡上おどりの「独自性」──あいまいさを管理する方法

1　「独自性」のあいまいさ

伝統文化が「昔のまま保存されている」というリアリティを、地元住民はいかにして維持していくのか。この問いに対して、前章では「祖先化」と「本質化」という二つの推論の存在を指摘しておいた。これらの二つの推論は、観光化された伝統文化だけではなく、おそらくわれわれが伝統と信じるすべてのものに当てはまるだろう。

第2章に引きつづき、第3章においても観光資源としての伝統文化の価値を高めるリアリティの記述・分析を行いたい。そのリアリティとは、伝統文化の「独自性」である。もしある文化が「昔のまま保存できている」のならば、おそらくそれは「特定の土地に根ざした独自性」を有するはずだ。そういう信念をわれわれはもつだろう。このとき、民俗学者の安井眞奈美が指摘するように「一九八〇年代後半からおこなわれた町づくりや村おこしの特徴は、ほかのどこことも違う地域の資産を生み出して、地域らしさを追求する点にあった」(安井 2000: 119)。ならば、「独自性」(安井 1997: 216) や「個性」(今井 1999: 116) をもつ(とされる) 伝統文化は、他の村や町との差異化をはかるための格好の地域資源となる。そのような土地土地の伝統文化のイメージは、観光化のなかで「地域のアイデンティティを再構成、再創造するための文化的なシンボルとして」(橋本裕之 2000: 73) 流通するに違いない。

しかし、現在の伝統芸能や民俗芸能という伝統文化は、本当にその地域にとって〝独自〟なものだろうか。そもそも「地域らしさ」として表現される独自性とは、いったい何なのだろうか。

筆者がこれらの問題に関心をもつのは、そもそも何をもって当該の伝統文化に「独自性」があると見るのかという疑問を抱いているからだ。たとえばある伝統文化が独自であるという認識は、他の文化形態と比較することによって初めて可能になる(吉野 1997)。だが、地元住民はそのような作業を経ることなく、根拠が不明確なままでも独自性を主張できるのである。このとき、先述したようにわれわれは、いま問題にしている文化形態はいわゆる「伝統」文化だから独自性がある、と信じているだけではないだろうか。そのように考えると、各地の伝統文化の独自性とは、そもそも〝あいまい〟なのではないか。

だが、にもかかわらず、伝統文化を担う現場では、「観光による地域づくり」という至上命令のもとで、それぞれの独自性の強調にますます拍車がかけられている。

このようなとき、地域の歴史の専門家である郷土史家が登場する。郷土史家たちは素人に成り代わって、当の伝統文化の起源や独自性を説明する。だが、郷土史家は地元の歴史に詳しいだけであって、以下に見るように、独自性の論理構成のあいまいさから完全に抜け切ることはできない。ただ、郷土史家は自らが郷土史家たろうとするとき、われわれとは違って伝統文化の「独自性」というあいまいなリアリティを管理する方法をもっているのではないか。

そこで本章の目的は、郡上おどりをめぐる郷土史家の語りに注目して、あいまいさの管理の方法を明らかにすることにある。

2　「現地の人々の主体性」という表象

2・1　伝統文化の独自性

郷土史家の語りに移る前に、伝統文化の「独自性」というリアリティや、そのようなリアリティの管理についてもう少し理論的に考えておきたい。その際、ここでは文化構築主義を議論の出発点としよう。というのも、文化構築主義はその論理展開において、地元住民の主体性やアイデンティティの構築と伝統文化の独自性を巧妙に結びつけてきたからである。

すでに紹介したように、文化構築主義の基本命題をわかりやすくいえば「伝統文化とは、脈々と受け継がれた真正な実体ではなく、近代に入ってつくられた虚構である」というものであった。しかし、このような分析視角は、自分たちの伝統文化を真正な実体だと信じ込んでいる地元住民を皮肉ってしまうので(1)、文化構築主義には別バージョンが存在する。それは、こうだ。たしかに現在ある伝統文化はつくられた「虚構」だが、研究者はそのような「伝統文化の真正性」の喪失を嘆くのではなく、「伝統文化」を再構築する際に見いだされる「現地の人々の主体性」（太田 1998）、担い手の「創造過程」（太田 1998: 66; 川森 1999: 70）、「主体の真正性」（橋本裕之 2000: 79）に着目すべきだ。そして、伝統文化の再構築過程において、外部者との相互作用のなかで、人々は「地域的アイデンティティ」（山下 1999: 85）も同時に構築していくがゆえに、人々の「主体性」や「創造性」は、肯定的に評価されるべきである、とする見方である。

このように、文化構築主義の主体性バージョンの分析視角は、一方において人々が信じる「真正な実体」としての伝統文化そのものを皮肉りながらも、他方では観光という現場において地元住民が「主導権」（川森 1996: 182）を握ろうとする姿を鼓舞するという、地元に対して微妙なバランスを保つものといえよう。

では、冒頭で述べた独自性の問題に対して、文化構築主義（特に主体性バージョン）はどのような見方を提示できるのだろうか。その論理から推測すれば、伝統文化の独自性とは、実は観光化という現在のコンテクストのなかで意図的につくられた虚構である。しかし、伝統文化の再構築過程のなかで人々は自らのアイデンティティの拠り所を見いだすゆえに、やはり伝統文化の独自性を認めることができるのではないか、と。

たとえば、地理学者で民俗学者でもある八木康幸は、長崎県において地域づくり運動として創出された和太鼓の音について

「意味するものとしての個々の創出太鼓の音と、意味されるものとしての個別のふるさととの関係は

恣意的な連合にすぎない。横溢する言葉によって示されるふるさとのイメージと、創作太鼓の音楽性が持つ土着性の弱さ、あるいは音の rootedlessness というべき現実との間には、なお大きな乖離がある」（八木 1994: 594–5）

と鋭い指摘を行う。

にもかかわらず、八木は音とふるさとの乖離を埋めるものに「視覚的パフォーマンス」や「コスチューム」があるとし、これら「示差的特徴によって個別の太鼓が見分けられて……ヴァナキュラーな音、すなわち根拠を土地におき、その土地を特徴付けるような音が創り出されてゆく過程」（八木 1994: 595）があると解釈する。そして結局、創出された和太鼓の音が「地域アイデンティティーの源泉になりうる」（八木 1994: 601）という肯定的な評価に行き着く。

2・2　不安定な独自性

つまり、文化構築主義者は、ある伝統文化に対して人々が独自性という意味を付与（投入）することによって、その文化は独自なものになるという安定的なモデルを想定している。だが「では、そのつくりだされた文化形態（和太鼓）が放つ『土地を特徴づける音』とはいったいどのような音なのか」とさらに問うとき、はたして専門家であれ素人であれ、納得のいく説明ができるのか。もしかしたら文化構築主義の言う、ふるさとの言説・語りが生む伝統文化の独自性は、一回きりの構築過程で安定するのではなく、「独自性とは何か」についてつねに説明が求められる不安定なものではないだろうか。言い換えれば、独自性とは、いったんは説明されて仮の独自性を確保するが、その独自性に対して疑いの目が向けられてさらなる説明が繰り返し求められる、あいまいさを有しているのではないか。

そう考えるならば、この独自性のあいまいさは、何らかの説明によって明確にされるべきものがその説明のなかに依然として温存される（＝再び帰ってくる）という〝再帰性〟を備えている。そうなると、地元住民（特に郷土史家）は、このようなあいまいさの再帰性を何らかの方法によって管理しなければならない。それは、あらたな言説を投入して「独自性とは何か」の決定バージョンを確立するやり方ではなく、あいまいさを明確化することに見切りをつけ、あいまいなまま外延のみを枠づける管理の方法である(2)。

だが、伝統文化のあいまいな独自性に対して、いったい何をもって「管理できた／できない」といえるのだろうか。それは、説明を求める他者に対して、「この文化は独自なものである」と説得できるかどうかにかかっている。あいまいさが明確化されて消滅するのではない。そうではなく、ここでの他者説得とは、他者があいまいなものに対してさらなる説明を求めるのをためらったり、あきらめたりする（説明の後にさらなる質問をやめる）ことを意味する。

そこで、郡上八幡において地元の郷土史家たちが、伝統文化の独自性というあいまいさをいかにして管理するのか、郡上おどりの保存をめぐる郷土史家の語りを分析していこう。

3　郷土史家による踊りの本質化

3・1　地元住民のためらい

一九九六年一二月、「郡上おどり」は文化庁から「わが国を代表する盆踊の一つとして芸能史上とくに重要なものであり、また、美濃北部山村の豊富な民謡を背景にした独特の手を伝えているなど、地域的特色の顕著な盆踊である」（文化庁文化財保護部 1996: 11）と評価され、「国重要無形民俗文化財」に指定されることになった。これによって郡上おどりは、観光化と保存の両立を果たしたことになる。

このような郡上おどりの保存や継承について、真っ先に地元住民が尋ねられるのは、「この踊りはいつ頃から始まったのか」という問いである。それに対して地元住民は、「約四〇〇年前からだ」と教えてくれる。そして、四〇〇年の歴史的根拠を「当時領主であった遠藤慶隆が士農工商融和を図るために盆踊りを推奨したのが、郡上おどりの起源である」とする。

しかしこのように語りつつも、「でも本当は四〇〇年ではないらしいよ」とあっさりその数字を否定する。そして「詳しくは、あの人たちに聞いてみてください」とある特定の郷土史家を紹介する。また、筆者が地元の人たちに踊りの保存や継承にかかわる苦労談をうかがっているとき、ふと郡上おどりの起源に話題が及ぶと、これまた同一の郷土史家を紹介するのだ。別の地元の人は、筆者が踊りの保存や継承について研究していると聞くや否や、それなら例の郷土史家に話を聞けば、あなたの疑問は一挙に解消され、すぐに研究成果につながるだろうとアドバイスをくれたりもした。

このように一般の地元住民が踊りの起源や歴史について語るとき、ある種の「ためらい」があり、自分たちには語る資格はないと考えているように見受けられた。そして、この資格を保持している者は八幡町に住まう郷土史家であると答えるのである。つまり、郷土史家は郡上おどりの起源や歴史の説明を「独占」しているといえる。

ここで、まちづくり運動のひとつとして催された「郡上おどり四〇〇年祭」（一九九一年）というイベントにまで遡らなければならない。というのも、このイベントこそが地元住民にためらいを与え、郷土史家の独占を可能にするきっかけをつくったからである。このイベントを契機にして、郷土史家による「四〇〇年の歴史」の根拠探しが始まったのである。具体的には、このイベントの生成過程において、どのようにして四〇〇年の根拠が確立されていったのか。

3・2 四〇〇年の根拠

一九九〇年、当時八幡町役場商工観光課係長だったC氏（四〇歳代、現在六〇歳代前半、男性）は、観光客・メディア関係者・研究者といった外部者から寄せられる郡上おどりに関する問い合わせに忙しく対応していた。しかしその際、地元の郷土史家や踊りに詳しい人物を紹介するのみで、役場として何か情報を提供することはできなかった。そこでC氏は自ら「郡上おどり」の歴史を学んでいく。

その過程で、先にもふれた「士農工商の融和を図った」とされる遠藤慶隆の領主時代へと遡り、また、一九四一（昭和一六）年に催された「郡上踊り歌詞懸賞募集」のチラシのなかにある「郡上踊創始三百五十周年」という文言から逆算して年数を計算し、現在が「おおむね四〇〇周年にあたる」とC氏は確信する。そこで、彼をはじめとする商工観光課は、「郡上おどり四〇〇年事業」を立ち上げ、八幡町の広報紙にて「郡上おどりの発祥四〇〇年を記念して平成三（一九九一）年に、郡上おどり四〇〇年祭を行う」（八幡町 1990: 11 補足筆者）ことを発表する。

ただ、この時点ではまだC氏の計算のみが頼りだったので、八幡町としては四〇〇年を根拠づける歴史資料を発見しなければならなかった。そこでC氏は、歴史資料の発見・提示を町の文化財審議委員になっている郷土史家たちに依頼する。

これを受けた郷土史家たちは、歴史資料の発見に全力をあげる。しかし最終的に何ら資料を見つけ出すことはできなかった。そこで当時、この地方の郷土史家の第一人者であった在野の研究者寺田敬蔵氏は、『飛州誌』という歴史資料から、現在でも飛騨高山で踊られている「高山おどり」のルーツとされる「吉左右踊り」にかかわる記述を見いだし、「これから推し、当時は高山から岐阜・京都への交通の要衝である八幡に踊りがあっても不自然ではない」（寺田敬蔵 1990a: 13）とし、『飛州誌』が四〇〇年を裏づける歴史資料であるとした。その後、これが郡上おどり四〇〇年の公式的な起源のストーリーになっていく。

しかし、郷土史家側からすると、商工観光課がこの傍証的な資料をもって四〇〇年の公式的な根拠と公表するのは、歴史家としていささか抵抗があった。また歴史資料を発見・提示した寺田氏本人も、ただ「こういうのもある」と町に提出しただけで、それが四〇〇年の根拠として一人歩きしてしまうことに修正を施さなければならないと考えた。そこで彼は、町の広報紙に連載というかたちで「郡上おどり」以前の踊りとされる中世の「歌念仏」や「ばしょ踊り」が今の踊りのルーツだという説を展開し、なんとか四〇〇年の根拠を『飛州誌』以外のところから根拠づけようとした(3)。このような試みは暗に『飛州誌』だけが四〇〇年の根拠ではないと示そうとするものだったが、その連載が活字になって徐々に刊行されていく途中で、寺田氏は他界してしまった(4)。

そうこうするうちに、「郡上おどり四〇〇年祭」は、町民総出でさまざまな催しが行われ、一九九一年に終了した。郷土史家たちは、町教育委員会の依頼で四〇〇年祭の記念誌である『歴史でみる郡上おどり』(郡上おどり史編纂委員会 1993)の編纂にとりかかる。だが、そこでまた問題になったのは、郡上おどりの起源である。このとき、寺田氏とともに郷土史研究を行ってきたD氏(5)は、寺田氏の遺志を受け継ぎつつ、念仏踊りやばしょ踊りと現在の郡上おどりのあいだに何らかの共通性・連続性(＝本質)を見いだし、その共通性を「源流」と呼んで定式化した。

【会話3】 一九九八年四月五日　郷土史家D氏

(「郡上おどり」の原型が神事芸能である「ばしょ踊り」にまで遡ることができるというD氏の議論に対して、筆者がそれらは別ものの可能性があるのかと問うた後で。……＝中略)

D氏：うん、もちろんね、その手を振り足を振るっていう動作は、これは、あのぅそのときどきの流行に左右されると思うんです。民衆がつくったもんですから。……ただひとつだけいえるのは、足を踏むっていう動作、これだけは間違いないと思う。その動作がやっぱりどっかで残っていると思うんですね。で、この足を踏むってという動作が、ま、おそらく踊りの源流っていうことなんです。……確実に足を踏んだってことはたぶん間違いない。で、これのところには、すべて共通性があるわけでしょ。いくらその流行っても、ええっと、いろんなところの踊りや舞踊や歌舞伎やいろんなものが出てきても、これは間違いないと思う。それがまぁ踊りの源流だってことは言えるんじゃないかっていう。それから、もうひとつは輪をつくるっていう、この輪つくるっていうのは神事芸能に特有の所作でしてね。で、これは、あの輪のなかに精霊を迎えるっていう（聞き取り不能）きたですから、たとえば、めちゃくちゃに踊ったとしてもやはり輪をつくるかたちとしてね。で、これだけの要素は、どんな発展をして、どんな違ってても、おそらく前からの記憶を辿っているんだろうっていうことは、この郡上おどりの特質ね、列をつくってまっすぐこう道を踊りながら行くってことはなかったんです。で、これはもう郡上特有のあの踊りで、阿波おどりとかねぇ、山形の花笠音頭なんか、ああいうふうに流行ってきたけど、郡上おどりは、やっぱり輪をつくる。それは、その伝統をね、もってるっていう、ひとつのあれと、やっぱりそれを超えられない何ていうか、その踊りがもってる古さっていうか、芸能の本質やと思う。ここを外したら郡上おどりっていうのはないと思う。だから、ジャズでやってもいいし、そのいま流行のね、……それはどうでもいいんですけど、そういうのを加えても、足を踏んで輪をつくるっていうことはやっぱりあるだろう。ほんで、これは、その神事芸能のもっていた、ひとつの特色なんですね。だから、四〇〇年前と今と同じかって言われたら、違うっては言えんわねぇ。

まず、【会話3】にざっと目を通すと、ここでのD氏は、現在ある郡上おどりと、かつて存在した神事芸能であるばしょ踊りのあいだの共通性・連続性をいったんは保留する。しかしながら、彼は「ただひとつだけいえるのは」と前置きをした後、両者のあいだには①足を踏む、②輪をつくるという共通性が見られるゆえに、この共通性を「源流」という語彙で表わしつつ、この語彙を用いることによって最終的に「四〇〇年前と今と同じかって言われたら、違うっては言えんわねぇ」と結論づけ、ばしょ踊りと郡上おどりの連続性を肯定している。

郷土史家たちは、たとえ歴史資料として四〇〇年の根拠がなかったとしても、「歴史資料がないからといって、人間の営みがある限り踊りがなかったとはいえない。ただ記録に残らなかっただけだ」と推量して、「四〇〇年の郡上おどり」を根拠づけることができた。

このような踊りの歴史の「本質化」(6)は、郷土史家にとって歴史学的に見れば根拠となる歴史資料がない限り、四〇〇年という起源が主張できないところでも、さまざまな文化形態を呼び込むことで「四〇〇年の郡上おどり」の正当性を信じ込ませる力をもつ。この記念誌発行以降、D氏を中心にした郷土史家たちは、『飛州誌』の「吉左右踊り」の記述に頼ることなく、踊りの歴史を雄弁に語ることが可能になっていく。

だがその反面、一般の地元住民にしてみれば、自分たちが慣れ親しんだ「士農工商融和を図って」といった起源のストーリーは郷土史家に否定されてしまい、四〇〇年の根拠を正確に語るためには、郡上おどり以前にあったとされる踊りの形態を勉強し、語らなければならなくなってしまった。ここに、郡上おどりの起源や歴史を語ることに対する地元住民のためらいがある。

4　あいまいさを管理する方法

4・1　本質と独自性

たしかに、郷土史家たちは踊りの歴史の「本質化」のもとで、原理的にはいかようにも現在の郡上おどりと昔あったとされる踊り（ばしょ踊りや念仏踊り）の時間的連続性を説き、四〇〇年という歴史年表的な時間経過を簡単に主張することができた。この作業によって郷土史家は、意図的であるかどうかは別として、結果として踊りの保存についての論理や言説を独占することができるようになった。

しかし、昔あったとされる神事芸能的な踊りと郡上おどりにどんどん共通性・連続性を求めると、それらの踊りが必ずしも郡上八幡から発生したものではなく、全国的に流通している踊りであるがゆえに、今度は郡上おどりの独自性が揺らいでくる。

【会話３】のD氏の目的は源流という語彙を用いることによって「この伝統文化は昔のまま保存されている」というリアリティを維持することにあるわけだが、ここで注目すべきことは、郡上おどりの独自性（会話では「郡上おどりの特質」「郡上特有の……踊り」）と神事芸能全般の本質（「神事芸能に特有の所作」「神事芸能のもっていた……特色」）が語りのなかで交互に折り重なるかたちで全く同じものになってしまう点である。

一見すると、D氏の語りは全く自然なのだが、この郡上おどりの独自性＝神事芸能の本質という図式は、やはり奇妙だ。というのも、本来郡上おどりに備わっているはずの独自性は、神事芸能全般の本質・特色（＝共通性、一般性、普遍性）に「溶け込んで」しまっているからである。わかりやすくいえば、会話に出てくる①足を踏む、②輪をつくるという郡上おどりの独自性とは、全国各地のどこの盆踊りにも共通するものであり、「いったいどこが郡上に特有なのか」と再度問うてみたくなるのである。しかし、会話のなかではあくまでも自然であった。つまり、【会話3】において、「郡上おどりの独自性＝神事芸能全般の特色」という説明のしかたは、まさに適切であったといえるだろう。

ここで、たとえ神事芸能であるばしょ踊りと郡上おどりに共通性が見られ、それを本質であるとしても、郡上おどりの本質が必然的に郡上おどりの独自性を保証するわけではない。にもかかわらず、郷土史家は本質（＝源流）と独自性を全く同じものと見て、両者を互換可能なものとしてスライドさせている。つまり、本質と独自性のあいだには、「概念上の混乱」（西阪 1997: 120）がある。郡上おどりの独自性とは、じつはこの混乱による錯覚かもしれないのだ。

4・2　羅列による補強作業

では、独自性が錯覚でないとしたら、郷土史家たちは、神事芸能全般に横たわる共通性に頼ることなく、郡上おどりの独自性を説明することができるのだろうか。この点に関して、筆者は次のような問いを郷土史家に発してみた。

【会話4】二〇〇〇年八月四日　郷土史家E氏(7)

（四〇〇年という数字がどうやって決まったのかという話から。……＝中略）

筆者：ところが念仏踊りとか、それから、あの、ばしょ踊りとかですねぇ、風流踊りっていうのは、かなりこう全国的なもんですよねぇ。それで、そっから今度、それがまあひとつの源流になってくるという話なんですけどね。じゃあ、そうなってくると、こう郡上、郡上独自の踊りというふうに言えるのかどうかという点がね、ちょっと疑問なんですよね。つまり、全国的にそのばしょ踊り、風流踊りっていうか、そういうひとつの源流っていうか、それ、ほとんどよそもそうやと思うんですよね、おそらく。で、それで、郡上おどりというふうな独自の踊りがあるっていうふうになってくっていうのは、ま、なっていくん、まっ、そういうふうに言えるというかですね、その点はどういうふうに考えたらいいのかなって思うんですけどもぉ。

E氏：うん、あのーかけ踊りっていうのね、まっ、あれも風流踊りのひとつの派手になったのが、かけ踊りだそうですが、この郡上はたくさんかけ踊りがございますよねぇ、もぅあらゆる集落にかけ踊りがありますよねぇ、こういうのですねぇ。……（資料をさす）

筆者：あ、かけ、かけ踊りですねぇ。

E氏：（……かけ踊りが郡上郡に多いという話）ほんで、このかけ踊りっていうのは、言うなれば、これは、あのー豊年踊りと雨乞い踊りと豊年踊りといっしょぐたになったみたいなものだそうですけど。で、いわゆる白山を降りてきて踊る、あのばしょ踊りですね、ばしょ踊りを源流として家作り唄、盆踊り、雨乞いの踊り、かけ踊り、豊年のお礼踊りとか、これが非常に飾りの多い踊りですよねぇ。で、こういうふうに分れていくらしいんですがぁ、とにかく、郡上はこれが多いんですね。……（このかけ踊りは）問答でやるんですね、問答でやっていく、あのやり方、これが、あの非常にばしょの踊り方なんかともろ似てますし、そして、この問答の踊り方が郡上おどりのなかにも盆踊りのなかにも非常に取り入れられているんですよ、古い踊りは。……（その問答の再現）こういうのを源流としているんですね。……（また問答の再現）で、そういうような問答のしかたですね、これなどは、あのもうこのばしょがそういう問答で踊りますから、こういう踊りの形式をひいているんですね。で、それが郡上おどりも、あのぅいまはもうマイクで一発でやってしまいますけど、本当の郡上おどりは、こちらがこう歌いますと、こちらが掛け合いにやるんです。これが本当の郡上おどりなのです。で、古調かわさきはそういうふうにやらないといけないんです。で、そういうところがね、郡上の特徴かねぇ、そういうところにあると思うんですよ。（筆者：ああ、なるほどー、ほぉー）で、あのぅーむしろねぇ、このかけ踊りを見るとねぇ、郡上おどりの依って立つところがわかるような気がするんです。

この【会話4】は一見すると、E氏は郡上地方に今でも現存する「かけ踊り」という雨乞いや豊年のために踊られる踊りの多さが、郡上おどりの独自性だと説明しているようにみえる。しかし、そのことをもって郡上おどりの独自性を示したことにはならない。むしろ、E氏が言いたかったことは、次のようである。

現在の郡上おどりの源流になるのがばしょ踊りだが、いかんせん郡上おどりはばしょ踊りのように踊り手が掛け合いで歌わなくなってしまった。ところが、郡上おどりとルーツを同じくして兄弟関係にあり、今でも郡上地方でたくさん踊られているかけ踊りは、ばしょ踊りのように掛け合って歌っているので、それが源流であることがわかる。そこで、本来ならば郡上おどりはばしょ踊りを源流としているので、この源流こそが郡上おどりの独自性である、と。

しかしここでもまた、「源流」という本質化を「独自性」だと混乱をきたしつつ繰り返し説明しているだけで、肝心の独自性の内実は、結局【会話3】のように神事芸能全般に見られる共通性に回収される可能性を秘めたままである。

ただ、【会話3】のD氏の説明と異なる点は、筆者が改めて「ばしょ踊りとかですねぇ、……かなりこう全国的なもんですよねぇ……じゃあ、そうなってくると……郡上独自の踊りというふうに言えるのかどうか」と問うたために、E氏がばしょ踊りと郡上おどりの系譜関係だけでなく、その系譜を補強するためにさまざまな踊り（かけ踊り、豊年踊りなど）を羅列したことである。このような羅列による補強作業は、E氏を「郷土史家」たらしめる作用をする。

ここで再度【会話4】に立ち返るならば、E氏は、羅列による補強作業を遂行することで、「源流」=「独自性」という図式を維持しようとした。つまり、今まで郷土史家は、郡上おどりの独自性を説明するために源流を語ることで、あいまいな独自性をあいまいなまま管理することが通例だったのだ。

4・3　独自性と共通性の相互依存関係

【会話4】で示された独自性とは、結局共通性に開かれたあいまいなものである。したがって、そのような独自性に対して、筆者は、【会話4】の最後のほうで「ああ、なるほどー」と納得したりせず、その気になって延々と「いやその源流というものは、はたして独自性を表わしているのか」と郷土史家に問いをぶつけることもできよう。

もしここで源流に頼らないかたちでさらに「独自性とは何か」を問いつづける者がいたならば、いかにして彼らはあいまいな独自性を管理していくのか。そこで、筆者自身がためらうことなく、「独自性とは何か」を問いつづける者になってみよう。そうすれば、伝統文化の独自性がどのようなものなのか、わかるかもしれない。

【会話5】二〇〇〇年九月二一日　D氏（二回目の聞き取り。……＝中略）

（筆者が「郡上おどりの源流」には白山信仰やばしょ踊りがあり、特に、ばしょ踊りと郡上おどりには、三つの共通性があることを確認した後）

筆者：この三つというのはですね、まぁ、ある意味こう郡上おどりの特色だっていうふうな話なんですけれども、ちょっとここでわからないのはぁ、ただそのー盆踊り全般こう見ますと、やっぱり輪をつくって、そのー足を踏み鳴らして、そのーまあ切り子ではないけどちょうちんをぶら下げたり、なんなりして踊ってるっていうのは、ある意味盆踊りの、どこの盆踊りもそういう一般的な特色をもってると思うんですね。だから、なんかその、郡上の独自のものなのかなっていう疑問が湧いたんですけどもぉ、もしかしたら、ど、どうなのかなぁ思うんです。そのへんはー。

D氏：うん、ほんでいま言ったように、そのー盆踊りっていうのは、ひとつの地域に限ったものではないんですね。祖先の霊を迎えると、その霊の迎えのしかたっていうのは当然共通性があるやろうと、仏教ですから。だから、それがすべてそのー何ていうんかな、郡上のもんで他のところにいっさいないということではない。他ももちろんもってると。ただし、その特色ってぇのは、ただ郡上の場合は白山信仰ってかたちで学習されてきた。……
筆者：でも、白山やったら白山、大山やったら大山っていうところを除けばね、ある意味、その、えーと、形態の話、私しましたけど、その神を迎えるという意味においては、どこにも共通性があるんやと。そしたら、じゃあいったいその郡上おどりの特質というか、独自性とか固有性みたいなもんっていったい何なんかなぁって。……
D氏：あ、ないでしょ。……（服装や化粧から独自性があるかもしれないが）もっと深いところで言えばぁ、あ、そんなに、その人間のひとつのその所作なら思想っていうのは変わってないな、感じはするけどね。だから、その独自性がどうのこうのっていうもんじゃなくて、独自性っていうのは続いたってことが独自性じゃないかなぁ、ね。そのエネルギー、やるエネルギー、それからそれを続けてきたエネルギーっていうのはいったい何かっていうふうに考えたほうが独自性になる、追求するあれになるんやない、ね。……（D氏と筆者のあいだで踊りの継続が「郡上おどり」の独自性になるという話題が続く）
筆者：……たとえば、その（直前に話題に出た某地域）がねぇ、その同じような輪をつくってて、そこには共通性があると。でぇーたしかに郡上とで、郡上には残ってて、です、残ってるということにおいて、その人々のエネルギーがあって、残らそうとしてるわけですから、独自性があると。それはすごくわかって、たとえば美濃と比べてみれば、美濃はもうなくなってるやないかと、岐阜もないやないかと。ところが、（某地域）のその同じ形態をとったそこはずっと残ってて、それも地域の独自性なんですね。で、この独自性とこっちの独自性はなんかいっしょのような感じがせんでもないいんですけど、それは何かちょっとヘリクツっぽいんですけど。
D氏：いっしょやと思う、その独自性っていうのは。……
筆者：そうすると、また同じとこ、また振り出しに戻っちゃうような感じがして。そうすると、また結局独自性っていうのは見つけづらいというか、ないというか、なんかそういうふうなとこなんか、逆戻りしていくような感じがするんですけど。……
D氏：それでいいんやない。やっぱり、ぼくは思うけどさぁ、その共通性をとことん追求していくってことは、まあ独自性だと思うな。逆にいえば、あのおたくが言ってたことの反対、反対に突き詰めていく。独自性っていうのは、どこかで突き詰めていくといっしょやないか。逆にいえば、共通性を徹底的に追求していけば当然それが特徴だと思う、独自性だとぼくは思う。逆にだから、その独自性の根底には共通性があるわけですから、……その独自性のなかにひとつのそういう神性っていうのかな、そういうもんも共通性がある。で、そこを見つけることが、この独自性をさらに高めることになるんやないかとぼくは思う。

まず筆者は、先の【会話3】においてD氏が提示した独自性の根拠（これは源流の根拠でもあった）を示しながら、それらは「どこの盆踊りもそういう一般的な特色をもってると思うんですね」と語ることによって、独自性を疑問視している。それに対してD氏は、いったんは筆者の見方に同意するが、その後すぐに「ただし、その特色ってぇのは、ただ郡上の場合は白山信仰ってかたちで学習されてきた」と語ることで、あくまでも源流が白山信仰という土地に根ざした「独自なもの」だと主張する。ここにおいて彼は、先ほどの【会話4】のE氏と同じように、郡上おどりの独自性を達成する。

そこで筆者は、彼が例示した「白山」や「大山」といった固有名詞を取り払うならば、「その神を迎えるという意味においては、どこにも共通性があるんやと」と語って、また再び独自性は共通性に回収されるのではないかと投げかける。これに対し、D氏は「独自性はない」としながらも、今度は踊りの形態や目的（意味）ではなくて、「独自性っていうのは（踊りが）続いたってことが独自性じゃないかなぁ」と角度を変えて独自性を再度達成する。

ところが筆者は、今度は続いたことだけが独自性であるなら、他の地域でも続いたところがあるから、その両方の独自性は「この独自性とこっちの独自性はなんかいっしょのような感じがせんでもないんですけど」とあくまでも「踊りの共通性」にこだわっていく。それを受けて、D氏も「いっしょやと思う、その独自性っていうのは」と筆者の見方を認めてしまう。

ここまでの会話を見ると、独自性とは、その気にさえなれば、いかようにでも「共通性をもつのではないか」と疑いをもたれるほどのあいまいさを内包している。

ただ、地元に住む郷土史家にしてみれば、あいまいな独自性をこのまま黙って放置しておくわけにはいかない。というのも、このあいまいさは、郷土史家の権威を脅かすだけではなく、地域づくりの目玉となる観光資源が「どこにでもあるもの」にされてしまう恐れがあるからである。そこで、再度【会話

5】に立ち返ると、D氏はこのあいまいさを明確化することを断念しつつも、それをあいまいなまま管理する方法に気づいている。

それは、いままでの会話の流れから独自性を突き詰めることが共通性に通じるという関係を見事に逆転させ、今度は共通性を突き詰めることで見えてくる独自性を維持しようとする方法(8)である。具体的にいえば、盆踊りの共通性とは何かを考えつつ、個々の地域の盆踊りを見ていくと、そこに共通性からはみ出す何か＝独自性が見いだせるのではないか、というものである。ここでいう独自性はたしかにあいまいなままではあるが、確実にその「存在論的なスペース」(Pollner 1987: 7) を残していく。つまり共通性それ自体の追求も、独自性に開かれたあいまいなものである。

このように郷土史家は、「独自性」と「共通性」の関係を逆転させることで、独自性の存在論的スペースを確保し、「伝統文化の独自性」というあいまいさを〝あいまい〟なまま管理することができるのだ。

5　地域らしさの不安定さ

本章では、郡上おどりをめぐる郷土史家の語りを取り上げて、いかに郷土史家は伝統文化の独自性というあいまいさを〝あいまい〟なまま管理するのかを明らかにしてきた。その方法とは「この文化は昔のまま保存されている」というリアリティを維持するために、「源流」という語彙をスライドして用いることである。しかしそれのみでは、独自性は絶えず共通性に〝溶け込む〟危険があり、不安定である。そこで郷土史家たちは、「独自性とは何か」という問いが繰り返されないよう歯止めをかけるために、「共通性とは何か」を逆に追求していくことで独自性を確保する方法に出る。これによって、あいまいな伝統文化の独自性は、その内実が明確にされることなく、あいまいなまま管理されるに至る。

ではさまざまな地域を訪れ、その土地ごとの民俗芸能にふれるとき、「地域らしさ」や「この文化は独特だ」と感じる素朴な感覚は否定されるべきなのか。この点について述べたいのは、地域づくりと観光というコンテクストのなかで、伝統文化の独自性を言語でもって説明しようとするとき、そこにはつねに言語の限界（＝もどかしさ）が内包されることだ。そして独自性の主張を成り立たせている、共通性との相互依存的関係を忘れ去ることで(9)、初めてわれわれは伝統文化の独自性の存在感覚をもつことができるのだ。

文化構築主義は、行政や郷土史家を含めた地元住民の発話に内在する、独自性と共通性を根本的に問うことがなかったといえる。当初、実体としての伝統文化の独自性に疑いを差し挟む一方で、語りが生む独自性や地域アイデンティティという表象に安住してしまい「本当に独特なのか」という疑いをもたなかった。そのために、文化構築主義は自らが報告した諸事例のさまざまな差異をあいまいなまま、独自性とか地域アイデンティティという表象で奇妙に一致させ、表象だけを一人歩きさせてしまった。最終的に文化構築主義は、地元住民の営みを「意識化」「主体化」して鼓舞することで、「問われつづける独自性」を覆い隠していく。その点で、地域らしさの実体を宣伝する地元住民とあまり変わりがない。

それに対して、筆者が示した伝統文化の独自性のあり方から明らかになるのは、独自性と共通性の相互依存関係をすっかり忘れ去りつつも、絶えず独自性を恣意的に選択し、説明しなければならない地元の人々の姿である。ここから見えてくる現代の地域生活とは、ただたんに身近な伝統文化を「地域らしさ」のシンボルとして中心に据えるだけではすまない。外部者から思わぬかたちで「どこにでもある」と指摘されないために、絶えずあいまいな独自性を外部に向かって繰り返し説明しなければならない不安定さを内に秘めているといえる。

注

（1）この点については、第2章も参照のこと。ここでいう「皮肉」とは、研究者（文化構築主義者）が行う、次のようなレトリカルな作業のことである。まず研究者は調査対象者による「真正なる実体」への信奉をいったんは容認する。だがその一方で、「ただ、われわれには別のようにも見える」と自分たちの見方（文化構築主義）を提示し、調査対象者の認識と自分たちのそれにコントラストをつけて、やがて遠回しに調査対象者の認識を否定する。

（2）この点については、エスノメソドロジストであるD・シルバーマン（Silverman 1997）の会話分析的な研究を参照した。

（3）寺田氏が『広報　郡上八幡』に連載したのは、「踊念仏と踊りと祭りと」という記事であり、郡上おどりのルーツとされる踊りのそれぞれについて、それらがどのような踊りで、現在の郡上おどりとどのような関係にあるのかが記されている。この連載は計六回を数える（寺田 1990a〜f）。

（4）以上の四〇〇年の根拠探し、および、その一人歩きへの対処については、郷土史家のD氏およびE氏への聞き取りによる。

(5) 寺田氏亡き後、現在この地方の郷土史研究の第一人者はD氏である。彼は、調査時（一九九八年）において五〇歳代前半の男性で、高校教員（後に退職）・住職を本業とする傍ら、郷土史研究を続けている。

(6)「本質化」については、第2章を参照のこと。ただ郷土史家が「念仏踊り」や「ばしょ踊り」などの神事芸能を娯楽化した郡上おどりの源流だと断定できるのは、「『信仰』という呪縛」（小松 1999: 18）に囚われたアカデミックな民俗学や民俗芸能研究が描く「儀礼から芸能へ」（大石 1999: 116）という芸能史的議論を利用しているからでもある。

(7) もう一人の郷土史家はE氏（七〇歳代前半、女性）で、中学教員を退職後、郷土史を研究している。現在八幡町では、D、E両氏がこの地方の郷土史研究をリードしており、二人とも町文化財審議委員として活動している。

(8) ここで筆者が応えておかなければならないのは、【会話3】から【会話5】へと進むにつれて、郷土史家による管理の方法が、実は郷土史家と筆者とのあいだで協働的に達成されたようにみえる点である。平たくいえば、ここでの管理の方法は郷土史家が発見したというよりも、筆者による関与（誘い出し）が大きいのではないか。このような疑問は、フィールドワーク論には重要であろう。
　ただここでのポイントは、郷土史家の視点からたとえいかなる他者（特に外部者）が現れようとも、とにかく「伝統文化の独自性」を管理（説得）しつくそうとする点にある。とすれば、伝統文化の独自性について疑いを抱く者が誰であるかにかかわらず、管理の方法は、郷土史家に帰属すると考えることができる。

(9) この忘却に力を貸すのは、「固有名（に類するもの）の力」（永井 1996: 100）である。

第4章　〝風情〟という審美的リアリティ

1　不可解な地元住民の語りと動き

郡上おどりの観光化と文化財化を推し進める地元住民は、いかにして「保存」や「独自性」というリアリティを維持・管理しているのか、を明らかにしてきた。これらのリアリティを地元住民が維持・管理することによって、郡上おどりは観光資源として、また無形民俗文化財としての価値が保たれてきたのである。

保存や独自性というリアリティは、何も郡上八幡だけの特殊なものではなく、伝統文化を資源として活用する地域社会ならばどこにでも当てはまるような、一般的かつ常識的な感覚であるといえよう。また、これらのリアリティの維持・管理という〈いま・ここ〉での言説実践は、現在の地域社会において主流になりつつある、伝統文化の観光化と文化財化による地域づくりにおいて、自己防衛的あるいは現状肯定的に作用する。

しかしその一方で、第2章の記述から明らかなように、現在の郡上八幡では郡上おどりに対して、「地元の踊り離れ」という否定的な語り口が確実に流通し、また、郡上おどりの昔の姿だとされる「昔おどり」という新たな文化形態が積極的にイベント化されている。では、はたして郡上八幡の地元住民は、現状の郡上おどりをどのようにとらえているのだろうか。なぜ人々はこのような不可解な語りや動きをするのだろうか。

この点に思いをめぐらせるとき、筆者は、これまでのリアリティ記述を基礎にしながらも〈いま・ここ〉での言説実践という問題関心だけでは限界を感じるのである。というのも、描き出されたリアリティは、あくまでも伝統文化の地域資源化という地域づくり一般のコンテクストにおいて立ち現われたものであるが、そのようなリアリティだけでは、地元住民が本当のところ望んでいる郡上八幡に個別特有の地域づくりとはどこかしらズレがあるように思われるからである。

たとえば、「地元の踊り離れ」や「昔おどり」の語りについて考えてみよう。このとき、人々は筆者に対して、ただたんに踊り離れの現状や過去の踊りの姿をニュートラルな情報として伝えただけなのだろうか。いや、そうではない。筆者は、人々がそのような語りに行き着くとき、ある種の嘆きを感じずにはいられなかった。この語りのなかには、郡上八幡の現状において盆踊りの観光化・文化財化が一般的なトレンドとしてはやむなしではあるが、これ以外によりよい方向はないものかという、聞き取りの場に居合わせた筆者も巻き込む、郡上八幡に独特の力をもった「統制的発話」が内包されていた。もしかしたら、地元住民は、観光化あるいは文化財化以外の別の方向性が見いだせれば、そちらへ簡単に乗り換えていくのではないだろうか。

そのように考えるならば、地元の踊り離れという語りや昔おどりというイベントは、地域社会全体に支配的な観光化の論理が進行する裏側で、それらとは異なり、地元住民のなかから内発的に生まれた地域づくりの方向性を示しているのではないだろうか。そこで第4章では、交錯論的アプローチから、地元の踊り離れ、なかでも郡上おどりとは異なる盆踊りイベントの開催には、どのような意味があるのかを明らかにすることにしたい。そして最後に、観光化とは異なる地域づくりの方向性とは何かを模索してみたい。

2　盆踊りの歴史的コンテクスト

地元住民は「地元の踊り離れ」を口にする、と述べてきた。では、実際の踊り会場はどうなっているのか。

たしかに踊っているのは、平服で踊る観光客、踊り免許の取得をめざして揃いの浴衣で臨む都市部の民謡教室の一団、近隣の市町村からマイカーでやってくる常連たちばかりである。その一方で、地元住民は保存会会員以外、ほとんど踊っていないといってもいい。特に筆者の目に奇妙に映ることは、当日主催者側に回る地元の人々ですら、踊りの初めに準備し、踊り本番になると自宅にいったん引き揚げ、そして終了間際になって「そろそろ……」とばかりに再び会場入りし、後片づけのために踊りの輪が止むのを待っているといった具合である。彼らにしてみれば、踊りそのものよりも、踊り時間の前に住民のみで催される縁日の祭りのほうを重視しているのだ(1)。

では、商店を営む人々ならば、踊りを待望しているのではないだろうか。だが商店街は予想に反して、売上げは頭打ちといった感がある。一九九六年四月、地元の期待を一心に集めた東海北陸自動車道「郡上八幡IC」の開通により、地元ではさらなる観光客の増加を当て込んでいた。ところが、名古屋などの都市圏から日帰りの行き来が可能になり、アクセスのよさが逆に災いして飛騨高山など他の観光コースの一通過点にすぎなくなってしまった。「日帰り観光」「通過型観光」流行のなかで、踊り当日の商店街のようすを見ると、意外にも踊りを当て込んで商売をしているふうでもなく、踊り時間にもシャッターを閉めている店が多い。踊りや観光に関係のない業種の商店主たちが、自分自身の儲けのことは措いて「町全体としては踊りで潤っている」という漠然とした意識をもつにすぎない(2)。

以上のような地元の踊り離れという現象は、当然担い手・後継者不足に向かわざるをえない。保存会幹部にとっても、後継者問題は最大の悩みの種である。担い手の最有力候補である八幡町民は、保存会に入会したがらない。このことが実際の踊り場にも影響を及ぼし、八幡町議会でもある町会議員が「郡上踊りの囃子の不評についてよく聞くが、郡上八幡の目玉商品である以上はその品質管理は最も重要である。対策についてもお聞きしたい」(3)と一般質問をする事態にまで発展した。

どうして郡上おどりはこのようになってしまったのだろうか。まとめると、以下の三つの歴史的な流れが介在している。

2・1　盆踊りの神聖化

一九二三（大正一二）年、地元の有志たちは、一八七四（明治七）年から岐阜県（ひいては国家）によって公的に禁じられていた盆踊りの復興のために「保存会」を正式に結成する。このとき彼らは、国側に郷土芸能の復興を承認させるために、踊り歌から卑猥な歌詞を取り除き、盆踊り全体を健全な娯楽に仕立て上げていった(4)。たとえば、一九二五（大正一四）年の保存会会議録には

「おどりの人々へ／運動は神聖です／おどりは清き人情美の発露です／また男女和楽の表現です／一、ワイセツなる歌をうたわぬる《ママ》／一、風俗ヲ《ママ》みださぬこと」（郡上踊保存會 1922-46: 13）

とあるように、保存会は踊り参加者に郷土芸能の「神聖性」を啓蒙してきたようすがうかがえる。この神聖性の獲得は警察や国家権力の取締まりに対抗するためにやむをえなかったのだが、そのおかげで踊りの歌詞は固定化していき、やがて踊り場で生まれるいきいきとした即興性が失われていく。

2・2　盆踊りの観光化

盆踊りの神聖化は、郷土芸能として国家からの承認を取りつけると同時に、よそからの観光客を意識した「盆踊りの観光化」を促すこととなる。「健全な娯楽」というキャッチフレーズのもと、すでに戦前から郡上おどりは地元において観光資源として認知されていた。特に、戦後以降の民謡ブームによるメディアやコンテストへの出演により、郡上おどり目当ての観光客は急増する。地元住民の話によれば

当初、観光客は踊りをただ観るだけであったという。ところが、いつの間にか観光客も踊りの輪に加わろうとするようになり、地元側もおおいに歓迎した。その受け入れが踊りの輪に大きな変化をもたらすこととなる。

一九五三（昭和二八）年以降、町行政や保存会は、多くの観光客に対応するために、それまで地元の者だけで少人数の複数の輪をつくり、歌いながら踊る形態（地元では「昔おどり」と呼ぶ）のをやめ、観光客も巻き込んだひとつの大きな輪の中心に、鳴り物（三味線、太鼓、笛）と歌い手からなる移動式お囃子屋形をおいて踊りを催すという形態に改めていく。このとき保存会は、踊りの輪を統制する役割を積極的に果たすようになる。具体的には、一般の住民が保存会主導の踊りの輪と別に自分たちだけの少人数の輪をつくって踊っていると、保存会員は彼らにメインの大きな輪に入るように注意して回った。そのことで、ときには保存会と一般住民との小競り合いがあったという(5)。その一方で、保存会は観光客の要望に応えるために、踊りのマニュアルを作成し、踊り方の統一をはかっていく。

写真4・1 戦前の郡上おどり
（八幡町，昭和8〔1933〕年）（出典）嶋 1994: 108

2・3 盆踊りの家元化

さらに踊りの輪のなかに屋形を導入したことが、お囃子と踊りを分離し、保存会以外の一般住民から「声」を徐々に奪うことに

写真４・２　戦後の郡上おどり
（八幡町中柳町安養寺境内，昭和 32〔1957〕年）
（出典）嶋 1994: 111

つながった。それはこういうことである。実際に踊りの輪を動かしていくのは、歌い手である。戦前、地元住民ならば誰でも踊りながら歌うことができ、高音で美しい声の持ち主ならば音頭を取ることができた。つまり、地元住民のすべてが輪のなかで主導権を握り、踊りの「伝承者」になる可能性があったのだ。ところが戦後に屋形を導入したことが、保存会員による音頭取りの独占につながった。歌いたい一般の地元住民は保存会に入会すればよいかというと、そう簡単にはいかなかった。

保存会会員のなかで後継者がどのように指導・育成されていたのかといえば、師匠―弟子関係のような徒弟制であった。「自分たちが踊り手を踊らせている」という自覚のもと、お囃子の名手たちによる指導は、伝統芸能あるいは観光資源として「一子相伝」的に厳しいものであった。このプロ並みの厳しい指導が壁となって、住民は入会をためらう。と同時にこのような指導体制は、お囃子方内部において師匠たちの教えの解釈をめぐって、あるいはお囃子方と踊り方のあいだで踊りの主導権をめぐって、派閥争いを生んでしまう(6)。派閥争いを聞きつけた地元住民は、よけいに保存会から距離をおこうとする。

以上三つの歴史的な流れ（の同時進行）は、たしかに郡上おどりの保存を可能にさせたといえよう。

特に戦後以降、郡上おどりを担う保存会は、観光客を呼び寄せることで町内の威信を保ってきた。うがった見方をすれば、保存会は郡上おどりを独占してきたのである。その独占のしかたは、基本的には「観光客のため」であった。ただそこには、「観光客のため」がひいては「地元のためになる」という大義名分があったわけである。

その反面、保存会に属さない一般住民は、踊り場で声を奪われると同時に、観光客にもすぐに踊ることができる型を踊らされた。観光客が押し寄せる踊りの輪のなかに、もう自分たちがゆったりと踊る場所はない。筆者をまじえたある座談会において、地元住民のF氏（六〇歳代前半、男性）は、「地元の人が踊りの輪に入る雰囲気ではない」(7)と訴えていた。

3　〝風情〟がささえる地域づくり

3・1　風情についての語り

では逆に人々が踊りに参加しやすい「雰囲気」とは何なのか、いまの郡上おどりには何が足りないのか。これを推し量るうえで重要なのは、地元住民が「地元の踊り離れ」を語った後に、現在の郡上おどりのあり方と対比しながら語る「昔おどり」である。人々は特に、自分たちが幼いときに見聞きした（また実際に踊った）、戦前の昔おどりのなかには「風情があった」と語り継いでいく。つまり、何が足りないのかと問われれば、〝風情〟であるということになる。そこで、昔おどりにある（とされる）風情とはどのようなものなのかを突き止めなければならない。

地元住民の語りによれば(8)、まず風情とは、住民のあいだで競い合わなければならないという。それには二つのレベルがある。ひとつめは、踊りを主催する自治会のレベルである。どういうことかといえば、各自治会で昔から決まった、地区独特の飾り付け（たとえば今町自治会の「竹にほおずき」）や作り物（たとえば「弁慶」）。「各自治会で必ず一人はいる」といわれる手先の器用な人が製作する）の完成度を競い合うことである。これら飾り付けや作り物は、各町内の自慢になる。特にそこに住む子どもたちは、手先の器用な人に憧れを抱く。この競い合いは、何も意識的にコンテスト化しているわけではない。しかし自然に、各地区の踊り場を訪れる住民は、口々に「今年の○○町の踊りは風情があった」と評価し合う。

また二つめの競い合いのレベルは、そのような会場で繰り広げられる踊りの輪のなかにある。前節でもふれたように、かつての踊りはお囃子と踊りが分離することなく、みんなが踊りながら音頭を取ろうと必死になっていた。このとき地元住民は、現在のような踊りの一つひとつの動作（特に手）などお構いなしに足だけで踊りながら、「今か今か」と音頭を取る機会を狙う。そして前の音頭取りが歌い終わった瞬間、椅子取りゲームのように、複数の音頭取りの歌い出しがかち合う。このとき、高音で・大きく・息が長く続く声の持ち主が次の踊りの音頭取りになることができる。誰が音頭を取るのかわからないという緊迫感は、踊りそのものを面白くさせる。このような競い合いを見聞きした住民は、口々に「あの人の歌には風情がある」とほめ合う。

しかしその反面、各自治会・各音頭取りごとにとどまるのではなく、最終的には踊り全体がひとつの〝風情〟ある総体として統合されなければならない。そのことは、住民の語りのなかでも、夜通し踊られる「徹夜おどり」の情景の語りに象徴的に現われる。たとえば、徹夜おどりの会場付近に住むある住民は、こう表現する。

【語り1】

徹夜おどりのとき、夜も明けてあたりが白々としてくる頃、もうその頃には観光客は宿に帰っていなくなって、地元の踊り好きの人々しか踊っていない。そのときの踊りは本当にきれいに揃って、まるで白鳥のようにきれいなんですよ。とそこへ、岐阜バスの始発が踊りの輪のそばを「ブーッ」と通り過ぎる(9)——。

このような情景は、たとえ踊りに関心が薄い住民でも、それだけは早起きしてわざわざ見に行くほど「風情があった」のだという。それまでさまざまなレベルで風情を競い合ったとしても、最終的には住民みんなが同じ感動を覚える瞬間なのである。

3・2 審美的リアリティの組み上げ

ただ、ここで疑問に感じるのは、風情を伴った昔おどりで言及される「昔」とはいったいいつ頃のことをさすのか、という点である。たとえば、先の徹夜おどりの語りには「観光客」や「岐阜バス」が登場するのだが、そもそも地元で「風情がある」と評価された踊りは、戦前の未だ観光化されていない頃のことをさしていたはずである。とすれば、ここで言及されている「昔」とはひとつの目安として、いつのことなのか。地元住民からすれば、そのような時代考証はどうでもよいことである。少なくともいえることは、住民たちの集合的な記憶からすれば、それぞれの時代の各要素がないまぜになって、風情というフォークタームに溶け込んでいる。

また、いまひとつ疑問なのは、風情という表現にあるように、いったい何が〝美しい〟のかという点である。これに対して、住民は、踊り（の日）を担うに当たって、何も言わずともみんなで「自然に〜する」「自然に〜なる」「自然に〜できる」ということに、なにがしかの美しさを感じている。たとえば、事前に何の申し合わせもないのに、よそ者が踊りの輪に入る時は、なにがしかの断りを歌にしたり、踊りの最後にはそれにふさわしい種目を踊ったり、ある地区に住む手先の器用な人が決まって作り物を製作したりといった自発的行動がなされることこそ、住民にとって「美しい」のである。

このように、地元住民が語る風情は、踊りの「本来あるべき姿」を体現したものであるといえよう（第10章を参照）。ただ忘れてはならないのは、「昔の踊りには風情があった」という語りは「現在の郡上おどりに対して違和感を表明する」という現在のコンテクストに依存していることである。地元住民は、現在の踊りに違和感があるから、「昔」を参照したり、「自然に〜なる」と対象化できたりする。したがって、住民のいう本来あるべき姿＝風情は、何かアプリオリに与えられた型や基準のようなものではない。それは民俗学者の井之口章次が述べるように、「あるべき姿とか基準とかいうものは、初めからはっきりした形であるのではなくて、相談づくで作って行くべきものだということである」（井之口1988: 17）。このことは実際の語りの現場においても見受けられ、たとえ戦前の昔おどりを経験しなかった戦後生まれの者でさえも、戦前の昔おどりの体験者とともに、自らの経験を元手にして風情について語り合うことができる。

このように、それぞれの時代に青年期を迎えたさまざまな世代の住民は、郡上おどり批判を契機に、それぞれの過去の経験を開示し、日常的な歓談のなかで、みんなで納得できる風情と呼ばれる審美的なリアリティを組み上げていく。ここでいうリアリティの〝組み上げ〟が実際にどのようなものであるのか、その一例を先ほど紹介した座談会形式の聞き取りから抜き出してみよう。

【座談会１】 一九九八年九月五日　F氏宅での座談会からの抜粋

（昔は作り物を見て、縁日のお地蔵さんにお参りして、それから踊るのが楽しみであったという会話の後で。〃＝割り込み）

F氏：ほんで、とにかくよぅ、すべてが、もぅなんか自分たちの行動がピタッといく、風情が。（筆者除く一同：そう）あの頃の、あの町並みを見て、作りもん見ても、あぁうれしいな、やっぱり、あの地蔵さまの、あの盂蘭盆がきたんやなぁ〃

J氏（七〇歳代前半、主婦、故人）：それで時期を感じたんやなぁ（一同：うーん）あったんやな〃

F氏：あぁビアイド（「枇杷葉湯」の方言）が飲める、うれしいな、季節感と待ちに待った今日が来てっていう。行ってうれしかったんや。

J氏：なんかいわれがある踊りやったろう、毎晩。

K氏（七〇歳代後半、主婦）：ほんで一年の四季がはっきりしててね。

F氏：はっきりしてぇ。いまは（聞き取り不能）おり場がない、おり場がないんや。

（この後、みんなが口々に「何とかしなければいけない」という趣旨の発言を連発）

このように風情という審美的なリアリティが日常的な歓談のなかで組み上げられていくと、実際に踊り場で郡上おどりを踊るという行為は、住民のあいだで「冷やかし」の対象となる(10)。というのも、住民のあいだで、本来あるべき自分たちの踊りは昔おどりであるにもかかわらず、現に踊りの輪に入っているこの住民は、全く見劣りする郡上おどりを踊っているわけだから、よっぽど「物好きな人」ということになるからである。この冷やかしを見越して人々は踊り場に姿を見せなくなる。このように、風情という審美的なリアリティは「踊らない住民」を生成する。

3・3 価値形成の地域づくり運動

その一方で、このようなリアリティはときに地元住民を突き動かしていく。一九九六年九月、とあるお寺の境内で「昔をどりの夕べ」というイベントが、地元有志の手によって催された(11)。第2章でも述べたように、このイベントにおいて主催者となった地元有志は、「原点に立ち返って」踊りを再興することを目的に、〝風情ある〟戦前の踊りを再現しようと試みた。

だが、実際の踊りの輪では参加者どうしの音頭の奪い合いはなく、その引継ぎがうまくいかずにときどき途切れるといった状況であった。それを目の当たりにした主催者たちは、住民全体が長年にわたって踊り手と囃し手の分離した郡上おどりに馴らされたために、いかに自分たちの声や歌が奪われていたのかを痛感する。そこで主催者たちは、保存会とは別に「郡上おどりお囃子クラブ」（以下、お囃子クラブ）を結成し、自分たちで歌やお囃子の稽古にいそしむようになる。そこでの稽古のしかたは、みんながお互いに技術を教え合い、師匠―弟子関係といった徒弟制を解除する方向にある。

このお囃子クラブは、結成以降、お囃子技術を向上させるにつれ、ほぼ定例的に八幡町内外からの公演依頼を受けることになる。特に八幡町内では、郡上おどりの公式日程以外の日（保存会が休みの日）に、「住民がゆったり踊れる」「ほのぼのとした踊りを取り戻すことをめざして」さまざまな踊りイベントが誕生している(12)。その際、お囃子クラブはボランティアでお囃子を担当し、郡上おどり以外の踊りイベントの基軸になっている。

昔おどりやお囃子クラブは「住民の手に踊りを取り戻せ」という合言葉のもと、〝風情〟を踏まえたうえで、地元の踊り離れを食い止めようと住民全体にはたらきかけている。これらの活動を担う地元有志は、当然ながら保存会にもはたらきかけ、協力を取りつけている。このことは、保存会が長年にわたって毎年夏に三〇日ものあいだ踊り場に出つづけてきた実績への配慮を表わすとともに、今まで観光化の一途をたどってきた自分たちの踊りに対する反省作用を意味している。すなわち、これらの活動は地元住民全体を巻き込み、地域生活全体にかかわって価値を形成する運動だといえよう。

写真４・３　お囃子クラブ出張公演
（岐阜市弥生町，2003年7月25日撮影）
有名な繁華街である柳ヶ瀬の弥生町商店街の夏祭りに出演。スナック街に下駄の音が響きわたる

ここまでの考察に対して、地元住民に主眼

をおく以上、保存会側の活動や視点も取り込まなければならないのではないか？　保存会も住民ではないのか？との疑問が寄せられよう。しかし現在、住民の審美的なリアリティを踏まえているのは、明らかに昔おどりやお囃子クラブといった活動を担う住民である。このようなリアリティは、局所的に生起するはかないものかもしれないが、確実に郡上八幡の至るところで生まれている。それらを意識したうえでひとつの地域づくり運動として活動することは、まさしく歓談のなかに現われる〝住民の日常性〟を引き受け、それに応答する責任を果たしているといえよう。筆者は、住民がイメージする〝本来あるべき＝望ましい〟伝統文化の方向性をここに読みとれると考える。

4　生きざまに根ざす地域づくり

本章では、郡上おどりに対する地元住民の踊り離れ、なかでも郡上おどりとは異なった昔おどりのイベント開催にいったいどのような意味があるのかを明らかにしてきた。ここでまとめると、次のようになろう。

まず、一九八〇年代後半から盛んに論じられてきた、観光資源として伝統文化を活用する地域づくりの方法論に対する反省である。特に文化構築主義の場合、つくられた伝統文化＝観光化された文化に見られる「現地の人々の主体性」は、観光という外部との相互作用のなかでしか見いだすことができない。したがって、そのような類いの主体性がはたして広範な地域生活全体にかかわるものなのかと問われれば、首を傾げざるをえない。この点からふり返ると、観光客の期待に応えて保存会が踊りの型・技術の保存や画一化に向かって行けば行くほど、住民がますます踊りから遠ざかっていった事実には頷けるものがある。

一方、観光以外の日常生活も見据え、観光化された文化と「もと」となる伝統文化との葛藤に焦点を当てる立場を「文化コンフリクト論」と呼ぼう（芝村 1999; 安藤 2002）。文化コンフリクト論は、観光化された文化と地元志向の文化の両者を同等に価値づけるために、それぞれの文化形態のあいだのダイナミズムを予定調和的にとらえてしまい、実践性が求められる現場において「地域づくりの何が問題なのか」をあいまいにしてしまう。郡上おどりに沿っていえば、いったんは二つの踊りの正統性争いを記述し、その直後に「この争いこそが伝統文化のダイナミズムだ」と、どこからも批判を受けない現状肯定的な分析を行いがちである。このような文化コンフリクト論は、二つの踊りがともに「同じ地元住民」によって担われているという〝平板な〟事実に囚われてしまう。

それらに対して筆者は、過去の「経験」についての語りを通じて地元住民が組み上げていった審美的リアリティ（地元では〝風情〟と呼ぶ）に注目することによって、価値形成的な地域づくり運動を模索してきた。かつて柳田國男は郷土舞踊の本来のあり方について、

「自ら踊ってみた者でないと、とうていわからぬという面白さは、個人の手腕ではなく、確かに全数共同の力であった。群の調和から醗酵《はっこう》し来たるところの、異常なる感動を意味したのであった」（柳田〔1926〕1990: 476–7）

と述べた。このことはまさに、地元住民が〝風情〟と表現したリアリティの組み上げを通じて求めていたものと符合する。そして、初めは競合しつつも最終的にはひとつに統合される、風情という審美的なリアリティは「群の調和から醱酵し来たるところの、異常なる感動」を誘発する〝社会的な仕掛け〟なのである。

住民の手によるリアリティは、現在の観光化された伝統文化に対する違和感を契機に組み上げられたものであった。そこには、現在の作為やイデオロギーを越えた、今日までの生活の繰り返しから出現する〝生きざま〟が浮かび上がってくるのではないだろうか。観光は大事と考え、踊りの観光化を強く推し進める地元住民も存在しており、個々人の生きざまの受け取り方には濃淡があるのも事実である。しかし、このような生きざまに根ざす住民たちどうしが通交可能であることは、否定しがたいように思われる(13)。

とするならば、伝統文化を通じた地域づくりを模索していくうえで、われわれはこのような生きざまを抜きに考えられないのではないだろうか(14)。

注

(1) この点については、一九九七年一二月〜九八年四月のあいだに筆者が行った、踊り主催自治会(氏子組織などを含む)の会長(主催二三団体中二〇団体)に対する聞き取り調査、および一九九八年、二〇〇〇年、〇一年、〇三年の郡上おどり日程への参与観察に基づいている。特に、踊りよりも縁日の祭りを重視する傾向は、サラリーマン世帯を中心にした地区に見られる。このような傾向は、町役場商工観光課の担当職員（一九九七年一二月一九日）からも聞き取ることができた。
（2）この点については、地元の理髪店主（一九九七年一一月一六日）と化粧品店主（二〇〇二年二月一六日）、および町役場産業振興課係長（二〇〇三年一二月五日）への聞き取りによる。
（3）二〇〇一年一二月二日、八幡町議会第七回定例会での井藤一樹議員（民主党）の発言（八幡町議会 2002a: 9）。この発言に対し、当の保存会側は「レベル低下はない」と反論している（二〇〇三年一二月五日保存会副会長への聞き取り）。
（4）では、「盆踊りの神聖化」が進む以前の踊りは、どのようなものであったのか。一八九七（明治三〇）年生まれの女性への聞き書きから、明治三〇年代後半から四〇年代頃と推察される踊りのようすを記す。「私のをさない時分は、勿論旅の方などゐらつしやるはずもなく、その邊の人が、物かげから湧いてくるやうに集って來て踊りますものでございました。／そのころは街路灯なども無い時代で、家々のランプや電燈のほのぐらいあかりに、そして神社などの提灯にぽつと火が入つてゐるだけでしたし、たゞもう好きずきに音頭を取り、聲はりあげて、おのおのに輪をつくつたもののやうにございました」（水野 1990：67–8）。
（5）この点については、郡上おどり主催自治会会長（一九九八年一月一五日）への聞き取りによる。
（6）この点については、保存会お囃子部長（一九九八年四月四日）と、元保存会踊り部長（一九九七年一一月二二日）への聞き取りから教示を得た。
（7）この座談会は、一九九八年九月五日にF氏の自宅でなされた。F氏は、筆者が踊り研究者であることを知ると、自分も「郡上おどり」に対して言いたいことがあり、他にも同じ思いをもつ友人を連れてくるから一度話を聞いてほしいともちかけてきた。

（8）以下の〝風情〟についての語りは、基本的にG氏とH氏（七〇歳代後半、男性）の両者から得た語りをまとめたものである。筆者の宿近くに住むG氏は、一九九九年七月三日と二〇〇〇年八月六日に、偶然近くを歩いていた筆者を呼び止めて、〝踊りの風情〟について語っていった。一方、二〇〇〇年七月二三日、「常盤町電気地蔵祭」のようすを観察しようと筆者が現地に到着したとき、その地区に住む知り合いに呼び止められ、その際にH氏を紹介していただいた。H氏の語りは「昔の踊りはどうだったんですか」という筆者の質問に答えたものである。

（9）地元で喫茶店を経営するI氏は、当時五〇歳代後半の女性である。二〇〇一年八月一一日筆者がいつものようにI氏のお店を訪れると、I氏と常連客がカウンター越しに「もうすぐ徹夜おどりが始まる」と話していた。その時に「昔は……」といって得られたのが、この語りである。また同様の語りを、別の地元住民（七〇歳代女性、二〇〇三年三月二八日）も語っていた。

（10）郡上おどり主催自治会長L氏（五〇歳代男性、二〇〇二年二月一六日）への聞き取りによる。L氏は昭和四〇年代頃からこのような〝冷やかし〟が始まったと記憶している。

（11）昔おどり主催者代表M氏（七〇歳代前半、男性）は、保存会会員とほぼ同年配である。M氏はイベント開催当時（一九九六年）、八幡町商工会会長であり、むしろ保存会を支持する立場にあった。事実、保存会主催の催しには商工会長として必ず出席していた。M氏自身あくまでもこの活動が保存会に対抗するものではないと述べている。つまり「昔をどり」の成立に、担い手の属性や立場が関係していると考えることはむずかしい。

（12）その代表例が地元の若手有志「まちづくりNETWORK」が主催する踊りイベントである。一九九九年から毎夏二日間催されたが、二〇〇三年より「納涼祭」として踊りの公式日程に組み込まれた。これにより、踊り日程はそれまでの三〇日から三一日に増えた。

(13) なぜかといえば、今まで見てきたように、昔おどりやお囃子クラブの有志だけでなく、一般の地元住民までもが、昔おどりの〝風情〟について語ることができるからである。さらに、そのような人々のなかには、保存会会員(たとえば、八〇歳代男性の地元住民の理事)も含まれている。また、かつて保存会も昔おどりのようなイベントを催したことがあったという。

(14) 昔おどりを志向する住民が保存会や行政側とどのような関係を取り結ぶのかについては、今後の課題となる。引きつづきフィールドワークを継続するなかで、この課題に応えていきたい。

第5章　ノスタルジーがささえる伝統文化の継承

1　「観光化される伝統文化」再考

郡上おどりに対する地元の踊り離れを引き起こした歴史的コンテクストと、人々が現在の観光化した郡上おどりと対比させて〝昔〟の踊りの〝風情〟について語り合い、独特な審美的リアリティを組み上げていく現象を見てきた。そして、〝風情〟という審美的なリアリティこそ、観光化とは異なる価値形成的な地域づくり運動を導いていること、一連の住民の動きが観光化に対する反省を意味しており、その際に浮かび上がってくる地元住民の〝生きざま〟が重要であることを主張してきた。

本章では引きつづき交錯論的アプローチから、〝風情〟という審美的リアリティと価値形成的な地域づくり運動を環境社会学的な議論と突き合わせながら、観光化とは異なる伝統文化の継承についての議論を展開してみたい。

「観光化された伝統文化」のトレンドを「歴史的環境保全」（片桐 2000; 鳥越 1997; 堀川 1998）という視点から眺めるならば、伝統文化そのものは、観光資源化という手法によって〝延命〟がはかられているといえなくもない。つまり、環境社会学という研究領域において歴史的環境にアプローチする論者は、観光化という地域社会の戦術・戦略（ストラテジー）に一定の距離をおいてきたといってよい。

たとえば片桐新自は、

「歴史的環境を抱える地域を、そこでの日常生活をそのままにして丸ごと歴史博物館のようにとらえ、観光の目玉にしようという発想が各地で生まれつつある。しかし、こうした形での観光化が成功すればするほど、地域は観光にあわせた町へと変質していく可能性が高い。安易な形でのこうした発想の導入は、その地域社会の価値の本質を忘れさせ、観光客の期待するみやげもの屋と飲食店を中心とした『書き割り』のような町を生み出しかねない」（片桐 2000: 16）

と危惧する。また鳥越皓之も、

「そこに住む住民たちが自分たちの生活文化を形成しているのであり、観光資源を形成するのも地域活性化のひとつの方策として十分に首肯できる。ただ、地元の主体的な生活のあり方の模索と離れた基準が入りはじめると、なにやらあやしげになってくる」（鳥越 1997: 255）

と論じる。なぜこのような議論がなされるのかといえば、環境社会学は、歴史的環境保全の核心が「地域社会の豊かさへの形成運動」（鳥越 1997: 252）にあると考えるからである。あくまでも観光化による伝統文化の継承は、環境社会学者にとってみれば、ひとつの手段にすぎないのである。

このような歴史的環境にアプローチする環境社会学者の視点は、第4章の価値形成的な地域づくり論と符合するように思われる。というのも、郡上おどりが観光化されたことによって地元住民が踊れなくなったことに対して、住民たちは筆者のような外部の研究者に向かって、「どうしてこうなってしまったのか」「いったいどうすればいいのか」といった問いを発するからである。このような現状は、小樽運河の保存を訴えて初めは観光開発という方向で保存を実現させた住民たちのあいだで「『運河地区がよそよそしく感じられる』『浮ついた観光ブームでしかない』という市民の危惧」（堀川 1998: 119）が醸成され、やがて「『観光開発ではなく住民にとっての真のまちづくりを』という意思表示」（堀川 1998: 120）に至るところに通じるであろう。

だが、八幡町に住む地元住民は、ただたんによそ者に向かって嘆いているだけではなく、そのような状況に対して観光化とは異なる方向で自分たちの伝統文化を〝静かに〟継承しようとしている。そこで本章では、引きつづき郡上おどりについて、観光化とは異なる伝統文化の継承とは、いったいどのようなものであるのか、そして、その際にどのような主体が立ち現われるのか、を明らかにしたい。この問いに答えることは、つまるところ歴史的環境において「そこに住む人びとの心の豊かさ」（鳥越 1997: 254）とはいったい何なのかを考えるヒントになるだろう。

2　〝ボランティア〟がささえる「保存のイデオロギー」

2・1　行政と保存会

行政は「郡上おどり」の現状に対して、どのような対策を立てているのだろうか。行政の対応を端的に表わすのは、前章においてふれたように、ある町会議員が郡上おどりのお囃子の不評とその対策について一般質問をした後の一連のやりとりである(1)。この質問に対して、行政は具体的にどのように答弁したかを追ってみよう。

まず、先ほどの町議会での一般質問に対して、当時の商工観光課長は、「郡上踊りの件については深刻に受け止めている。来季以降そのようなことの無いよう対策を打っているのでご理解願いたい」(2)と答弁したが、具体策は示されなかった。その後も動きがなかったのか、翌年、また同じ議員が「郡上踊りが最近踊りにくくなったと言われている」(3)と切り出し、町行政はどのような対策を立てているのかを議会で再度問うた。それに対して、今度は町長が登場し、「歌い手の熟練者がいないことから、踊りにくいという声を聞いており、郡上踊り運営委員会、保存会で努力していただいている」(4)という答弁を行った。町行政としては、「お囃子のレベル低下」に対して保存会に一任しているようである。

このような議会でのやりとりを眺めると、「お囃子のレベル低下」ひいては「地元の踊り離れ」を、町行政はいったいどのように受け止めているのか、気になってくる。

これらの点について、行政側は「若干のお囃子のレベル低下」を認めたうえで、その原因が「囃しの名手である坪井三郎氏が亡くなったこと」による一時的なものという見方を示している。行政としては、保存会に対して「今は育成の時期なので、温かく見守っていく方向」にあるのだという。「地元の踊り離れ」については、現代社会の「娯楽の多様化」の帰結であると指摘する。かつてならば盆踊りが唯一の娯楽であったため、人々は踊り場に姿を見せたが、戦後はテレビをはじめとするさまざまな娯楽が生み出されて、人々の興味が盆踊りに向かわないのだという(5)。

それでは、問題視された保存会は、「お囃子のレベル低下」や「地元の踊り離れ」をどのように受け止めているのだろうか。まず、町議会での一連の一般質問に対し、保存会側は「レベル低下はない」と反論しており、現在の「郡上おどり」は昔のままの姿を受け継いでいるという自負をもっている。現在の保存会の方針は、町行政のそれと同じく、現状のまま「郡上おどり」を保存・継承しながら、町の観光に貢献するというものである(6)。この方針は、「国重要無形民俗文化財」指定後に筆者がフィールドワークを開始した当初から全く変わりがない(7)。また、「地元の踊り離れ」についても、保存会側は行政のいう「娯楽の多様化」が大きな原因であるとしながら、特に現代の若者にはお囃子などの技術を習得するのに必要な「上下関係を嫌がる」傾向があり、なかなか保存会への入会につながらないと頭を悩ませているという(8)。

このように、町行政と保存会は、これまでの「保存と観光の両立」という路線を自明と受け止めながら、「お囃子のレベル低下」「地元の踊り離れ」に対しては意に介さないといった姿勢であり、何らかの対策を講じる必要を感じてはいないのだ。だが、住民の危機感が根強くあるにもかかわらず、なぜ行政と保存会は、「とにかく自分たちは文化財を守っていくことをひとつの使命として……」といった決まり文句を唱えつつ、住民の声に耳を傾けようとはしないのだろうか。

2・2　保存会はボランティア

そこには、郡上八幡という小さな町がかかえる、ある種の〝行き詰まり〟がある。現在、保存会には約七〇名が在籍しており、その七〇名が交代で一シーズン三〇日の全日程をこなしている。もちろん、会員それぞれに出席率は異なるが、少なくとも幹部たちは、ほぼ毎日踊り場に顔を出さなければならない。夏の暑いなか、夜だけでもゆっくりと休みたいものである。だが、保存会の人々はそれぞれの仕事や家事を終え、疲れた体を押して踊り場にやってくる。たしかに、このような活動を担う人々は、八幡町民としての「使命」を背負った〝ボランティア〟である。このような会員の自発性に頼らざるをえないのが、行政側の実情なのである。

当然ながら、町行政は彼らに対して、「委員会」経由で保存会に「おどり運営費」として年五〇〇万円（二〇〇三年度）の補助金を出している。そのなかから保存会は、会員一人ひとりに対して踊り場に出れば一日千円の手当を支給している。単純に計算すれば、保存会会員は一シーズン三〇日で約三万円(9)を手にすることになる。たとえ手当が支給されても、「たった三万円」である。これでは、毎日着用する浴衣のクリーニング代にもならない。このことは、会員自らに「私らボランティアでやっとるんやで」と言わせる金額といえよう。行政側も「もっと（運営費を）増額したいのですが……」と申し訳なさそうであった。そのように一シーズンをなんとかこなしているボランティアに向かって、「お囃子のレベル低下」や「地元の踊り離れ」までを「なんとかせよ」というのは酷な話だろう(10)。行政も保存会もお互いに依存し合っている。

しかしながら、このような相互依存関係、なかでも保存会のボランティア活動に対して、みんな（行政、一般の住民、そして保存会員自身）が何も言えないことこそ、「踊りを継承していくとは、どういうことか」という問いを封じ込めてしまう。その裏側で、保存会のようなボランティア団体は、観光化と文化財保存の使命感のために、「よその観光客のために」踊りの所作の統一にこだわってしまい、その一方で、保存会に属さない地元住民は、観光客が押し寄せる踊りの輪のなかに自分たちがゆったりと踊る場所はない、とF氏のように嘆くのだった。

このように、いっこうに止まない「地元の踊り離れ」といった「郡上おどり」をめぐる〝不安定さ〟にもかかわらず、八幡町民としての「使命」をもったボランティア活動は、何ら揺らぐことがないのである。このボランティア活動に、自分たちの伝統文化を守る地元住民（特に保存会）の気概を感じ取れないわけではない。しかし、ここには何らかの硬直化したイデオロギーを見てとることができる。このようなイデオロギーを、本章では「保存のイデオロギー」と便宜的に呼んでおこう。とするならば、このような「保存のイデオロギー」の作動によって永続していく踊りを、はたして〝生きた伝統文化〟と言い切ることができるのだろうか。

3　ノスタルジック・セルフと伝統文化の継承

3・1　日本民俗学の教え

それでは、「保存のイデオロギー」にささえられた「郡上おどり」の現状を、いったいどのようにして乗り越えていくことが可能なのだろうか。この点について、柳田國男の主張はたいへん示唆的である。やや長くなるが、引用しておこう。

「まず我々のいちばん気遣っている弊害は、踊りは見せるもの、単に褒《ほ》められるために踊るものと解せられて、せっかくの農村の自由な楽しみが、次第に職業の苦しみに変化して行くことである。能でも芝居でもその他の近世の舞踊でも、起原を尋ねてみれば、ことごとく素人芸《しろうとげい》であった。それがあまりに多勢から感心せられた結果、始終頼まれては演じているうちに、ほかの仕事に携わる余裕がなくなり、こればかりで生計を立てる必要上、収入を要求するようになると、勢い自分たちの面白くない時にも、なお空々しく踊らねばならぬ境遇になったのである」（柳田〔1926〕1990: 473）。

この見方は、「郡上おどり」の現状に通じるところがあろう。特に、保存会会員から語られる「使命」や、ボランティア活動をささえる「保存のイデオロギー」が、この引用でいう「なお空々しく踊らねばならぬ境遇」を助長しているといえなくもない。また同様に、宮本常一の「もとの精神」すなわち「みずからたのしむためのもの」という議論（宮本 1967: 201–2）にも通底するものがある。

このような柳田や宮本の示唆とは、次の二点である。まずひとつめは、地元住民が「保存のイデオロギー」を乗り越えて自分たちの文化を〝生きた〟状態に戻すためには、自分たち本位の〝たのしみ〟を追求しなければならないことである。そしてもうひとつは、「自由なたのしみ」や「もとの精神」を追求するためには、当該の伝統文化が住民にとって「そもそも本来あるべき姿とは何か」という時間的（歴史的）問いかけがなければならないことである。

では、郡上八幡の住民たちにとって、〝たのしみ〟ある＝本来あるべき盆踊りの姿とはいったいどのようなものであろうか。

3・2　〝風情〟を求める

何も柳田や宮本から学ばなくとも、一般の地元住民がふだんから語り合っていることである。

【座談会2】　一九九八年九月五日　F氏の自宅

（踊りがすっかり変わってしまったという話題から。〃＝割り込み。愛称は仮名）

J氏：ほしてよ、行っても踊る場がないっていうんかな〃

F氏：私の入る場がない。

J氏：入る場がない。

K氏：ほやもんで〃

F氏：ほんで恥ずかしいような気がしてしまって〃

J氏：ほんで、旅の人ばっかりやし、もうそれがよう、今年もウチ（J氏の娘さん）よ、（愛知県のある都市名）から来たもんでよぉ、踊りに行ったたって、「いまどれくらいの輪になっとるんや」っていったら、昔はまだ二重ぐらいがよ、ふつうやった、ほいで、真ん中おって座っといでて、結構見れたんやで、（筆者を除く一同：そうやで）もういま、五重にも六重にやもんでちっとも、こんなんやな（このとき、J氏はギチギチで踊ることができないという動作を見せる）、前の向かいの人がこんなんやで。

F氏：踊っとるんやら、もう動いとるんやら。

K氏：動きがとれん。

J氏：動きがとれんねんで、踊るってことはないんや、おん。

F氏：ざわめいとるだけ。

J氏：ざわめいとるだけ。

F氏：ほんで今の話で、あの、行ってみて「あら、Jちゃんも、Kちゃんも、おるんか、ちょっとオレも入るで」というような雰囲気がない。

J氏：それやったんやな。

N氏（六〇歳代前半、主婦）：踊りながら向かい側通んないた人、「こっちおいで、おいで」。

F氏：「いっしょに踊らんかな」、知った人が一人おったら、踊っとるとパッと入れるけど、ぜんぜん。

J氏：私ら通りよってもよ、「おぃおぃおぃ」なんて「踊っとるんか」「うん」「じゃここへ」//

K氏：となりのナオちゃんね、ナオちゃんやイクちゃんやミッちゃん、みんな誘って行きよると、男の人ね、お友だちもね、「どこ行くんよ」や、「どこ行くんよって踊りよ」「行こ、行こー」ってなもんでね、「みんな男性、女性、男性、女性、きれいに入るんよ」なんてって、ほしてやったんだよ、ほらシュウーやったもん、雰囲気がね。

（この座談会の最後では、みんなが口々に「何とかしなければならない」と語り合う）

この歓談の参加者たち（F、J、K、N氏）は、お互いに割り込んだり、掛け合ったり、繰り返したりしながら、何を語り合っているのか。まとめると、彼らは、現在の観光化された「郡上おどり」と対比しながら、①「昔」の観光される以前の踊り場には顔見知りが必ず踊っていて声が掛かった、②声が掛かり地元の者ばかりで踊っていると踊り場が自然と秩序立って「雰囲気」がよかった（＝K氏の『みんな男性、女性、男性、女性、きれいに入るんよ』なんてって、ほしてやったんだよ、ほらシュウーやったもん、雰囲気がね」という発話）と協働して語り合っているのだ。

特に、この歓談のなかで重要なのは、②である。【座談会】のような会話に地元住民が行き着いたとき、彼らは、②における「雰囲気」を、最終的には〝風情〟というフォークタームで表現する（たとえば、「風情があった」という具合に）(11)。

ただ、引用した【座談会2】からわかることは、現在の観光化された「郡上おどり」への批判をきっかけに、「昔はこうだった」と住民たちがお互いに語り合うなかで、やがてみんなでお互いを「ゆるやかに縛りはじめる」（三浦 1995: 476）。このような現状の伝統文化への批判を契機に過去をなつかしむ主体を、本章では「ノスタルジック・セルフ」(12)と呼んでおこう。

３・３　ノスタルジック・セルフと理念上の過去

しかし、この「ノスタルジック・セルフ」には、重大な疑義が差し挟まれることだろう。というのは一般的に、ここで典型例として紹介した【座談会２】は単なる年配者たちが〝茶飲み話的〟あるいは〝後ろ向き〟に、ノスタルジー（昔をなつかしむ）を表明し合っているだけではないのかと疑問視されるからである。さらに、現在の社会科学のトレンドからすれば、このような年配者たちによる、一見すると政治的に中立で〝無害な〟ノスタルジーこそが「権力や利害関心に基づく特定の記憶や歴史像のへゲモニックな調達のプロセス」（伊藤守 2005: 78）に途を開くことになるからである。

たとえば、カルチュラル・スタディーズの立場からメディア研究を行っている伊藤守は、ＮＨＫの『プロジェクトX』という番組が「高齢者の視聴者にとっては自分の生きた時代を振り返るまたとない番組として視聴されている」（伊藤守 2005: 82）としたうえで、「政治的なナショナリズムとは位相を異にしつつ、個々人の過去の記憶を、われわれ『日本人』全体の記憶として、つなぎ止めていくような、より深いレベルでのナショナリティの感覚がこの番組に体現されている」（伊藤守 2005: 86）と批判的に分析している(13)。

もちろん、「ノスタルジー」という一点のみで、筆者がここでテーマにする盆踊りと『プロジェクトX』のようなメディア現象を同じレベルで論じることはできない。だが少なくとも、現在の社会科学に

図5・1　2つの「昔」概念
（出典）井之口 1977: 11 より作成

おいて、過去をなつかしむというノスタルジーには、自覚化されないナショナリスティックな権力作用（ここでは、知らず知らずにナショナリズムに加担する「郷土愛」）が付着していると見るのが主流のようである。たしかに、そのような側面があること自体否定できないので、ノスタルジーは〝危うい〟。

しかし、井之口章次は〝昔をなつかしむ〟というありふれた行為のもつ意味を考え直すうえで、たいへん興味深い「昔」の概念を提起している。井之口によれば、日本人が好んで用いる言葉である「昔」には、二つの意味があるという。ひとつは「歴史概念としての過去」（井之口 1977: 6）であり、もうひとつは「理念上の過去」（井之口 1977: 9）である。まず前者から見ていくと、こちらは、われわれにとって非常に常識的なものであって、連続する時間軸に位置づけられた「昔」の概念である。

ところが、「昔」の意味は「歴史概念としての過去」だけにとどまらない。それが、後者の「理念上の過去」である。井之口によれば、「理念上の過去」とは、「過去を美化してとらえようとする価値観」（井之口 1977: 9）が入り込んでいるために、「昔に戻すことが、世直しのための、最良かつ唯一の手段だという考えかた」（井之口 1977: 10）に結びつく時間概念のことである。興味深いのは、ただたんに昔の状態に回帰せよというのではなく、そのような「昔」概念が「過去にあったかも知れないが、未来に築くべきもの」（井之口 1977: 11）、あるいは、将来の「努力目標で、……空想・夢想した世界」（井之口 1977: 11）という性格を帯びるところにある。

このことを踏まえるならば、先の【座談会2】のような会話は、現在の踊りと対比させながら「昔はこうだった」と語り合うなかで、会話に参加するみんなを現状批判的にさせると同時に、自分たちの過去をなつかしみながら〝たのしみある＝本来あるべき姿〟を未来に向かって築くために住民自らを動員させる可能性を秘めている。そのように考えると、「理念上の過去」とは、「過去と未来とを、現在が両断しているのではなくて、現在を中心として、現在を包んで、その周囲に過去と未来とがある」（井之口 1977: 11–2）というしくみになっているのだ。

事実、【座談会2】で見られたような会話を踏まえ、保存会員ではない地元住民の有志が、口々に「これではいかん」と語り、自分たちの経験を元手に「過去にあったかも知れないが、未来に築くべきもの」として、郡上おどりとは別の踊りイベントを開催するようになってきた。彼らは、郡上おどりの公式日程の合間をぬって、さまざまな踊りイベントを催している。すでに詳述した「昔をどりの夕べ」というイベントも、そのひとつである(14)。

写真5・1　保存会ジュニアクラブの練習風景
（八幡町愛宕町の自然休養文化センター，現・郡上市役所八幡分庁舎，1997年12月6日撮影）
保存会の名称はあるが，実質的に技術・金銭とも独立している。右側の大人が指導者でお囃子クラブの会員

また、二〇〇三年に新たに誕生した「子どもおどりの夕べ」も、公式日程以外に催されたイベントのひとつである。このイベントの実行委員長O氏は、八幡町出身の五〇歳代男性で地元の開業医であった。

写真５・２　子どもおどりの夕べの賑わい
（八幡町新町通り，2003 年 8 月 6 日撮影）
地元の子どもたちが集まり，みようみまねで踊る

O氏は「郡上おどり」の観光化によって、よその若者が元気よく踊っている反面、地元住民が踊り場からはじきとばされていることが「地元の踊り離れ」の原因であると感じていた。そんななか、O氏と同じ思いをもつ地元の有志たちが内輪で集まり、「郡上おどり」のこれからを考える話し合いがもたれた。この席上で参加者一同は「地元の踊り離れ」、なかでも子どもが全く踊り場に姿を見せないことが大きな問題であると認識した。そしてO氏を中心とする参加者たちは、郡上おどりの公式日程以外の一日を地元の子どもたちだけが踊る日に当ててはどうかと提案する。この提案の背後にも、やはり「かつて」の踊り会場では子どもたちだけの踊り時間があったという「昔をなつかしむ」ノスタルジーがあったという。

このような発案に賛同する地元有志約一〇名が「実行委員会」を立ち上げ、市街地の中心である商店街自治会の協力を得て、二〇〇三年八月六日、地元の子どもばかりが集う「子どもおどりの夕べ」が実現する。当日は、地元の小・中学生のお囃子サークルが演奏するなか、色とりどりの浴衣を着た子どもたちが親に付き添われて踊り会場に集まり、周囲で踊る大人たちをお手本に、みようみまねで踊った。そのあいだ実行委員会の委員たちは、踊りにきた子どもたちに名前入りの「踊り免許証」を手わたすのにてんやわんやで、用意した三五〇枚ほどの免許証がすぐになくなるほどの大盛況であった。踊りの最後には、O氏自らが屋形に上り、踊りの締めに歌われる「まつさか」を歌いだした。O氏自身が美声を聴かせたことが、次の日地元住民のあいだでちょっとした評判になった。

このような郡上八幡の現状から、ノスタルジックな語りは、茶飲み話あるいは懐古的ではないと筆者は考えている。というのも、本章でいう「ノスタルジック・セルフ」が自分たちの〝昔〟をなつかしみながら、〝風情〟を重んじる自分たちの生きざまに行き着くとき、このようなノスタルジックな主体性に裏づけられた伝統文化の継承は、未来志向的で、創造的な方向に向かっていくからである。そうであるならば、「ノスタルジックな語りは、厳しい現状への慰めや癒しではあっても、未来へ向けた処方箋とは成りえない」ゆえに「気分としての『ナショナルなもの』」（阿部 2001: 176）に結びつきやすいと皮肉って、最終的に批判していくカルチュラル・スタディーズの見解は、結論を急ぎすぎるのではないだろうか。

3・4　ノスタルジーのもつ含意

その一方で、環境社会学における歴史的環境研究は、本章でいう「ノスタルジック・セルフ」に近い現象に着目してきた。現在、歴史的環境研究のフィールドは町並みや遺跡といったハードな環境が中心となっているのだが、これらの研究で特にポイントがおかれているのは、建築学的・歴史学的価値をもつ建造物や遺跡そのものよりも、地元住民がもつ「記憶」（吉兼 1996; 関礼子 1997）「経験」（牧野 1999）といった「精神的な豊かさ」あるいは「主観的な意味あい」（片桐 2000: 2, 3）である。このように歴史的環境への視点が、ひいてはそこに住む人々の生活の豊かさに向かっていくわけである。

なかでも、小樽運河保存運動を調査してきた堀川三郎は、保存運動を担っている住民たちが、都市計画で措定されているような、代替可能で均質な「空間」ではなく、「記憶や意味の詰まった固有の〈場所〉」（堀川 2000: 123）に執着していたことに注目して、「場所性」（堀川 1998）という概念を提出している。この概念を踏まえて堀川は、「『小樽っ子の郷土愛』……といった土地や場所への執着は、戦後日本の社会学、とりわけ都市社会学的研究においては『封建的なもの』として相対的に軽視されてきたのではないだろうか」（堀川 1998: 127）と問題を投げかける。このことは、本章での筆者の主張と響き合う。

しかしながら、住民の「記憶」が本章で注目するような「ノスタルジー」と同じであるかどうかについて検討していくと、その見方には次の二種類がある。

まずひとつめは、先ほどのカルチュラル・スタディーズと同様、ノスタルジーがナショナリズムと結びつくという見方である。たとえば野田浩資は、歴史的環境研究における「過去を懐かしむという感情、もしくは、ノスタルジアの感情」の存在を認めつつも、

「歴史的ないし復古的な知識の産出と、『歴史的環境』の保護制度の成立の背後には、後進国である日本に向けられた『外からの視線』、そして、それに対応して近代化への反作用として生み出された広い意味での『ナショナリズム』の問題がかかわっていることにも気づいておかなければならない。『歴史的環境』の保護の主張は、グローバリゼーションの現代社会において『郷土の誇り』や『ナショナリズム』という近代社会が置き去りにしようとしてきた『共同性』をめぐる議論にもつながっ

ていく」（野田 2001: 209–10）と指摘し、「『歴史的環境』を論じる際に、慎重な読解と冷静な議論を要する論点であろう」（野田 2001: 210）と注意を喚起する。このような反応は先ほどのカルチュラル・スタディーズによるノスタルジー批判と同種類のものである。

それよりも重要なのが、二つめの見方である。それは、地元住民のあいだで語られるノスタルジーという現象が（一見すると）プリミティブであることに起因している。たとえば堀川三郎は、「場所性」概念を論じた後、「つまり、保存運動の主張は単なるノスタルジーではなく、都市計画によって不断に〈場所〉が〈空間〉化されてゆくことへの抵抗であった」（堀川 2000: 123）と結論づけている。この見方で注目すべきことは、「単なるノスタルジー」というように、この言葉が「つねに具体性と固有性をもっており、意味や歴史、地理的固有性と不可分の関係にある〈〈場所〉としての土地〉」（堀川 2000: 123）よりも〝軽く〟位置づけられている点である。

しかし、はたしてノスタルジーをそのようにとらえてよいのだろうか。もちろん、今までの歴史的環境研究が「開発か保存か」という地域環境問題への関心からなされてきた点を考慮に入れなければならないが、そうだとしても人々は筆者が引用した【座談会２】のような「単なるノスタルジーに浸」ってこなかったのだろうか。おそらく、社会科学者が危惧したり、低く見積もったりする人々のノスタルジーには、そこに浸らせてしまう何かがあるのではないだろうか。

人々はいったいどのような「昔」をなつかしんでいるのか。再度、郡上八幡に立ち返ってみよう。

3・5　盆踊りの〝たのしみ〟

二〇〇三年八月三一日、先ほど紹介した「子どもおどりの夕べ」が行われた同じ会場で、「〝自治会対抗〟郡上おどりコンクール」という催しが行われた。この催しも二〇〇二年から始まった試みであり、この日の縁日おどりを担ってきた地元自治会が主体となって独自に企画したものである。このコンクール（＝コンテスト）は、八幡町市街地区の町内対抗形式をとっている。女性有志五名のグループが各自治会の代表として揃いの浴衣を着て郡上おどりを踊り、〝風情〟を競い合った(15)。

この催しの約一ヵ月前、企画にかかわったI氏は、このような町内対抗形式を「町内対抗というので、昔に戻った」と評価し、「地元の人が踊ると踊りはこれから盛り上がるよ」「地元の人が踊ると踊りはよくなるよ」としきりに筆者に語っていた(16)。そのI氏の語りどおり、筆者が当日の踊りのようすを覗いてみると、さすがに地元が主役とあって、会場にはカメラやビデオをもち、自分たちの町内代表を応援する人たちでおおいに賑わっていた。

ここで注目すべきことは、I氏が語る「昔に戻った」という評価である。この評価はおそらく、地元住民のあいだで現在の「郡上おどり」に対して不満を述べる際に「昔は……」と切り出しながら語り継がれる、観光化以前の昔おどりの語りを範型にしていると考えられる(17)。というのもその語りでは、かつての昔おどりにおいて、【座談会】で見たように、地元の顔見知りと協働して踊り場の秩序を「自然に」維持しつつ、踊り手個々人や各自治会のレベルでの「競い合い」（たとえば、踊りの輪のなかでの音頭の取り合い）を行うことが〝風情〟を生み出すと表現されているからである。

この競い合いは、現在の郡上おどりに見られる踊りの所作の均一化や踊り方とお囃子方の固定化を回避しながら、「誰が音頭を取るのかわからない」という即興性や偶然性を取り込むことを可能にしている。これらの〝社会的な仕掛け〟こそが、地元住民にとって自分たち本位で自由な〝たのしみ〟(18)を誘発しているのである。二〇〇三年に行われた「〝自治会対抗〟郡上おどりコンクール」がかつての昔おどりのようにどれほど地元住民にたのしみを与えたのかは定かではないが、主催者たちがめざしたのは、かつてのような〝たのしみ〟ある踊りであることに間違いない。

この例が示すように、地元住民が現状の画一化した伝統文化を自分たち本位のたのしみに根ざして活性化しようとするとき、柳田國男が述べるように、

写真5・3　〝自治会対抗〟郡上おどりコンクールの審査風景
（八幡町新町通り，2003年8月31日撮影）
各自治会の女性有志が揃いの浴衣で踊りを競う。左端が地元の審査員

写真5・4　おどり納めの提灯行列
（八幡町新町，2009年9月5日撮影）
踊り日程の最終日，過ぎ行く踊りの季節を惜しみながら，提灯をもった観光客が屋形の後を練り歩く

「大いに文化を改造しなければならないといふのは、要するに昔あつた部分をもう一遍そこを強くする、若しくは今まで用ゐなかつた部分を澤山に入れるとか、詰りは調和の仕方の變遷」（柳田〔1941〕1970: 200）

におのずから向かわずにいられない。このとき地元住民は、〝たのしみある昔〟に向かって、知らず知らずのうちにノスタルジーに浸ろうとする。地元住民による「昔をなつかしむ」というごくありふれた行為は、観光化とは異なる自分たちの「たのしみある＝風情ある」伝統文化の継承になくてはならないものである。言い換えれば、本章でいう「ノスタルジック・セルフ」こそが、伝統文化の継承をささえているといえよう。

このような踊りのたのしみを住民自らが追求し、さまざまな工夫を重ねていくことは、伝統文化が観光化と文化財保存という「保存のイデオロギー」のなかで生き長らえ、画一化し、停滞していく現状を乗り越えて、自分たちの伝統文化を〝生きた状態〟に蘇らせるのである。

4　歴史的環境保全としての伝統文化の継承

本章では、郡上おどりにおいて観光化とは異なる伝統文化の継承とはいったいどのようなものであるのか、明らかにしてきた。まとめると、八幡町に住む地元住民は、観光化されすぎた「郡上おどり」に対して、〝自分たちのもの〟という感覚を失いつつあり、それを何とか食い止めようとしている。このとき住民たちは、字義どおり「これは伝統文化である」と、ただたんに踊りの技術や型を厳格に伝えようとするのではなく、まずはかつての〝風情＝たのしみある〟盆踊りの情景をなつかしむというありふれた行為を繰り返すのである。このような主体を、本章では「ノスタルジック・セルフ」と呼んできた。このノスタルジック・セルフが自分たち本位の〝たのしみある昔の姿〟を追求し、それに根ざして未来志向的、創造的に工夫を積み重ねていくことこそ、本章でいう「歴史的環境保全としての伝統文化の継承」にほかならない。ノスタルジックな主体性に裏づけられた伝統文化の継承は、現在の観光化と文化財保存という「保存のイデオロギー」によって画一化する伝統文化の乗り越えにつながっていくのである。

ただ、本章での伝統文化の継承論は、現在の保存のイデオロギーの乗り越えだけにとどまらない。どういうことか。それは、つねに自分たちの生活や精神や文化をよりよくしていこうという、われわれの願いに通底するものがある。この点について、柳田國男は次のように述べている。

「文化は如何なる場合に於ても樂しいものであるといふことであります。樂しい生活、この世の樂しみ――昔の人の言つた言葉で、今日われわれの言ふところの文化といふ言葉に近いと考へて居ります。樂しい生活こそは文化の本來の姿であり、それをもう一段とより高くすることが文化の向上となるものだと私などは思つて居ります」（柳田〔1941〕1970: 201）。

この柳田の主張を引き受けるならば、冒頭で紹介した歴史的環境保全の核心となる「そこに住む人々の心の豊かさ」とは、自分たちの文化のなかに〝たのしみを生み出す社会的な仕掛け〟をどれほど組み込むことができるかにかかっているだろう。

「観光化された伝統文化」を肯定的に見る文化構築主義は、地域社会全般の現状を的確にとらえ、地元住民の主体性を鼓舞するかたちで、地域づくりに対する一定程度の実践性を有しているだろう。しかし、筆者の立場からすれば、観光の現場で発揮される状況依存的な主体性はどことなく「場当たり的」(19)に映るのである。一方、地域の豊かさや活性化を論じる際、経済や生業の観点に限定されなければならないわけではない。その裏側で、われわれは観光化という戦略が外部者への「わかりやすさ」に応えるかたちで当該の伝統文化を画一化・規格化してしまう側面を、見逃してしまうのである。要するに、われわれは絶えず「地域の豊かさとは何か」を問いつづけなければならないのだ。

第Ⅰ部で取り上げたのは、郡上八幡の、しかも盆踊りをめぐる語りであったが、筆者としては、環境社会学が対象とする自然環境や歴史的環境の保全においても、その地域社会の「遊楽性」(菅 1998: 245; 松田・古川 2003: 235) がポイントになるべきだと考えている。それを可能にするためには、まず、地元住民のあいだでおのずから湧き上がってくる〝昔をなつかしむ〟というありふれた行為を見逃してはならない。ここで重要なことは、ノスタルジーから分析的に距離をとるのではなく、そのような現象が地元住民のあいだでどのように未来志向的=文化創造的になっていくのかを、フィールドワークから明らかにしていくことではないだろうか。

5　第Ⅰ部・小括

第Ⅰ部では、郡上八幡における「郡上おどり」という伝統文化の保存・継承の問題を取り上げた。ここでいう〝問題〟とは「地元の踊り離れ」のことであった。たしかに、行政や保存会が指摘するように、現代における娯楽の多様化が「地元の踊り離れ」を引き起こしたといえなくもない。もちろん、「地元の踊り離れ」を語る地元住民自身も、そのような認識をもっている。しかし、同じ時代に、たとえば大阪・岸和田の「だんじり祭り」や沖縄の「シマ唄」など、いまでも地元住民（特に若い世代）の関心を引きつけてやまない祭りや民俗芸能が存在する事実を、どのように考えればよいのだろうか。

筆者の関心は、娯楽の多様化ひいては日本社会の構造変動という説明から外れた地点にある。交錯論的アプローチによるフィールドワークから明らかになったのは、盆踊りの神聖化、観光化、家元化は「そうせざるをえなかった」し、「そうすることが最善であった」ことと、そのなかで「地元の踊り離れ」が位置づけられることである。一九八〇年代後半以降の観光化と文化財保存の相互依存のなかで、「保存」と「独自性」というリアリティの維持・管理は、現代に生きる地元住民の生業やアイデンティティにとって、必要不可欠な〝自己防衛的〟〝現状肯定的〟な戦略（ストラテジー）としての意味合いを帯びてくる（第2章と第3章）。

そのような観光化や文化財化は、かたちのない「郡上おどり」を、形のある「資源」あるいは「財」のようにモノ扱いする(20)。具体的には、保存会による踊りの所作の統一や、郷土史家による「郡上おどり」に対する学術的な権威づけなどがこれに相当するだろう。このようなモノ化による「郡上おどり」の保存・継承は、盆踊りが地元住民の生業とアイデンティティに分かちがたく結びついているがゆえに、絶対的な責務として地元住民にのしかかる。地元住民からすれば、伝統文化の保存・継承のなかでかつてのような盆踊りの〝たのしみ〟が失われていったのだ。

だが、人々は盆踊りに完全に背を向けているかというと、決してそうではない。日常的歓談の場面で、かつての〝たのしみ〟ある経験を開示し合うことで、〝風情〟といった審美的リアリティを組み上げる。そのような保存や独自性とは異なる、郡上八幡に独特なノスタルジック・セルフこそが、新たな価値を形成するような地域づくりの方向性を提示し（第4章）、観光化や文化財化とは異なる、ノスタルジーがささえる伝統文化の創造的継承を可能にするのである（第5章）。

かたちのない伝統文化を資源あるいは財としてモノ化することには、ある種の限界がひそんでいる——このことを、大正時代から約九〇年の歴史を有し、早くから観光化と保存の両立を果たした「郡上おどり」から学ぶことができるのではないだろうか。

注

（1）二〇〇一年一二月二一日、八幡町議会第七回定例会での井藤一樹議員の発言から（八幡町議会 2002a: 9）。
（2）同会商工観光課長の発言から（八幡町議会 2002a: 9）。
（3）二〇〇二年九月一九日、八幡町議会第四回定例会での井藤一樹議員の発言から（八幡町議会 2002b:

16)。

（4）同会小森久二男町長の発言から（八幡町議会 2002b: 16)。

（5）二〇〇三年一二月五日の町役場産業振興課係長への聞き取り。

（6）二〇〇三年一二月五日に実施した保存会副会長への聞き取り。

（7）たとえば、一九九七年一一月六日、保存会副会長への聞き取り。

（8）たとえば、一九九七年一〇月二四日、保存会会長（故人）への聞き取り。

（9）この「全日程出席すれば三万円」という数字は概算であり、ここに皆勤賞などが加わり、実際にはもう少し多い。会員の最高金額は、一シーズン一〇万円である。この会員（一名）は踊り日ごとに真っ先に屋形を移動できるように準備し、一日の終わりに屋形に幌をかける管理の仕事に従事している。

（10）しかし、たとえ数万円とはいえ、貴重な町税を支払っている以上、「プロ意識」をもって「地元の踊り離れ」に対して何らかの努力をするよう求める人々も存在する。また一部の住民のあいだには、保存会というボランティア団体に町行政が依存しすぎているのであって、踊り離れを食い止めるためには、役場内に踊り専門部局を設置して、責任をもって踊りを保存・継承できる知識や技術をもった専従スタッフを雇い入れるべきだ、とする声もある。

（11）住民が語る〝風情〟に必要なものとは何か。前章では、次の二点を指摘しておいた。まずひとつめは、踊りの輪のなかで美声を聴かせる者どうし、あるいは、地区独自の飾り付けで踊りの日を盛り立てる自治会どうしで競い合わなければならない（だが、最終的にはそれらの競い合いは、ひとつの風情に統合されねばならない）。二つめは、踊りを担うに当たって、何も言わずともみんなで「自然に～する」「自然に～なる」「自然に～できる」ようにならなければならない（たとえば、事前に何の申し合わせをしなくても踊りの最後にふさわしい種目を踊ったり、ある地区に住む、手先の器用な人が決まって作り物を製作したりする、など)。

(12) 本来ならば複数形で「ノスタルジック・セルブズ」とすべきところだが、「セルフ」としておく。

(13) その他にも、『プロジェクトX』をめぐるカルチュラル・スタディーズの同様の分析には、阿部(2001: 168–76)がある。

(14) この「昔をどりの夕べ」というイベントの主催者のあいだでも、【座談会】のような会話があったという。なお本章では【座談会】のような会話を典型例として位置づけている。

(15) その他にも、二〇〇三年度の郡上おどり日程では、地元住民による催しや企画が目白押しであった。ここでは特に、二〇〇三年八月二〇日の「本町宗祇水神祭」で新たに始まった「ゆかた姿コンテスト」をあげておこう。これらの自治会対抗のコンクールやコンテストに、保存会幹部も審査員として積極的に協力している。

(16) 二〇〇三年七月二三日、I氏から教示を得た。

(17) 観光化以前の「昔おどり」の語りについては、第2章と第4章を参照のこと。また、先ほど紹介した【座談会2】に登場したF氏は、【座談会2】の後、八幡町自治会連合会の中心的な役職に就任し、各自治会が独自に企画する踊りイベントを応援する立場にある。この「〝自治会対抗〟郡上おどりコンクール」も、F氏は主催する自治会の会長を通じてエールを送っていたという。

(18) ここでの〝たのしみ〟をもう少し説明するならば、マイナー・サブシステンス研究でいう、狩猟・漁撈・採集活動のなかの「深い遊び」(菅 1998)に通じるものがある。これらの活動に従事する人々は、お互いに対象物を獲得すべくしのぎを削る。このとき、競い合いが「熱情」(松井 1998: 259)あるいは

「加熱」(飯田 2002: 26)を伴いつつ「活動そのもののもつ魅力自体が目的化され、その目的こそが、生業を始めたり継承したりする原動力たりうる」(菅 1998: 246)ようなたのしみに変わる。このような自己目的化したたのしみに行き着くために地元住民がノスタルジーに浸ることは、カルチュラル・スタディーズが問題視する「郷土愛」から「日本人」の誇りへというナショナリズムにストレートに結びつかないように思われる。

(19) 文化構築主義者の一部は、つくられた伝統文化を「観光文化」と名づけ、文化構築主義的な視角の延長線上に「観光文化論」を展開している(橋本和也 1999; 2001; 川森 2001; 橋本・佐藤 2003)。観光文化論者は、各地の伝統文化の「『観光化』が逃れられぬ流れなら、意識的に生活の場を『観光』の領域から区別する必要が生じる」(橋本和也 1999: 233)とし、この区別があくまでも地元住民の側から意識的・操作的・戦略的になされると分析する。そして、「地元の人たちが操作できる空間のなかにとらえなおされた『観光文化』は、支配的な力が日常生活に容赦なく浸透してくることに対する防波堤として機能する」(川森 2001: 80)と論じている。このように、文化構築主義から観光文化論にかけて、「現地の人々の主体性」は、ますます観光の現場に限定された、状況依存的な主体性として表象され議論される傾向にある。

(20) このようにモノ化して所有・独占したいという欲望を、荻野昌弘は「博物館学的欲望」と呼んでいる(荻野 2002: 6)。

第Ⅱ部　長良川を守る

第6章　直接対話のもどかしさ
――長良川河口堰をめぐる分離型ディスコミュニケーション

1　長良川河口堰をめぐる地元のリアリティ――第Ⅱ部へむけて

第Ⅰ部で述べたように、「小盆地宇宙」としての郡上八幡は、長良川とその支流である吉田川と切っても切れない関係にある。地元住民の関心は釣りであり、また市街地を流れる用水や湧水であった。郡上八幡の人々は、日に幾度となく橋の上から吉田川を眺め、川のようすを語り合う。そのような語りは日々何気なく、しかも何度となく繰り返される。川や水への関心から、環境保全の取り組みも活発であり、各自治会、用水組合、漁業協同組合、奉賛会、釣りクラブなど、幅広い。このような地元住民による、層の厚い環境保全活動こそが〝水のまち〟という郡上八幡の特徴のひとつを形成してきたのである。

第Ⅱ部では、これらさまざまな環境を守る活動のなかでも、郡上八幡というまちを大きく揺るがした長良川河口堰建設反対運動（以下反対運動、環境運動）を取り上げる。

長良川河口堰建設は、中央集権的な〈河川の近代化〉（田中 2001b: 122）を具現する、大規模公共事業であったが、長良川を棲みかとする魚類の回遊を妨げるため、郡上八幡をささえる独自の釣り文化とそれを取り巻く生活を掘り崩す恐れがあった。当然のことながら、地元の釣り師たちは、このまちにとどまらず、全国に拡がる河口堰反対運動のネットワークを牽引していく。

写真6・1　吉田川と宮ヶ瀬橋
（八幡町常磐町の新橋から，2009年6月21日撮影）
町を二分する吉田川。手前が川上，川下は長良川に流れ込む。宮ヶ瀬橋は橋本町（左岸）と本町（右岸）を結ぶ

ところが、住民たちは反対運動が展開していくにつれて、当初の川や魚に対する純粋にローカルな関心から引き離されて、「国家権力や行政機構とどう向き合うか」あるいは「運動とはどうあるべきか」といった問題に否応なく巻き込まれる。特にマスメディアを中心とした環境問題の言説のなかで、事業を推し進める建設省（現・国土交通省）と水資源開発公団（現・独立行政法人水資源機構）を前に、自分たちの関心や主張が歪められる経験を余儀なくされる。それだけではない。自分たちの主張に共鳴しともに環境運動を担ってきた人々、特に「よそ者」と運動の方針などをめぐって対立し、それが運動を進めるうえでハードルになっていく(1)。自分たちの身近にある長良川や吉田川を守るために、これほどまでにさまざまな問題にぶつかるのかという〝もどかしさ〟を経験してきたのだ。

特に本章では、このようなもどかしさのなかでも、長良川河口堰建設推進側である建設省（以下行政、国も同じ）と反対側である流域住民・市民（以下反対派も同じ）の直接対話を取り上げて、両者のあいだの対話不全＝ディスコミュニケーションはどのようなものであったのかを示すことにしたい。

この問いを明らかにすることは、先に述べた郡上八幡に住む釣り師たちが経験した、もどかしさの一端を浮かび上がらせることになるだろう。ここで具体的な記述・分析に向かう前に、長良川河口堰問題の経過について言及しておきたい（略年表参照）。

2　長良川河口堰問題と反対運動の経過

2・1　計画から着工まで

長良川河口堰とは、長良川河口から約五キロ上流地点にあり、左岸側には三重県桑名郡長島町（現在は桑名市に合併）が、右岸側には三重県桑名市が接する、全長一六一メートルの可動式の多目的な堰である。堰本体は一九八八年に着工、一九九四年に完工し、翌年には運用が始まった。総工費は、約一八四〇億円である。

一九六〇年代の日本は高度経済成長期であり、工業用水を中心に水資源の開発が急がれていた。一九六一年の水資源開発促進法と水資源開発公団法の制定は、水資源開発がいかに国家的プロジェクトとして位置づけられていたかを物語る。これらの法整備を背景に、一九六〇年、建設省中部地方建設局が「長良川河口ダム構想」を発表したが、河口堰建設の目的は明らかに利水であった（横山 2000: 62）。一九六五年、木曾川水系水資源開発基本計画が閣議決定されたのを受けて、一九六八年、長良川河口堰事業は基本計画が閣議決定、一九七三年、金丸信建設大臣が事業を認可するに至った(2)。

一方で、流域住民、特に漁協組合員や市民から、河口堰によってサツキマス（アマゴの降海型）やアユなどの魚類の遡上が妨げられ、生態が破壊されると激しい反対運動が巻き起こる。それは長良川流域の七漁協の連合体が中心となった漁業を守るための反対運動であった。一九七三年、流域七漁協を中心とする原告二万六六〇五名は、漁業への影響を理由に、河口堰建設差し止め訴訟を提起する。このとき、郡上八幡の釣り師たちも郡上漁協の組合員として訴訟団に加わった。しかし一九八一年、訴訟団は

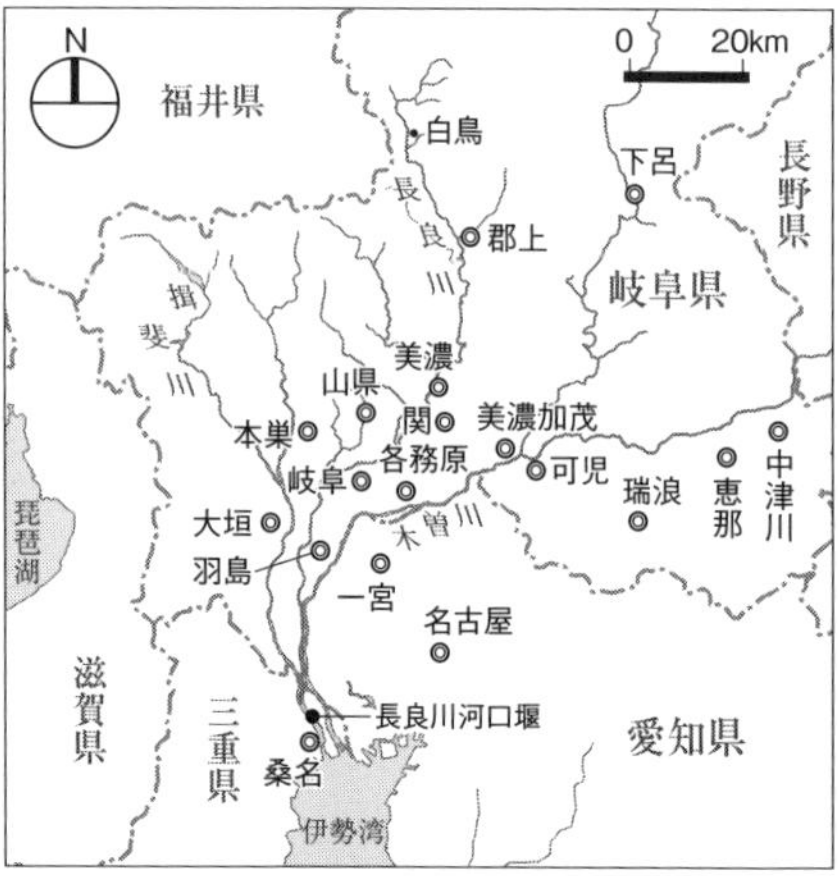

図6・1　木曾三川位置図

写真6・2　長良川河口堰
（三重県桑名市福島＝右岸から，1999年6月14日撮影）
手前が上流。調節ゲート上屋（丸い部分）。2段式ゲートを上下に操作して上流・下流の水位を調節する

事業推進主体のひとつである水資源開発公団との交渉のなかで条件闘争に転換し、原告たちは訴訟を取り下げてしまう。漁協単位で反対し補償交渉に応じなかった漁師たちも徐々に同意して、一九八八年までに流域すべての漁協が着工に同意した。

訴訟を取り下げた翌年の一九八二年、今度は漁業権をもたない研究者、労働組合員、弁護士を中心とする流域住民の原告たちも新たな差し止め訴訟を提起したが、一九九四年岐阜地裁は原告の訴えを棄却し、建設省側が主張する河口堰の「公共性」が司法の場でほとんど認められた。

２・２　対話から運用まで

ところが、建設省が着工した一九八八年、突如として、地元に住まない人々から新たな反対運動が巻き起こった。それは、アウトドア・ライターである天野礼子氏（三〇歳代後半、女性）を実質的なリーダーとする「長良川河口堰建設に反対する会」（以下「反対する会」）である。作家の開高健氏、天野氏など川下りや釣りを愛好する文化人・市民を中心とする「反対する会」の運動は、「唯一の天然河川・長良川を守れ」というスローガンのもと、「サツキマス」を環境保護のシンボルにしつつ、有名作家や俳優を起用したデモやイベントで全国版のマスメディアの脚光を浴びた(3)。そこに映し出されたのは、それまでの政治色をおびた社会運動とは異なり、サツキマスやアユのキャップをかぶり、おしゃれなアウトドアウェアやロゴ入りTシャツに身をつつんだ「川の遊び人」たちであった。あたかも「お祭り気分」を伴った「カーニバル」（毛利 2003: 32）さながらであった。

このように日本でほかに類を見ない新しいスタイルのエコロジー運動によって天野氏は自らも「有名

写真6・3　建設中の長良川河口堰
（三重県桑名郡長島町＝左岸から，1994 年 4 月 8 日撮影）
建設中の上屋。その左右に 2 種類の魚道（呼水式とロック式）が見える

人」と化していった。先に述べたデモやイベントのかたわら、天野氏は国会議員に事業中止を直接働きかけていく。このロビイング活動が功を奏し、一九九〇年一一月の北川石松環境庁長官の現地視察や同年一二月記者会見での「治水、生態上疑義あり」発言を導くことに成功する。この発言は環境庁を動かし、北川長官は環境影響調査（アセスメント）を命じた。これ以降、歴代建設大臣をはじめ超党派の多くの国会議員が相次いで現地視察を行うようになる。

事業主体である建設省と住民の直接対話はいっこうに進まなかったが、一九九二年、全国六四団体が結集して「長良川河口堰建設をやめさせる市民会議」が発足し、天野氏などの「反対する会」がハンストを敢行し、同年一一月にようやく建設省と初の話し合いが実現する。ただし「速記なし、テープなし、非公開」が原則だったため、対話後の建設省と「反対する会」それぞれの記者会見で報告内容にズレをきたす結果になってしまった。その後、一九九三年八月、細川内閣の連立政権成立により、社会党から五十嵐広三建設大臣が閣僚入りした。一九九四年一月自治労の仲介により、「反対する会」は建設大臣との会見を果たした。

このあいだに河口堰の建設は進み、一九九四年四月、建設省は突如河口堰の全ゲートを閉め、試験湛水をすると発表した。その二ヵ月前の一九九四年二月、五十嵐大臣は建設省に防災・環境・塩害に関する影響調査を一年間命じ、建設省は翌三月に学識経験者からなる「長良川河口堰調査委員会」を発足させていた。試験湛水はその調査の一環であった。

「反対する会」は「調査を悪用」（天野 1994: 307）していると批判し、河口堰ゲート直下にて船上ストライキを実行した。五十嵐大臣と再度直接交渉の場をもつことに成功するが、結果として調査は延期されただけで続行された。

連立政権がしばらく続くなか、五十嵐大臣の後に就任した野坂浩賢建設大臣は、一九九五年の本格運用を前に対話による問題解決をめざし、建設省と反対運動の直接対話の場である「長良川河口堰に関す

写真6・4　河口堰閘門
（長良川河口堰直下。三重県桑名市福島，1998年7月撮影）
漁場に向かうシジミ漁船が堰に航行を知らせると，係員が水位を調節しつつ閘門を開く。その間「はよ，開けんかぃ」と漁師の怒号が飛ぶ

写真6・5　シジミ漁師と河口堰
（揖斐川下流側。三重県桑名市，1998年7月撮影）

る『円卓会議』」（以下「円卓会議」）を提案する。対話をコーディネートする座長は、両者の議論を聞くのみで運用か中止かを決定する権限をもっていなかったが、円卓会議は対話の議事録がすべて建設大臣に送られ、大臣がそれらを踏まえて本格運用するかどうかを決定する判断材料となること、そして、何よりもこの対話がマスメディアや一般の人々に公開してなされるというメリットがあった。そこで反対運動側は提案を受け入れ、一九九五年三〜四月、建設省側との対話に臨んだ。

一九九五年五月、野坂建設大臣は長良川河口堰の本格運用を決定し、ついに運用が開始された。その後、反対する会は公共事業を見直す立場から河口堰反対を訴えつづけ、毎年全国の反対派市民集会「長良川DAY」』を開催するなど運動を継続している。天野氏は「日本の河川行政を問う」というスローガンを掲げて一九九七年三月「公共事業チェックを求めるNGOの会」を設立、代表に就任し、現在まで「公共事業見直し論」の急先鋒となって活動している。

3　新しい文化＝政治運動としての河口堰反対運動

それまでの大規模公共事業において、官僚・行政機構である建設省は、一度たりとも反対運動側との対話に応じることはなかった。だが、わが国の環境運動の歴史において類を見ないユニークな戦略によって、建設省は長良川河口堰問題において反対運動と直接対話せざるをえなくなった。このことは、リーダーをつとめる天野礼子氏をはじめ長良川河口堰反対運動の大きな成果であるといえよう。

このような成果に結びついたのは、一九八八年設立の「反対する会」をはじめとする河口堰反対運動の、次のような〝ノリ〟であった。やや長くなるが、この運動がもつ当初の雰囲気をうまく伝えているので、そのまま引用しておこう。

写真６・６　長良川河口堰建設現場のカヌーデモ
（1989年5月5日　毎日新聞社提供）

「私が長良川河口堰建設反対運動に関わった最初は一九八九年五月に初めて行われた『長良川カヌーイスト・ミーティング』とカヌーデモでした。それ以前は河口堰の問題に特別な関心を持っていたわけではありませんでしたが、自宅からそう遠くない長良川の河口付近に広がるアシ原の風景にはとても魅せられていました。河口堰が建設されるとその風景は失われてしまう。それまでにカヌーで河口まで長良川を下ろう、というのが私と妻、そして当時一二歳だった息子の夢でした。そんな時、カヌーイストの野田知佑さんが『長良川カヌーイスト・ミーティング』への呼びかけをしていることを『BE―PAL』誌で知りました。私たち家族がツーリング・カヌーを始めたのは、野田さんの『日本の川を旅する』を読んだことがきっかけであり、野田さんは私たち家族にとっては憧れの人でした。

　会場で会った野田さんは、思い描いていたイメージ通りの人でしたが、自然のままに流れる長良川を河口堰の建設から守ろうと、全国各地から集まり、様々に意見を述べる『川の遊び人』たちの存在に、それまであまり真剣に河口堰問題について考えていなかった私は大きな衝撃を受けました。けれども、巨大な公共事業に反対する集会にもかかわらず、カヌーイスト・ミーティングもカヌーデモも、その雰囲気は終始一貫して『明るく楽しい』ものでした。私は、『こんな楽しい雰囲気を持つ反対運動なら一緒にやっていけそうだ』という思いにとらわれ、それをきっかけに『長良川河口堰建設に反対する会』に加わり、自分なりに長良川河口堰計画の問題点について学び始めました。今から思えば、『パンダ作戦』にまんまと引っかかったというわけです」（横山 2000: 17–8 強調筆者）。

ここで注目すべきことは、「巨大な公共事業に反対する集会にもかかわらず、カヌーイスト・ミーティングもカヌーデモも、その雰囲気は終始一貫して『明るく楽しい』ものでした」というように、アウトドアを趣味とする「川の遊び人」が多数つめかけた点である。イベントの仕掛け人である天野氏は、自然、釣り、カヌーなどをテーマに文筆活動を続けていた有名作家の野田知佑氏、立松和平氏、椎名誠氏、俳優の近藤正臣氏などを登場させ、彼らの〝カリスマ性〟を利用した。それがいわゆる「パンダ作戦」である。

この「パンダ作戦」あるいは「人寄せパンダ」とは、参加した有名文化人たち自身の表現による。デモや集会では、さまざまなジャンルのポピュラー音楽が流れるかたわら、反対運動のシンボルである「サツキマス」のイラスト入りのグッズが売られていた。つまり、従来の政治目的のデモや集会を脱して「遊び」や「趣味」を基調にした、ひとつの文化運動でもあったのだ。

さらに東京では一九九〇年五月に「人寄せパンダ」たちの呼びかけに応え、どこからともなく現われた約千人のアウトドア・フリークが建設省前を取り囲んで「河口堰建設反対」を訴えるデモを行った。九一年一〇月には、建設工事の一時中止を求める全国規模のデモに約五千人が集まった。

毛利嘉孝は、カルチュラル・スタディーズを踏まえつつ、グローバリゼーションに突入した一九九〇年代以降の先進諸国における社会運動（たとえば、反グローバリズム運動など）が、大音量のサウンド、ダンス、パフォーマンス、巨大なぬいぐるみ、派手なコスチュームといったアイテムに彩られた、新しい「新しい社会運動」(4)であると指摘する（毛利 2003: 21）。また、毛利はT・ジョーダンによる

長良川河口堰反対

「アユも泣く」自然守れ

東京デモに1000人

全国から多彩応援

治水、利水を目的にする長良川河口堰（せき）の建設に反対するデモと集会が二十六日午後、東京であった。「長良川河口堰建設に反対する会」（天野礼子事務局長）が呼びかけ、作家の椎名誠、立松和平両氏らも加わって、デモに約千人、夜の集会に約三千人が参加。二年前に約千人以来、東京で最大規模の行動になった。

デモは午後一時ごろ、千代田区の清水谷公園からスタート。長良川は全国で数少ない本流にダムのない川で、サツキマスなど貴重な魚が生息する。「堰で自然が破壊される」「利水は必要ない」「治水には役立たない」などと訴えた。

赤坂見附から国会議事堂前を通って、最後は建設省。[illegible]げで、「建設中止」の要請文を受け取ってもらえなかったが、「反対する会」は建設大臣あてに郵送することにした。

集会は午後六時から、日比谷公会堂であった。作家の景山民夫、夢枕獏両氏、カヌーイスト野田知佑氏らが「トークショー」で、河口堰に疑問を投げかけた。社民連の田英夫参院議員も駆けつけ、「建設を凍結させるため、来月から建設省と話し合う」と述べた。

推進側の建設省や水資源開発公団は「堰の必要性を粘り強く訴える」と対抗しており、流域十一市町村長でつくる「長良川河口堰の建設を進める会」も、来月に総会を開く。

作家ら先頭、抗議の波

作家の椎名誠さん、立松和平さんが先頭を歩く。後ろにプラカードや釣りざおを持った人たちが続く。長良川河口堰に反対して、二十六日の東京デモには約千人が参加した。東海地方ばかりか、首都圏や北海道、大阪からも集まった。

千代田区・清水谷公園で、まず集会。椎名さんは「長良川のように美しい流れで、建設省へ押し出そう」。作家の夢枕獏さん、野田知佑さんの顔も見える。社会党の上田哲代議士も訴えた。「放浪記者として岐阜県郡上郡八幡町に住んだことがある。大きなウナギが泳いでいた。こうした自然を守ることが大事だ」

デモには、長良川の地元岐阜県からバスで来た約八十人も参加。郡上郡八幡町の「長良川水系・水を守る会」の人たちは張りぼてのアユと、発泡スチロールで作ったアマゴをかつぎ、「アユも泣いている」と声を張りあげた。

北海道・白老町から来た「北海道白老冒険ヤロウ会」の丸山

SAVE THE RIVER 長良川

トークショーを熱心に聞く参加者たち＝26日午後7時、東京・日比谷公会堂で

図6・2　長良川河口堰反対建設省前デモの報道

（出典）『朝日新聞』1990年5月27日愛知版朝刊

写真6・7　長良川河口堰反対集会

（東京都港区芝公園，1991年10月6日　毎日新聞社提供）

1993	9. 18	日本新党環境部会が現地視察
	11. 1	さきがけ・日本新党環境部会が現地視察
	12. 19	五十嵐建設大臣が現地視察
1994	1. 18	五十嵐建設大臣が反対派代表と初会見
	3. 23	五十嵐建設大臣による「長良川河口堰調査委員会」が初会合を開く。1年間の追加調査を行う
	4. 7	反対派が試験湛水に抗議して船上ストライキを決行し，試験湛水を実力阻止。五十嵐建設大臣と話し合い（～4. 12まで）
	5. 19	河口堰の全ゲートをおろし，環境・防災面の調査開始
	6. 30	村山富市連立内閣が成立，野坂浩賢が建設大臣に就任
	7. 20	長良川河口堰建設差し止め訴訟，岐阜地裁が原告の訴えを棄却（後に原告側控訴）
	12. 13	野坂建設大臣が現地視察し，円卓会議設置を表明
1995	3. 12	長良川に関する「円卓会議」（全8回，～4. 22まで）
	5. 22	野坂建設大臣が長良川河口堰の本格運用を発表
	7. 4	反対派市民・学識経験者らによる「長良川監視委員会」発足
	7. 6	河口堰のゲートを全面閉鎖し，本格運用へ
	7. 24	建設省が委嘱した学識経験者による「長良川河口堰モニタリング委員会」発足
	8. 25	建設省中部地方建設局が河口堰上流で初めてアオコ発生を確認
	9. 8	長良川河口堰運用に伴うモニタリングおよび環境等への影響などについての「新しい対話」開催（全5回，～1996. 10. 25まで）
1996	5. 22	「国民会計検査院」と「公共事業チェック機構を実現する会」の国会議員が現地視察
1997	2. 8	民主党菅直人代表らが現地視察
	3. 20	反対派が「公共事業チェックを求めるNGOの会」を設立
	5. 28	河川法の一部を改正する法律案が可決・成立
	9. 1	亀井静香建設大臣が建設省内にて反対派代表と会見
	9. 8	長良川中央漁協の総代有志（102名中80名）が河口堰のゲート開放を求める署名を亀井建設大臣に提出
1998	3. 16	長良導水事業の通水式が行われ，知多半島へ水供給。河口堰本格運用取水第1号となる
	9. 14	大学教員を代表とする愛知県民34名が「一般会計貸し付けは違法」として，愛知県鈴木礼治知事らを相手に河口堰建設負担金の支出差し止め訴訟を提起
	12. 17	長良川河口堰建設差し止め控訴審，名古屋高裁が原告の訴えを棄却
1999	2. 16	桑名市議をふくむ三重県民10名も「一般会計貸し付けは違法」として，三重県北川正恭知事らを相手に支出差し止め訴訟を提起
2000	1. 27	三重県による支出の差し止め請求，津地裁が住民の訴えを棄却（後に住民側控訴）
	3. 3	長良川河口堰モニタリング委員会が「影響は予想範囲」「さらに長期的な観測が必要なものもある」という提言書をまとめ，解散
	7. 13	三重県による支出差し止め控訴審，名古屋高裁が一審の判決を取り消し，審理を津地裁に差し戻す（後に三重県側上告）
2001	3. 2	愛知県による支出の差し止め請求，名古屋地裁が住民の訴えを棄却（後に住民側控訴）
2002	2. 28	愛知県による支出の差し止め控訴審，名古屋高裁が住民側の控訴を棄却（後に住民側上告）
2003	3. 13	三重県北川知事らによる上告，最高裁が三重県側の訴えを棄却
	3. 18	愛知県による支出差し止め上告審，最高裁が住民の上告を棄却
	5. 22	三重県による支出差し止め差し戻し審，津地裁が住民の訴えを棄却（後に住民側控訴）
2005	4. 6	三重県による支出差し止め控訴審，名古屋高裁が住民の訴えを棄却（後に住民側上告）
2006	3. 31	三重県による支出差し止め上告審，最高裁が住民の訴えを棄却

（資料） 久徳編（1992）；天野・ブラウアー（1993）；北川・天野編（1994）；横山（2000）；伊藤達也（2004）；『長良川ネットワークメールニュース』16, 37；『「やめよ！ 徳山ダム」通信』51；『中日新聞』『毎日新聞』『朝日新聞』『読売新聞』『日本経済新聞』（以上各年）；『週刊現代』（1988. 4. 9）

長良川河口堰問題略年表

年	月日	事項
1960	1	建設省中部地方建設局が長良川河口ダム構想を発表
1961	11. 13	水資源開発促進法・水資源開発公団法制定
1962	5. 1	水資源開発公団設立
1963	11. 27	木曾三川河口資源調査団（KST）が調査を開始
1965	6. 29	木曾川水系水資源開発基本計画が閣議決定
1968	10. 18	長良川河口堰の基本計画が閣議決定
1973	7. 31	金丸信建設大臣が長良川河口堰建設を施工認可
	12. 25	長良川流域 7 漁協 26,605 名（長良川河口ゼキ建設反対期成同盟会）が建設差し止め訴訟を提起
1978	9. 18	岐阜県上松陽助知事が河口堰着工に同意
1981	3. 7	流域漁協組合員が建設差し止め訴訟を取り下げ
1982	4. 29	大学教員や革新系政党員を代表とする流域市民が新たな差し止め訴訟を提起
1987	4. 28	三重県の利水負担の一部を愛知県が負担することで三重県が同意
1988	2. 16	三重県赤須賀漁協が着工に同意し，全漁協が同意
	4	天野礼子が『週刊現代』に「長良川が危ない」を発表
	6	開高健，天野礼子らが「長良川河口堰建設に反対する会」（以下，反対する会）を設立
	7. 27	長良川河口堰の建設工事着工
1989	5. 2	岐阜県郡上郡八幡町から河口まで，初の長良川カヌーデモ（～ 5. 5 まで）
	5. 4	日本魚類学会が建設中止の要望書を小此木彦三郎建設大臣に提出
	12. 13	超党派国会議員が「長良川河口堰問題を語る会」（以下，語る会）を設立
1990	3. 20	流域 7 漁協と水資源公団が漁業補償 130 億円で調印
	3. 31	日本野鳥の会が建設中止と護岸工事見直しの要望書を水資源開発公団に提出
	4. 18	語る会が国会議員として初めて現地視察
	4. 23	「長良川河口堰問題を考える研究者の会」発足
	5. 26	反対する会主催の建設省前デモとシンポジウムに約 3,000 人参加（主催者側発表）
	9. 5	日本自然保護協会が意見書を建設省と水資源開発公団に提出
	9. 30	三重県長島町議会議員選挙で反対派の候補者が当選
	10. 19	日本陸水学会が河口堰建設反対意見を表明
	11. 26	北川石松環境庁長官が現地を公式視察
	12. 17	語る会の国会議員が国会議員 259 名の署名を添えて工事中止の決議文を海部俊樹首相に提出
	12. 18	北川環境庁長官が「サツキマスなどの魚介類への追加的調査が必要」と見解を発表，建設省に環境影響調査の追加実施を求める
	12. 25	北川環境庁長官が水需要の減少から 68 年閣議決定を見直すよう国土庁長官に要求
1991	4. 22	統一地方選で反対派の候補者が三重県桑名市議会議員に当選，三重県長島町長選では落選
	6. 20	東海 3 県の大学教員 2,207 名が工事の一時中止と環境アセスメント実施の要望書を三重・愛知・岐阜・名古屋市の首長に提出
	10. 6	反対派が工事の一時中止と環境アセスメント実施を求め，東京で全国集会とデモ。約 5,000 人参加（主催者側発表）
1992	4. 12	建設省・水資源開発公団が「建設事業に支障なし」とする環境追加調査の報告書を発表
	6. 4	反対派が国連環境開発会議のジャパン・デーでの発言を封じられ，ボイコット
	10. 1	反対派が建設大臣との会見を求め，建設現地でハンガーストライキ（～ 10. 22 まで）
	10. 4	64 の市民団体による「長良川河口堰建設をやめさせる市民会議」発足
	11. 9	建設省と反対派が初の話し合い（計 7 回，非公開）
1993	3. 23	国土庁が木曾川水系の水需要を下方修正
	6. 25	『朝日新聞』が着工の 15 年前に談合が行われていたと報道
	8. 9	細川護熙連立内閣が成立，五十嵐広三が建設大臣に就任

「アクティヴィズム！」という概念をヒントにしながら、「非ヒエラルキー的な組織の形成、『非暴力直接行動』という理念、快楽や享楽の積極的な肯定、文化的実践の多用」といった諸特徴をもつ社会運動を「新しい文化＝政治運動」と呼び直し、既存の「新しい社会運動」と区別している（毛利 2003: 23-4）。このことを踏まえるならば、当初の長良川河口堰反対運動も、「新しい文化＝政治運動」の先駆けであったといえよう。

4　ディスコミュニケーションの二類型

4・1　対決型ディスコミュニケーション

以上のような経過のなかで、建設省・水資源開発公団―河口堰反対運動の直接対話が実現した。

筆者は一九九六年一〇月に郡上八幡で行われた直接対話の場に参与し、郡上八幡および長良川の流域住民がわが国で初めて官僚・行政機構との直接対話を経験し、推進側とのすれ違いやズレに直面して、〝もどかしさ〟を感じていたようすを観察した。このすれ違い、ズレを記述・分析する前に、いかなる社会学的な分析視角が必要であろうか。この問いについての詳細な検討は第10章にゆずることとして、ここでは概略のみを示したい。

これまで環境問題の社会学は、①行政と住民のそれぞれが保持している「利害関心」（舩橋 1997: 62）、「視角《パースペクティヴ》」（梶田 1988: 4）、「状況の定義」（脇田 2001: 178）の違いに注目し、②その違いを準拠点（前提）としながら、諸主体の利害関心、視角、状況の定義の背後にひそむ社会構造・組織構造上の特質や知識形態を比較説明してきた。これらの研究は、先に述べた①と②のうち②のほうにポイントをおくゆえに、主体間の対話不能＝ディスコミュニケーションそれ自体への関心を失いがちであった。

したがって、直接対話においてすれ違いやズレといったディスコミュニケーションがいかにして生じるのかという、より根本的なレベルから考え直す必要があるだろう。言い換えれば、ディスコミュニケーションが起こってしまう会話メカニズムとは何か、という問いである。この問いに応えるために、まず大規模公共事業をめぐる先行研究にヒントを探るのがいいだろう。

梶田孝道は、空港建設問題を事例に「テクノクラートの視角」と「生活者の視角」の違いや落差を説明した後、問題をめぐるズレを「同一の社会問題が、別々の主体によって別々の問題として把握され体験されているのである」（梶田 1988: 7 強調原文）と簡潔に表現した。梶田自身は実際の対話場面に関心を示さなかったが、筆者の関心に引きつけて考え直せば、それは行政と住民のあいだで語られるべき「同一の対象」(5)に相当するだろう。「お互いが同一の対象を志向している」にもかかわらず、相矛盾する別々の経験が存在することこそ、厄介な問題となる。つまり、ディスコミュニケーションとは諸主体のあいだに「同一の対象」に対する知覚の一致があるという、自明視された「相互了解」が前提条件になければならないのである（Pollner 1987; 浜 1995; 1997）。

特に行政と住民との対立が熾烈をきわめる場合、公共事業の必要性や環境への影響などをめぐって〝どちらが正しいか〟（＝正当性）の争いが起こり、議論がどちらにも収斂されず（＝決定打に欠け）、かといって両立もできない状況が延々と続くことになる(6)。

このようなディスコミュニケーションを、本書では「対決型」と呼んでおこう。これはディスコミュニケーションの基本型といえる。

4・2　分離型ディスコミュニケーション

しかし、「対決型」だけが唯一のディスコミュニケーションではない。というのも、先ほど同一の対象に対する知覚の一致という相互了解が必要であると述べたが、公共事業をめぐる行政—反対運動間の対話では、意図しているかどうかは別として、どちらかが相互了解そのものを無視してしまう可能性があるからだ。ここでいう相互了解の不成立とは、語られるべき「同一の対象」があるという前提が崩されてしまうことをさす。

特に大規模公共事業の場合、環境に対して①多目的、②大規模、③長期にわたって将来的に働きかけるがゆえに、広範囲に対象を想定しなければならない。このとき語るべき対象についての「知覚の一致」自体が困難であったり、ずらされたりする恐れがある。

このようなディスコミュニケーションを、本書では「分離型」と呼んでおこう。相互了解が成り立たなかったとき、行政と反対運動はどのようなコミュニケーションを展開したのだろうか。

5　円卓会議における対話

5・1　直接対話の概要

長良川河口堰建設をめぐる建設省と反対運動の直接対話とは、「円卓会議」と「長良川河口堰運用に伴うモニタリングおよび環境等への影響などについての『新しい対話』」（以下新しい対話）である。円卓会議は一九九五年三～四月に計八回催され、野坂建設大臣が本格運用するかどうかを決定する判断材料になったとされる。新しい対話は河口堰本格運用後、同年九月～九六年一〇月に計五回開催された。

円卓会議は事前に各回のテーマが設定され、建設省側と反対運動側はそれに関連する細かな論点をリストアップし、関連する膨大な資料を準備していた。出席者は建設省担当官、水資源開発公団責任者、推進派町長、「反対する会」をはじめとする反対派住民・市民の代表、学識経験者、座長など十数名で、流域住民や報道陣が傍聴した。

円卓会議の各回テーマは、第一回防災（堰への地震による災害の想定）、第二回水需給（木曾川流域の水需要の動向）、第三回環境（これまでの環境調査のあり方と汽水域の変化）、第四回治水と塩害（堰の治水効果と塩害の発生）、第五回防災（堰への地震・台風・洪水による災害の想定）、第六回環境（汽水域・水辺・水質の変化、生物・人体への影響）、第七回塩害（塩害の発生と潮止め堰としての必要性）、第八回水需給（木曾川水資源基本計画の需要予測・実績）であった。

これに続く「新しい対話」は、河口堰本格運用後、反対運動側の申し出に応えて行われた。事前にテーマ設定を行うのは円卓会議と同様だったが、座長はいなかった。中心テーマは河口堰運用後の川への影響で、第一回は建設省内で開催されたが、二回目以降は長良川下流地域から上流へ順次会場を移動して開催された。

新しい対話の各回テーマは、第一回環境と水需給（堰運用後の環境変化と水需要の過剰予測）、第二回環境と防災（水質の変化、漁業への影響、地震・洪水対策）、第三回防災と環境（地震による危険性、汽水域の変化)、第四、五回環境(アユ・サツキマスの遡上)であった。各地域の重要な関心事が議論の的となった。

5・2 対決型ディスコミュニケーションの発話

直接対話の具体的な会話データを示す前に、まず第二回円卓会議のようすを要約しておきたい。論点は建設目的のひとつである「水需要」であった(7)。

【要約】 第二回円卓会議 一九九五年三月二六日 三重県長島町中央公民館

反対運動側の水資源研究者(=反対側1)は、木曾川流域における水需要の実績と、建設省がかってはじき出した予測(木曾川水系フルプラン)をもとに、一九八五〜九二年のあいだに予測のほうが実績よりも工業用水で約九倍、水道用水で約一・五倍、両方併せて約二倍も多く見積もられていることを指摘した。その直後、「実績の対比でそういうのがフルプランの予測であるということですね。この点をまず確認をしたいと思うんです」と建設省側に確認を求めた。このときの確認作業は、ただたんに確認しているだけではなく、「これ以上、水資源開発(=長良川河口堰)は不必要だ」と立場を表明しているといえる。これに対して建設省側は、これらの数字が基本的に「政策目標であるということで、その実績でどうのこうのというよりは、やはり先を見て、将来の日本を見たわれわれの計画である」としながら、「生活水準の向上」や「この地域の着実な発展」のために「水が必要である」と反論する。

建設省側の反論に対して、その直後に反対運動側（全水道東京水道組合員＝反対側2）は、「予測のことですけれども……不確定要素がある」と指摘し、今度は「水が必要だ」という結論を導いた建設省側の考え方それ自体を退けようとする。しかし、建設省側は、反対側2が言うように「不確実」だからこそ「幅を予測しなければいけない」とし、「水は必要である」という結論・立場を導いた方法が妥当であったことを訴える。このような状況において、相手の正当性を失墜させる指し手は、そのまま自己の正当性を貶めるために相手に利用されてしまう。

ここには、両者が同じデ・ー・タ・を見ているにもかかわらず、両立不可能な二つの見解・立場が存在する。これ以降、「対決型」としてのディスコミュニケーションは、「解決」に向かうことなく、延々と続くことになる。

こうして反対運動側は、実績と比べて予測はあまりにも乖離しているという「……認識が共通にできるかどうか。それだけ、それが共通にならないと一歩も進みませんので、いかがでしょうか」と再度確認を求め、一方の建設省側も「ここを認識しないと一歩も先に進めないということではなくて、もう少し全体の議論のなかで、これも言う、あれも言う」と応酬し、両者のあいだの対立は、何度も繰り返される。

このような状況は、肝心の対話を停滞させてしまい、両者にとって無益なだけである。そのことは、当事者たちも十分に自覚的であった。たとえば、反対側1はこの状況を「もう話し合いのしようがないという感じ」「絶望的な感じ」と評価しながら、対話の最中に建設省側の姿勢を批判した。一方、画期的な対話路線をアピールしていた建設省側にとっても、この状況がマスメディアをはじめとする第三者に「まずい」印象を与えてしまう(8)。両者にとってこのような対立・争いとしてのディスコミュニケーションは、すみやかに「解決」されなければならない。

5・3　分離型ディスコミュニケーションの発話

この約一ヵ月後に開催された、第八回円卓会議の会話データを次に示そう。

【会話6】第八回円卓会議　一九九五年四月二一日　三重県長島町「輪中の郷」

(建設省側が各地域の実情の積み上げから計画どおりの水が必要であると説明した後。……＝中略)

反対側2：……特に一番目のこのフルプランの予測とそれから現状の実績の乖離、これに対して、この数字としてこれをどう解釈するかという問題。……まずそこでお願いいたします。

推進側1(建設省中部地方建設局河川部長)：先ほども私申し上げましたように、現時点で水に余裕があっても、それは、この地域の水余りという言葉で片づけるのではなく、この地域の将来の発展のための、重要な社会資本の整備の重要なパラメーターだと思っております。

反対側1：現状では水が余っているということは認められるわけですね。

推進側1：先ほども私、黒板で書きましたように、供給と需要の関係では、現時点では供給が上回っている地域がある。下回っている地域もあるということはご説明申し上げました。

反対側1：いまの話、いまわれわれが問題にしているのは、こういう水の需要が伸びていくと、将来は大体横ばいになっていくと見ているわけですけども。それに対して、この水資源開発を進めて、それにその水需要を充足できるように、この水源施設を増やしていくことはわかりますよ。そちらの理屈でわかりますよ。問題は、いま言ってるのはそういうことじゃないんです、（推進側1の名前）さん、そういうことじゃないんです。……九二年時点で、こんだけ水が余っているというのは、実績とフルプランの予測を比較してこれだけ明らかで、これはもう一目瞭然だと思いますけども。この九二年時点においては、これだけ水が余っているということは認められるわけですね。

反対側2：……そのこと自体を認めていただきたいということなんですけど。

推進側2（建設省河川局開発課課長補佐）：この議論は、前の水需給の会議でも何度も繰り返された議論でありますが、再度われわれの考え方をご説明していきたいと思います。われわれはまず、この地域の将来において、どのようにこの地域の将来とどうあるかという議論を踏まえたうえ、それに対して、安定的な水供給をできる体制を整える必要がある。こういうことなんですね。たんに途中段階で、たんに直線で伸ばしての比較ではなくて、地域の将来像に対して、われわれがいまなすべきことは何かということで、施設整備を進めてきている。こういうことなんです。ですから、いまのたんに段階だけで評価すべきものではないだろうというふうには考えております。

反対側2：……その事実だけ認めていただけますかということを聞いているんです。……

（ここで座長が話題の転換を促す→潮止め堰の話題→再び工業用水の話題へ）

推進側1：じゃあ、何度も同じ答えになりますが、この地域にとって、この長良川河口堰は最後の水源ですので、この水源を確保して、この北伊勢工業用水は将来ともこの水源を確保していくと。現時点では供給と需要の差はあると。ぼく、これは全く争っていませんよ。さっきから言っていますが。何か争って、私がそれを否定しているような気していますけれども、さっきから図を書いて、もう供給と需要の差はありますよと。ただしそれは、余っているという一言で片づけないでくださいと。この地域の将来の発展のために、行政的に社会資本として整備しているんだということを理解してもらいたいから言っているんです。全く争っていません。

順を追って説明しよう。まず反対側2は、第二回円卓会議と同じように、実績と予測との「乖離」について相手側に確認を求める。これに対して、建設省職員である推進側1は、いったんは「現時点で水に余裕」があることを認めはするが、「この地域の将来の発展のための、重要な社会資本の整備の重要なパラメーター」として再度「水は必要」という立場を崩さない。ただ、反対側1は、「現時点で水に余裕」という推進1の発言だけをクローズアップし、「現状では水が余っているということは認められるわけですね」と語りつつ同意を得ようとする。

ここで、反対側1の要請に対して、仮に推進1が完全なる同意を与えたならば、「この地域で水が必要かどうか」という対立・争いにひとつの解決をもたらすだろう。ここでの解決とは、建設省のほうが「水は不要」という反対運動側の見解に合わせることである。つまり、反対運動側の見解が最終的に「正しかった」のであって、両者とも同じデータを見て同じ解釈にたどりつくのが「自然」であるという解決である。

しかし、推進側1にしてみれば、この解決では自分たちの立場が不利になるので、「供給と需要の関係では、現時点では供給が上回っている地域がある。下回っている地域もある」と語ることで、先の「現時点で水に余裕」があるという自らの見解をあいまい化する。

このあいまい化を受けて、反対運動側は、何度も確認作業を行うようになる。【会話6】において、反対側2は、特に目立っている。というのも、反対運動側はつねに長良川河口堰事業を問題化しつづけるという課題を背負っているために、推進側1のあいまい化に対抗して、反対側2は絶えず「お互いに何を争っているのか」を明確化しなければならないからである。ただしその明確化は、反対運動にとって有利なものでなければならない。そうすれば〈いま・ここ〉での対立において、自分たちが有利となる。このような建設省側のあいまい化と反対運動側の明確化の戦略のあいだで、対話それ自体は再び対立・争いのなかに投げ入れられてしまう。

この状況を見兼ねた座長は、いったん話題の転換を促す。そこで両者は別の話題に取り組み始めるが、しかしまたもや「工業用水が余っているかどうか」の議論に入り込む。このような言説空間において同じ応答を繰り返していたのでは、建設省は「行政の硬直性」をただ露呈していることになる。ここで建設省側は、ひとつの実践的課題を突きつけられる。それは、反対運動側の見解に合わせることなく、自分たちの見解の正当性を多少なりとも確保したかたちで、この対立を「解決」するにはどうすればよいのか、という課題である。

そのために、【会話6】の最後において、推進側1は、「現時点では供給と需要の差はある」とようやく認めはじめる。しかし前述したように、この承認はたしかにひとつの解決には結びつくけれども、建設省にとって決して望ましいものではない。そこで推進側1は、引きつづき「ぼく、これは全く争っていませんよ。さっきから言っていますが。何か争って、私がそれを否定しているような気していますけれども、さっきから図を書いて、もう供給と需要の差はありますよ」と発話する。特に「ぼく、これは全く争っていませんよ。さっきから言っていますが」という発話を入れることによって、推進側1は両者のあいだに繰り返し生起する争いなど、そもそも初めから存在しなかったのだと提示している。

「争いなど初めから存在しなかった」から「現時点では供給と需要の差はある」という発話をとらえ返せば、相手方に妥協するかたちでの争いの「解決」とは全く異なった意味合いを、この発話はもつことになる。つまり、こうだ。当初、建設省と反対運動の両者がお互いに「同じデータ（＝この地域の水需要の実績と予測）を見ている」という「相互了解」があった。ところが、推進側1が「相互了解」から急に距離をとって、自分たちは初めからずっと「この地域の水需要の将来」を見ており、一方のあなた方（＝反対運動側）は「この地域の水需要の現在」を見ていたのだという具合に、お互いが共通に見ている（とされる）対象を切り離し、割り振る。

この一瞬において、「対象の同一性」という前提・仮説が破棄され、お互いが別々の対象を見ているので、対決型としての争いそれ自体は消滅する（Pollner 1987: 38–40）。推進側1は、自分たちとは違う別個の対象（水需要の現在）を見ていると切り離したうえで、相手方の見解を認めることができるのである。

その一方で、「ただし、それは余っているという一言で片づけないでくださいと。この地域の将来の発展のために、行政的に社会資本として整備しているんだということを理解してもらいたいから言っているんです。全く争っていません」と語ることによって、推進側1は相手方の見解を認める代わりに、もうひとつの別個の対象（水需要の将来）を見ている自分たちの見解をも認めよと、自分たちの見解・立場の正当性を主張しているのである。

つまり、一連の対話は「どちらが正しいのか」から「どちらも正しい」へと論争が変換したことを示している。この対話は、一見すると、繰り返し生起する対立や争いに「解決」を与えたかのようである。しかし、そうではない。というのも、対決型としてのディスコミュニケーションを一時的・表面的には解消するが、その背後で「相互了解」を破棄してしまうからである。「それぞれの見解を同等に承認する」といえば聞こえはよいが、その反面「お互いの見解には相互不干渉＝無関心」という共約不可能な言説空間を構築していく。

ここに、実際には言葉を交わしているけれども、お互いが決して交わろうとしない・言いっぱなしの分離型ディスコミュニケーションが出現している(9)。

6　ディスコミュニケーション能力

本章では、長良川河口堰問題をめぐる建設省と反対運動の直接対話から、両者のあいだのディスコミュニケーションとはいったいどのようなものであるのかを、会話の内側から明らかにしてきた。この問いに対して、ここでは「対決型」「分離型」という二つのディスコミュニケーションの型を示すことができたと思う。ひとつは、対決型、すなわち客体として語られるべき「同一の対象」を志向しているという「相互了解」に基づき、相矛盾する複数の見解・立場がぶつかり・争い合うというディスコミュニケーションである。その際の会話のシークエンス（連鎖）は、「どちらかが正しい」という論争のかたちをとる。

また、そのような対決型が両者の対話に深く浸透した場合、当初は一種の解決策として別のディスコミュニケーションの型が姿を現わす。そのような型を「分離型」と呼んだ。それは次のような実践を含んでいる。まず、対話する主体のどちらか（ここでは建設省側）が、①同一の対象を志向しているという相互了解を破棄し、「お互いが別々の対象を論じていた」ことを示しつつ、そもそも問題となる対立・争いなど初めからなかったのだと「消去」し、②別々の対象を論じているのだから、それぞれの見解や立場の正当性を容認すべきだと訴えかける。これらの実践を通じて、暗黙の相互了解が破棄された、共約不可能な言説空間が構築されていく。

本章では分離型を中心的に論じてきたが、実際の対話では対決型が繰り返し生起して、行政側が不利になったときに、ときおり分離型が登場するのみである。ただ、これらのディスコミュニケーションの型は、お互いに入りまじりながら、行政―反対運動間の合意形成を阻んでいる。対話がこれらの型にだんだんと支配されていったとき、反対運動側は、「お答えいただかなくて結構です」と建設省側の応答を拒絶したり、「……以上、われわれの見解を述べさせていただきました」と一方的に言い切るしかなくなる。これら拒絶や一方的主張は、ますます両者の溝を深めてしまう。

以上のようなディスコミュニケーションが、郡上八幡をはじめとする長良川河口堰に反対する流域住民の〝もどかしさ〟の一端である。直接対話を掘り崩すディスコミュニケーションをとらえるためには、当初対話を成り立たせていた相互了解のレベルに降り立ちながら、話の最中に相互了解を採用・破棄するという「能力」(competence)(Bittner 1965: 255)にまで踏み込んで考察しなければならない。「ディスコミュニケーション能力」がもたらす会話のダイナミズムや多様性を記述することは、わが国で初めて官僚・行政機構とのコミュニケーション空間を経験した流域住民の、もどかしい感覚を掘り起こす作業でもあるのだ。

注

(1) 飯島伸子は足尾鉱毒事件の事例研究を通じて、被害者運動を支援する外部の個人や集団がある時点で主義・主張の相違を理由に支援をやめ、「いつの間にか敵対的な存在に変って、(逆に被害者)運動に多かれ少なかれ損失を与える」と述べ、このようなことが「現代においても見られる」(飯島 1993: 163 補足筆者)と指摘した。

(2) 建設省・水資源開発公団が現在まで主張している建設の論理はこうだ。長良川下流部は、全国有数のゼロメートル地帯であり、台風もよく来襲して洪水や水害にみまわれてきた。下流部の住民の生命・財産を守るために、川の増水をすばやく海へ流す必要が生じる。そのために、河口付近の川底を浚渫して河積を増やすことで水を早く安全に流すことができる。ところが、川底を浚渫すれば、河口から海水が遡上し河口部流域の農地に塩害を発生させてしまうので、潮止め堰としての河口堰が必要である。また、この堰によって上流部に溜まった水は、今後の中部圏の発展や渇水対策のために工業用水・都市用水として利用することができる。つまり、長良川河口堰本体には、川底の浚渫によって遡上してくる海水を止め、堰周辺農地の塩害を防止する「塩害防止」の機能しかないのだが、建設省は浚渫と河口堰建設を一体にとらえ、河口堰そのものにも「治水」効果があると位置づけている。

（3）「反対する会」の運動は、天野氏が執筆した記事「長良川が危ない」（天野 1988）のインパクトによって、一般に「環境保護運動」と認識されてきた。しかし「反対する会」は当初から、環境面だけでなく利水、治水、塩害についても強い疑義を提起してきた。「反対する会」の論拠はこうだ。当初の長良川河口堰建設の目的は利水中心であり、構想された六〇年頃はたしかに日本は高度経済成長期で経済発展のために中部圏でも大量の水供給が必要だった。しかし、いまや日本も低成長期に入り、二度のオイルショックによって工業用の水需要が下がり、出生率の低下もあって人口は頭打ちで水は余っている。また治水面についても、河口堰は川の流れの妨げになるし、堰上流部では湛水が行われるので治水上かえって危険である。塩害に関しても、仮に浚渫だけの治水対策で潮が遡上したとしても、河口堰をつくって塩害を防止するのは、あまりにもコストがかかりすぎ（宮野 1999; 在間 1997）、そもそも堰下流の地域も現に塩害は起こっていない。

河口堰が環境に及ぼす影響をめぐっても、建設省は河口堰はダムではなく可動式で、水質悪化を招くことがないし、最新型の魚道の設置によってアユやサツキマスといった水産資源も確保されると主張した。これに対して「反対する会」は、河口堰＝ダムであるので水質悪化は避けられないし、魚道があっても魚にしてみれば遡上・降下は困難だから、天然のアユやサツキマスはやがて絶滅すると訴えた。

（4）田中滋はかなり早い時期から、このような長良川河口堰反対運動のユニークさを、一九七〇年代に起こった長良川流域の漁師や市民の反対運動（第一次運動）と比較研究しながら、A・トゥレーヌらのいう「新しい社会運動」とは異なる「コミュニータス的な結合をベースとする『遊のドラマ』」（田中 2001a: 340）ととらえていた。

（5）ここでいう「対象」は、対話の場ではあらゆるものに言及できるゆえに、さまざまなレベルを想定することができる。たとえばそれは目の前の「客観的データ」であったり、また抽象的な「社会問題」（たとえば、「長良川河口堰問題」）それ自体であったりする。次節で詳しくふれるが、建設省と反対運動が具体的に語られるべき「対象」としたものは、「木曽川流域における水需要の予測と実績」についての統計データである。なお対決型のディスコミュニケーションについては、第7章で詳しく論じる。

（6）このような状況を救うために、データの「科学性」や「情報公開」に訴えかけたとしても、あまり効果的ではないだろう。というのも、最終的にはそれぞれの主体が科学的で・情報公開された同じデータを「どう見るか」にかかっているからだ。この点についても第7章で詳しく分析する。

（7）筆者が直接参加した第五回「新しい対話」以外の回の録音テープと配布資料については、「反対する会」の会員の方々に提供していただいた。記して感謝したい。なお、長良川河口堰建設をやめさせる市民会議（2000）に、同会と長良川監視委員会が作成した第五回「新しい対話」議事録が掲載されている（http://www.nagarask.com/siryou/taiwa5.html10. 6. 30）

（8）実際に円卓会議は「議論未消化、時間切れ」「むなしい〝繰り返し〟」（『毎日新聞』愛知版一九九五年三月一三日朝刊）、「土壇場まで論議平行」（『朝日新聞』大阪版同三月一七日朝刊）と報じられた。

（9）科学社会学を研究する立石裕二は、社会のなかで相対的に自律した科学とほかのセクター（行政や運動）の相互作用に注目し、筆者の分析に加えて「公共経済学が未成熟で、行政も運動側も採用せざるをえないような学問的な分析枠組が整っていなかったこと」が利水の議論のズレを生んだ（立石 2007: 113）と分析するが、【会話6】のいったいどこに専門的な公共経済学の成熟／未成熟が入り込むのか、大いに疑問がある。

第7章　対話を拒むレトリック
――長良川河口堰をめぐる対決型ディスコミュニケーション

1　公共事業をめぐる対立

1・1　公共事業神話の崩壊

前章では長良川河口堰問題をめぐる建設省と反対運動との直接対話から、「対決型」と「分離型」という二つのディスコミュニケーションの型を提示し、特に後者の型を中心に記述・分析してきた。本章では、ディスコミュニケーションの基本型である「対決型」を中心に取り上げ、この型の詳細な記述・分析を通して、郡上八幡をはじめとする長良川流域に住む反対派住民が、河口堰建設をめぐって行政に感じた〝もどかしさ〟にさらに迫ってみよう。ディスコミュニケーションを取り上げることは、住民のもどかしさを明らかにするにとどまらず、近年の河川行政において主流となりつつある、行政と地元住民の対話路線をさらに推し進める教訓として役立つであろう。

かつて公共事業はわれわれの生活をより豊かにするとともに、不況の波が押し寄せた時は景気を回復させる〝特効薬〟であると信じられてきた。そのようなイメージは、われわれの幼い頃からすでに植えつけられてきたように思う。たとえばある評論家は、次のように回顧的に語っている。

「戦後復興の象徴となった佐久間ダムが完工したのは昭和三十一年十月十五日。天竜川中流に三年の歳月をかけて作られたもので、総工費三二〇億円、最大発電力三十五万キロワットは当時、国内最大のダムだった。／小学校の六年生のときだったが、記念切手が発行されるほどの大きな出来事だったことを憶《おぼ》えている。このダムが出来れば、これからの日本は停電もない、洪水もない、明るく豊かな社会になると、子ども心にもうれしかった」（川本 1999: 128）。

たしかに、その当時の「公共事業」は輝いていた。しかし、このような神話はすでに過去のものになってしまった。現在のわれわれは「はたしてその事業はみんな（＝公共）のために必要なのか」という疑いの目を向けるようになった。というのも、大規模な公共事業は貴重な自然を破壊したり、国家財政や地方財政を借金まみれにして破綻させたりするからである。このような認識は、マスメディアによる「公共事業見直し論」によってかなり浸透してきた。

事業が実施される地域の自然環境保全にかかわってきた住民・市民による反対運動も頻発する。長良川河口堰問題も、経過からわかるように計画から現在までのおよそ五〇年ものあいだ、反対運動が延々と続けられてきた。とくに都市部を中心とするエコロジー・ブームの影響もあって、天野氏を中心にした「反対する会」は二〇年以上も強固な反対運動を展開している。

写真7・1　長良川河口堰反対派と建設省の話し合い（1992年11月9日　毎日新聞社提供）

一方、河口堰事業を推し進める建設省も、各地の反対運動の盛り上がりを無視することができず、一九九七年河川法の改正に当たって初めて「河川環境」[1]という言葉を使用し、「ダム、堤防等の具体的な整備の計画について、河川管理者が地方公共団体の長、地域住民等の意見を反映させて定めます」[2]といった方針を打ち出した。さらに、公共事業評価・見直し制度を確立し、時代遅れとなった特定のダムや河口堰計画の一部の中止・休止を決定した。

1・2　公共事業をめぐるディスコミュニケーション

このような河川行政の変化は、「反対する会」の天野氏によるユニークな運動戦略によって、政治家や建設省との直接対話が開かれた成果であるといってよいだろう。それまで「公共性という言葉の持つ一種の神聖さのニュアンス」（舩橋 1985b: 240）ゆえに、事業差し止め裁判を起こした原告住民・市民の訴えを棄却する司法、膨大な反対署名を携えて請願・請求・条例案を提出しても保守系議員の「数の論理」で否決の山を築く地方議会など、ことごとく民意が無視されてきた。そのなかで初めて実現した対話は、新たな「公共圏」の創出を予感させる出来事であった。

建設省は情報公開や対話の公開性を原則として、長良川河口堰反対運動との直接対話の席に就いた。しかし、建設省側と反対運動側の両者が河口堰をめぐる主要な争点（利水＝水需要予測、治水、塩害、環境、防災）を実際に対話したにもかかわらず、全く妥協を許さない・確固たる建設省の見解と反対運動のそれとのあいだで著しい対立の構図ができあがってしまい、両者の溝はますます深まるばかりであった。これはどういうことなのか。対話を阻むものは、いったい何だったのか。

そこで本章では「対決型」のディスコミュニケーションに焦点を当て、「円卓会議」と「新しい対話」における建設省と反対運動の具体的な会話データを取り上げて、いかに両者が対立を深めていったのかを明らかにする(3)。

2　コミュニケーションの非対称性

2・1　対話の原則管理

以上の一連の対話は、前章でも述べたように、①直接・間接にかかわらず第三者に議論を公開すること、②「科学的」「客観的」なデータに基づいて議論すること、③発話権や発話時間が一方の側に偏らないよう平等に配分することを「対話の原則」としていた。筆者が見る限り、これらの原則はそのつど、お互いで管理されているようだった。特に円卓会議では「長良川河口堰調査委員会」の学識経験者が座長を務めていたため、③の原則は注意深く管理されていた。

にもかかわらず、対話へのかかわり方をめぐって、建設省側と反対運動側では認識が異なっていた。

【会話7】 第三回円卓会議　一九九五年三月二七日　三重県長島町中央公民館

（第三回目の「円卓会議」終了時に積み残しの論点を討議するため、次回の会議が設定可能かを話し合っているとき。天野氏以外は、すべて男性。……＝中略）

推進側1：あのぅ大変先生方には、この円卓会議、進行役、ご苦労をかけて大変恐縮でございます。あのぅ先ほど天野さんが、私が円卓会議の何か枠組みを違ったようなことを行ったということは発言ございましたが、私は本省の方から、きちんと指示されているのは、この円卓会議を限られた時間で、限られた時間だけど誠心誠意やれということを強く言われていまして、えぇ決して言い争いということではなくて、理解してもらう。または、私どもも皆さんの考えていることを理解しようと。誠心誠意この円卓会議に臨んでいる状況です。……

（「円卓会議」終了後もお互いに情報交換し合うことを約束する）

天野氏：あのね、（推進側1の名前）さん。この場は説明の場ではないんですよ。（推進側1の名前）さんたちが誠心誠意ですね、説明をしていないとは私も言ってないんですよ。誠心誠意やっていらっしゃるかもしれません。円卓会議はですねディベートの場なんですね。話し合いの場なんですね。

……

（座長発言）

推進側1：私は、あのぅ行政府の人間として、行政がどのような考え方で、どのような事業をやっているかということを、もぅともかく、きちんとご説明し、わかりやすいかたちで表現していくという努力はする。それは納税者に対する当然の義務です。ただし、皆さん方と言い争うようなこと、は、いま私は立場上いたしませんよということで、極力私どもは皆さん方に理解できるようなお話をし、情報交換をしたいということをつねに言っている状況でございます。

天野氏：（座長による指名を受けて）円卓会議の目的はですね、双方が一致点を見いだせるように議論することだと思います。で、私どもが何度も言っているように、あのぅこれからもやっていかれるというふうな、おっしゃってる（推進側1の名前）さんのものはご説明だと、ご説明と議論は違うということ。

（その後、座長はこの話題を打ち切った）

ここで注目したいのは、建設省側が「理解」「説明」という語を、一方の反対運動側が「ディベート」「話し合い」という語を使うことによって、何をしようとしているのかである。

一見すると、建設省担当官は、【会話7】における発話から、反対運動側との対話を決して拒んでいない姿勢がうかがえる。しかし、建設省担当官は「理解」「説明」という語を使うことによって、自分たちが何らかの絶対的な情報を保持しているかのようにふるまっている。と同時に、自分たちが「誠心誠意ご説明」しさえすれば、やがて反対運動側も自分たちと同じ見解に至ることを暗に提示している。

一方反対運動側は、「ディベート」「話し合い」という語を使うことによって、「建設省が一方的に説明する側に回る」というかかわり方に異議を唱え、河口堰について何らかのオールタナティブな見解を訴えかけ、建設省のかかわり方を正そうと試みている。

つまり両者のあいだには、対話へのかかわり方に非対称性が存在しているといえる。本章では「非対称性」を「会話する二者関係のあいだにある何らかの落差」とあいまいに定義しておきたい(4)。

2・2 発話形式の非対称性

【会話7】から対話のなかに非対称性が推察される。それは建設省側が一方的に「ご説明」し、それ以外の者が質問するという発話の形式に見いだされる。そのような発話の典型例として、「円卓会議」に参加していた河口堰推進派の地元町長と建設省担当官のやりとりを次に取り上げてみよう。

【会話8】第一回円卓会議　一九九五年三月一二日　三重県長島町中央公民館

(地震による河口堰付近の影響を議論しているとき、調査委員である地震研究者は、地震はどこにでも起こるので、長期的・総合的な対策が必要と語った後で。……=中略)

推進側3(長島町長・伊藤仙七氏):それに関連いたしまして率直に町民がこの懸念をもっていることについてお伺いしたいと思います。(調査委員の)先生には、さる講演もうかがいました。いろんなケースがあるということも聞きました。先ほど大きな地震は百年ごとに繰り返すというようなことも聞きました。これがどこに起きるかわからぬ。そういった資料のなかで、この地域は非常にあのぅ参考になる地域だと、言う、おっしゃられましたが、過日、この阪神・淡路大震災で淀川堤防が崩れた現地を見てきました。高水敷、すなわちブランケットの効果は大きいと感じました。我が町も同じようなことが考えられますが、河口堰の運用により……一・三メートルに湛水されたときの、直下型の地震に対する考えを聞かせてください。また、津波に対する対応をお聞かせください。こういうことなんですが、これは私たちの知る限りに伊勢湾のなかで、いつの時代に津波が起きたということもちょっとわかりませんし、今までの体験のなかでは、東海地震、南海地震というこのプレートの原因で起きる地震と、真下で起きるということは想像もいたしませんが、そのような形で、もし建設省の方々につきましても、人間はすぐ極限のことを想定するわけで、こういう問題が出てくるわけなんですが、今日はやはり長島町の地域のすぐそばに河口堰の水を貯める地域があると。こういったことから、これに対する心配が非常に多いんじゃないかというふうに、あのぅ思います。したがいまして、それについての対応が現在のなかで、対応のことを考えておられましたら、ご説明願いたいと思います。以上です。

推進側1：それでは、お答えします。あのぅ細かいことは（推進側4＝建設省中部地建河川調査官の名前）の方が答えますが、基本的な考え方、直下型が、に対する、直下型というか、近傍で内陸型の大きな地震があったという想定というか、これに関しては私ども、先ほども申しましたが、ちょっと繰り返しになりますが、堤防が全部大丈夫だということではなくて、被災を受けたら、これは責任をもって私ども復旧工事をすると。……

推進側4（建設省中部地方建設局河川調査官）：それでは、津波についてお話しさせていただきます。

（さまざまな所で地震が起こった場合、どの程度の津波が長良川に押し寄せるかというコンピュータグラフィックスによる津波のシミュレーション結果を提示する）

したがいまして、これで、その後五七ページ以降に細かく河口堰地点でどうかということを書いてございますが、どの津波が起こりましても、堤防を乗り越えて、その津波が溢れるということはまずないということでございます。まず、その、ええっと伊勢断層で起こった地震だと、堤防は、少し、先ほどのご質問のように、その液状化という問題でいきますと、堤防あるいはブランケットは沈下だとかすると思います。それでも、津波高としては二〇センチ程度ということで、堤防、ブランケットが損害損壊を受けていたとしても、それはその津波が溢れだすということはない。……

まずデータを大まかに見ると、「推進派町長＝質問／建設省側＝応答」という発話上の非対称性が見てとれる。推進派町長は推進派でありながら、質問という形式をとって建設省の立場を問いただしている。建設省担当官は、応答という形式をとって河口堰完成以後の地震や津波に対する対策を説明する。だが、個々の発話のつながりを見ると、推進派町長と建設省担当官のあいだにある非対称性は、単なる形式にとどまらない。特にこの町長は、質問のかたちをとりながら、実際には地震や津波に対する漠然とした「懸念」や「心配」という〈不安〉を表明しているにすぎない。一方の建設省側も、応答というかたちをとった「説明」によって、直ちに町長の〈不安〉を〈解消〉しようとする。つまり、個々の発話のシークエンス（連鎖）から、推進派町長は不安を述べて建設省側の説明を呼び込み、一方の建設省の説明も町長の不安を解消しようとしているように見える。

この〈不安〉―〈解消〉という図式は、町長と建設省側との会話の実際的な特徴として、対話における非対称性を具現化する。もし仮に建設省側が推進派町長の〈不安〉に対して「さあ、どうでしょうか？」などと同じく〈不安〉を伴った質問で返したならば、建設省担当官と町長（当初の質問者）との非対称性は達成されない。

推進派と建設省の対話の場合、このような建設省の「説明」がなされたとき、発話の連鎖は完結する。事実【会話8】の直後、町長は何も発話していない。そのことから、町長が納得あるいは安心したと理解することができる。すなわち、〈不安〉―〈解消〉（そして発話の不在）という図式を会話のなかで協働して実践するからこそ、推進派町長と建設省のあいだの非対称性は維持されるのである。

2・3　パターナリスティックなレトリック

一方、建設省側と反対運動側の発話を見ると、反対運動側は推進派町長とは違って、建設省側と自分たちのあいだに横たわるかかわり方の非対称性に挑戦している。彼らは建設省の説明に代わる、オールタナティブな環境認識・予測を根拠にして、建設省側に質問しつつ不満や不安を表明する。

【会話9】　第六回円卓会議　一九九五年四月一五日　三重県長島町中央公民館

（反対側3は、反対運動側の研究者である。建設省のデータに基づきながら、ゲートの閉鎖により堰下流川底の塩分濃度が上昇して低酸素状態になり、底生生物が死滅したと論証する。これに対して建設省側は、サンプル地点数の不足や気候変動要因の欠如でもって反論する。そこで反対側3は、それならばもっとサンプル数を増やして閉鎖と底生生物の生息との因果関係を明確にすればどうかと問うた後で。……＝中略）

推進側1：あの、調査をするだけではなくて、私どもですね、あのぅさまざまな予測をしておりまして、深掘れ箇所、特にあの浚渫、この長島輪中、桑名等々の、目の前で洪水がスムーズに流れるように、突起物はなるべくないほうがいいということで、浚渫させていただきます。それはもう治水上やむを得ないことだと。そういうところには、深掘れの所には、たしかにＤＯ（＝溶存酸素）が低くなる。ＤＯが、溶存酸素が低くなる可能性があるということも予測しておりまして、調査をするということはもう間違いなく実施いたしますし、それで白黒つけるということじゃなくて、必ずそれはやっていきたい。ただし、それだけではなくてですね、あの私どもＤＯ対策船という、まだこの日本ではそんなに大きな事例、実例がないわけですが、河川区域で私ども初めて、この地域のそういう局所的な深掘れ的な溶存酸素が悪くなるような状況になったときも、河川管理者としては、最大限、酸素を送り込み、そのような地域の環境を守るべく努力はしたいと。それで完璧な、人間のやることですので、自然相手ですので、一〇〇％完全なんてことはとってもできないと思います。しかし、治水上、環境に与えたダメージを極力できる範囲でフォローしていきたいという覚悟でもやっておりますので、よろしくご指導をお願いします。

反対側３（反対側研究者、大学教員）……ＤＯ対策船は、局所的、河川低層部のＤＯの改善を行う、これが建設省のＤＯ船にかけた目的でございます。ええこれは川底全部でございます。これは局所的などといえる代物じゃございません。もしＤＯ船を頼みの綱にされるんでしたら、いったい何台をどんなふうに稼働したら、この低酸素層がなくなるのか。これもきちんと実験されないと、説得力がないわけですね。死んでしまいます、その間に底生生物は。

推進側１：あの、今年一年間、私ども初めてＤＯ船、ＤＯ対策船をつくりまして、実験をやりました。その効果はある範囲で私ども確認しております。これを一台ということじゃなくて複数台、河川環境管理のために私ども用意して、新しい河口堰の運営、運用、新しい河口堰の操作というシステムをこの長良川で作っていきたいと思っております。

まず【会話９】を順に見ていくと、反対運動側の研究者は、建設省による「科学的」データに基づいて堰下流環境の現在について質問のかたちで論争を仕掛けた。このデータ解読作業は、建設省側と反対運動側とのあいだの非対称性を矯正し、両者が「同じ土俵」において「同じかかわり方」で対話する可能性を示している。しかし、建設省側は応答という形式で「ＤＯ対策船」に言及し「河川管理者としては、最大限、酸素を送り込み、そのような地域の環境を守るべく努力はしたい」と語ることによって、堰下流の現在の環境変化をめぐる論争を当該環境の将来へとずらしながら、当の研究者の不満を解消しようとする。

それに対して、反対運動側はＤＯ対策船の効果について不満を表明する。すると建設省側はそれをまた解消すべく、ＤＯ対策船の数量に言及し、「新しい河口堰の運営・運用・操作システム」という、建設省による河川の一元的管理を宣言する。

ここで注目したいのは、建設省担当官が語る「努力」という主観性の語彙である。そのほかにも「自信」「熱意」「誠意」などのレパートリーがあり、建設省側の科学的データという同じ土俵の議論を、いまの時点では何ともいえない「将来」（の建設省の営為）をめぐる議論へすりかえてしまう。論点のすりかえは、反対運動側が建設省側とのあいだにある非対称性を取り払い、いったん同じ地平に立った瞬間に、建設省側が再度非対称性を確立しようとする実践である。よって、これらの不満と説明が繰り返されるだけで、対話はやがて時間的制約のために次の論点に移らざるをえなくなる。

このような「説明」は、時間を浪費するだけでなく「努力」「自信」といった主観的な語で「科学的」議論を覆い隠してしまい、相手との対話から何かを得ようとする可能性を抑圧する。建設省がはじきだしたデータで「堰下流の低酸素状態」がある程度明らかにされた直後に、自らの「努力」をもち出すことは、反対運動からの「苦情を、社会再建のための努力に伴う必然的な部分としてより、むしろ計画そのもののもつ価値への脅迫として取り扱」い（Sennett 1970 = 1975: 8）、内的な首尾一貫性をもつ計画の「純粋性」を防衛する企てである(5)。つまり、この「説明」には「他者性 otherness」（Sennett 1970 = 1975: 40）の入り込む余地がない。

こうして直接対話では、〈不満〉あるいは〈不安〉―〈解消〉―〈不満〉という発話が延々と連なっていく。建設省の「説明」に〈不満〉を述べることで、反対運動側は非対称性を達成させないように阻止し、それを是正しようと努める。そうしなければ、会話を見聞きする第三者に「論破された」と瞬時に判断されてしまうからである。

このように、いかに実際に建設省側が提出した科学的データに基づいて反対運動側が合理的に議論したとしても、両者のあいだの非対称性が解消され、何らかの合意に到達することはなかった。ここには、「反対運動＝質問／建設省＝応答」という発話の固定化が見られる。建設省の説明は、反対運動側あるいは推進派住民であっても、基本的にどんな不満あるいは不安も一律に解消しようとする発話であり、最終的には「努力」「自信」といった主観性の語彙を配置して、論点そのものをあいまい化して議論を終息させる力をもつ。建設省は説明する側として何らかの情報を保持しているようにふるまい、反対運動側あるいは推進派住民とのあいだに対話へのかかわり方の非対称性を確立しようとする。

このような建設省の説明のしかたを「パターナリスティックなレトリック」（温情主義的な言い回し）と呼んでおこう。このレトリックは、建設省側の説明後の「ご理解願いたい」という発話に見られるように、受け手（反対運動側あるいは一般住民・市民）に対して、語られた内容に信頼をおくよう強要する。推進派町長や建設省側は協働してこのレトリックに絶対的な信頼をよせ、これを用いて反対運動側・一般住民・市民との非対称性を維持する。しかし、反対運動側はこのレトリックをいらだちながら振り払い、さらなる不満・不安をぶつけ、建設省担当官とのあいだの非対称性の達成を拒みつづける。こうして延々と〈不満・不安〉―〈解消〉―〈不満・不安〉という会話シークエンス（連鎖）が形成され、建設省と反対運動との対立はますます深まっていくのである。

3　対話を拒む説明と説明を拒むシークエンス

3・1　説明を拒む会話のシークエンス

「パターナリスティックなレトリック」を前に、反対運動側はそれを辛抱強く聞き、それに対してしつこく不満を訴えていったのか。実際の対話を追っていくとそうではない。説明をやめさせるには、それを強固に拒絶するしかない。直接対話として翌年開催された「新しい対話」において、特に長良川河口堰の左岸・右岸に設計された魚道をめぐって、魚類は「遡上する」と主張する建設省側と「遡上しない」と反論する反対運動側の衝突の会話データに目を向けてみよう。

【会話10】第四回新しい対話　一九九六年五月一八日　岐阜県美濃市文化会館

（ゲート操作の方法について反対側から質問があり、建設省の推進側4が説明しているとき、その説明を遮って。……＝中略）

聴衆1：おい、魚の話、魚の話！

聴衆2：わかりやすくして！　オレ、わからんのだわ！

推進側4：え、あの〃

天野氏：（聴衆に応えるかたちで）あのね、（推進側4の名前）さんの目的はね、わかりにくく答えることなんです。この全文議事録は全部国会議員にいくんです。だから建設省は、ちょっとでも反論していないとだめなんですね。……

推進側4：あのぅでも、天野さんね、そういういい方され、なされてですね、ヤラセっていうふうに言うかもしれませんが、われわれ、そういう、何のためにここに来てるのか、われわれの考えも理解していただきたい。一方的に〃

天野氏：理解していただきたいのならば、運用のだん、前にどうしてこういうような集会をね、一九八八年から私たちが要求しているのに（会場：そのとおりだ）真剣にやらなかったんですか。（会場：拍手）

【会話10】で興味深いのは、反対運動側・反対派住民（ほとんどが地元の漁協組合員）が建設省による説明の形式性を指摘する点である。彼らは、何らかの疑問に対して建設省として応答しないと「対話している」という印象を第三者に提示することができないことを熟知している。ここでの反対運動側は、自分たちと建設省とのやりとりから距離をおき、建設省側による一連の対話のかかわり方を分析し、そこから現在の対話のあり方や建設省の説明を拒否している。そのため「不誠実」ではあるのだが、いったん〈いま・ここ〉での対面的コミュニケーションから離脱している。

一方の建設省側は、これに応えて「何のためにここに来てるのか、われわれの考えも理解していただきたい。一方的に」という発話から、自分たちが発言権と発言時間の平等的配分という「対話の原則」に従った「誠実なる対話者」であることを主張している。とくに議論が沸騰して、片方だけに圧倒的な発言権や発言時間が譲渡されたり、発言権のない参加者や聴衆が突然発言したりする場合、「対話の原則」をもち出して平等な討論の場を確保しようと努めることは、正当性があるようにみえる。

【会話10】の反対運動側の発話は「不規則発言」と受け取られよう。なぜなら、会場からのヤジをきっかけに、反対運動のリーダーは建設省担当官の発話に割り込み、聴衆に向かって煽動するように「説明」を拒否するからである。次のデータもそのような会話である。

【会話11】第五回新しい対話　一九九六年一〇月二五日　岐阜県郡上郡八幡町　郡上八幡総合文化センター

（一九九六年六月下旬から七月上旬にかけて河口堰付近でアユの大群が確認されたとき、二日間だけ治水上河口堰のゲートが全開だった事実を建設省と漁師のあいだで確認した後で）

反対側4（地元漁協総代）：だから、釣りのプロの人に言わせるなら、その二日に遡ったアユが七月の上旬に中央あたりまで行っておるというのを、これ、わたしらは気にしております。だから反対に、そのくらい堰が影響しておるってことは、ま、当然建設省のほうも認めてほしいと、いくらい魚道であろう、いくら何匹遡ったんでも、やはりこちらで確認できるほどのアユが遡るにはゲートを全開にしてもらわなけりゃ当然遡らないということなんです。

推進側5（建設省中部地建河川調査官、推進側4の後任）：（沈黙）ええっと、あのぅ魚道のですね、じゃあ遡上状況がどうであったかというのを、ちょっと説明したいと思いますが〃

天野氏：え、さっき説明したでしょ。

推進側5：あのぅもう一度〃

天野氏：もういいです、いいです。（会場：もうええ、ええわ）

ここでも反対運動側と反対派住民は、聴衆とともに建設省側の「説明」を一言で拒絶し、推進側を対話の場から締め出している。このような「説明」の拒絶は、一見すると反対運動側と反対派住民がせっかくの対話を押しつぶしているようにみえる。

しかし、そうではない。もう一度【会話11】を見ると、推進側の建設省担当官は、反対派住民の〈不満〉に出会ったとき、繰り返し〈解消〉のために「説明」しようと試みている。この試みは反対派と聴衆に向けられたのであるが、もしここで反対運動側が建設省側の発言権を容認すれば、おそらく推進側はさまざまな観測データを羅列したり、既発表の報告書を読み上げたりして「説明」を繰り返すであろう。そして、建設省側は何度も説明に固執するだけで、肝心の対話は停滞するだろう。このような事態を察知して、反対運動側は説明を拒絶したわけである(6)。

3・2　対話を拒絶する説明

円卓会議において、反対運動側は新しい対話のように説明を強固に拒みつづけることができなかった。というのも、円卓会議で座長を務める調査委員の学識経験者は、反対運動側が建設省側に向かって「お答えいただかなくて結構です」などと説明を拒否すると、「お互いにそれを言いますと、これ、はっきりいって、賛成、どちらかといえば反対、あるいはクリティカルで批判的な方がおられる。で……やっぱりうまくないと思うんですね」と述べ、対話の原則に従って建設省側に説明を求めるからである。そして説明が再び繰り返される。

このように、反対運動側が「パターナリスティックなレトリック」を拒絶するとき、「対話の原則」が濫用されてしまい、対話の場にふさわしくない「不誠実」な発話者と見なされる。特に長良川河口堰問題の場合、反対運動側は「感情的な環境保護論者」というレッテルを貼られ、彼らの発話は「浮き上がってしまう」。つまり、対話の場において「パターナリスティックなレトリック」は、行政に信頼を寄せ、身を委ねる者（建設推進派）たちが他者に割り込まれないよう、対話の原則を遵守する一方で、他者とのあいだに見えないかたちで何らかの非対称性（落差、権力関係）を確立する。対話そのものへのかかわり方の問題性にふれられることなく、他者との対話を抑圧する「痕跡を消す権力作用」（江原 1988: 29–33; 山田・好井 1991）を行使しているのである。これに対して反対運動側の拒絶は「対話の原則」以上に「対話の公共性」を推し進めようと意図するものではないか。

4　公共事業をめぐる対話の可能性と不可能性

本章では、長良川河口堰をめぐる推進側と反対運動側の会話データを分析しながら、いかにして行政と市民・住民、特に反対運動は対立を深めていくのかを明らかにしてきた。

まず建設省側の「説明」は「パターナリスティックなレトリック」を内包している。このレトリックは、基本的に推進派住民や反対運動側の〈不安〉あるいは〈不満〉を一律に〈解消〉しようとする説明のしかたである。建設省側は、推進派町長による質問と、反対運動側の質問を同等に扱い、それらを一律に〈解消〉しようとするために次々と説明を繰り出す。このような対話に反対運動側は「いらだつ」しかない。だからといって対話を止めてしまうわけにはいかず、建設省側の説明に対してさらなる不満を質問というかたちでぶつけていく。建設省側は最終的には「努力」「自信」といった主観性の言語を配置して、環境にかかわる「科学的事実」に基づいて議論が進行していたとしても、論点を一瞬にして飛躍させてしまう。

このようなレトリックの使用によって、行政側は何らかの情報を保持しているかのようにふるまい、市民・住民とのあいだに非対称性を確立しようとする。一方、この非対称性を拒絶しようと、反対運動側は「パターナリスティックなレトリック」に対してさらなる〈不満・不安〉を表明し、新たな〈不満・不安〉—〈解消〉というシークエンスを生む。こうして行政側と反対運動側の対立は深まっていく。

ここで問題なのは、「パターナリスティックなレトリック」を操る建設省担当官は、形式的には対話をしているようにみえながら、実際には反対運動を拒絶している点である。一連の対話を見て素朴に驚かされるのは、建設省のほうから反対運動側に全く質問しないことである。つまり、建設省側にとって質問の意図に合致して説明できているかどうかはどうでもよい。それよりも、「科学的」データを提示しながら、「公開性」や「平等性」という「対話の原則」をうまくすり抜ければ、あとは自分たちの一方的な「説明」を繰り返しておけばよい。

建設省の対話へのかかわり方自体は、「対話の原則」を遵守しているため、誰も咎めることができない。このような状況で、環境問題の社会学が唱えるような「公論形成の場」（たとえば、船橋 1998a～c)、すなわち対話の場の設定、議論の「公開性」、諸主体の「平等性」を提示しても、環境問題の解決論にとって普遍的な原理原則や価値基準にはなりえない。これらはいま一番求められているのだが、それにはもっと対話場面に踏み込んでいく必要がある(7)。

対話の入口で「他者」を排除するレトリックに、もはやコミュニケーションとしての「公共性」を求めることはできない。にもかかわらず、建設省側は、長良川河口堰を正当化する根拠として、このようなレトリックを使いつづける。ここに収録した直接対話の【会話】を読むと、われわれは「論議平行線のまま」とか「むなしい〝繰り返し〟」と感じる。このような感覚こそ、郡上八幡をはじめとする流域住民が味わった〝もどかしさ〟にほかならない。

だが、ここでの分析はただたんに人々の体験をなぞったものではない。漠然と「行政の硬直性」と呼ばれるものを、「パターナリスティックなレトリック」と名づけ、それが生成し維持される会話メカニズムを特定化することができた。このような試みは、冒頭で述べた反対住民が官僚・行政機構と向き合う際に感じるもどかしさに迫るだけでなく、一般に公共事業をめぐって行政と住民が対話によって自然破壊や環境問題を解決しようとする際、両者の対話のあり方に再考を促す。

行政と市民・住民が対話によって問題を解決しようとするならば、お互いが「パターナリスティックなレトリック」をもち込まないという相互了解が必要だろう。このようなコミュニケーションの実現はむずかしいと思われる。しかし、公共事業をめぐる交錯論的アプローチは、具体的な「他者」どうしが直接向かい合う場面そのものに公共性を見いだし、状況に埋め込まれた対話の戦略を掘り当てる可能性をもつ。それは、当該の環境問題における「公論形成の場」の豊富化・充実化という課題に具体的なヒントを与えることができるだろう。

注

(1)「河川法の一部を改正する法律」第一条（大蔵省印刷局 1997: 24）を参照のこと。

(2) 建設省河川局のホームページ「『河川法の一部を改正する法律』について」の「河川整備計画（具体的な整備の計画）」に関する概要（建設省河川局 1997）より。二〇〇一年四月二六日取得。

(3) 国の財政危機を背景に公共事業の見直しが多少とも前進し、一九九七年には河川法も改正された。現時点の河川行政から見ると過去の政策に位置づけられる長良川河口堰問題、とりわけ行政と反対運動のディスコミュニケーションをわざわざ取り上げる意義はどこにあるのだろうか、と疑問に思われるかもしれない。

たとえば、環境問題の社会学を研究する帯谷博明は筆者（本書第6章の初出論文、足立 2002）に対して、「足立の議論では長良川河口堰問題（円卓会議）という事例の位置づけや代表性についてはほとんど何も語られておらず、一九九五年当時のこの事例が、今日の『公共事業をめぐる環境問題や環境政策を捉える』上で、どの程度妥当性や有効性があるのかは議論の余地がある」（帯谷 2004: 304–5）と指摘した。帯谷は河口堰反対運動の特性を、一九八〇年代後半に出現する「対決型・阻止型の運動スタイル」（帯谷 2004: 72）をとる「ネットワーク型」（＝第三期）と位置づけ、一九九〇年代後半に現われた、行政に対案を提示する「オールタナティブ型」（＝第四期）と区別する（帯谷 2004: 64–75）。そのうえで環境運動の「セカンド・ステージ」を行政と市民セクターが協働して環境政策を策定する段階として、その実現の条件を、近代科学に基づく「対抗的専門性」とは別形態の「もうひとつの専門性」に求めている（帯谷 2004: 291）。このような研究は、今後の河川行政と環境運動のあり方を展望するうえで、意義深いものであるだろう。

しかし、先に述べた帯谷の問題関心からはやむをえないことかもしれないが、語りやリアリティを主題にした本書の立場からすれば、このような研究は直接対話がディスコミュニケーションに終わった結果から振り返り、長良川河口堰問題を「セカンド・ステージ」より以前の段階に位置づけている（帯谷 2004: 132）。しかし、これから対話に臨む当事者はむしろ、E・ゴフマンを引き合いに出すまでもなく「何が起こるかわからない」対面的相互作用場面で、いかに相手を説き伏せるかに最大の関心を払っている。このような当事者の視点を前提にしながら、環境問題の社会学における解決論として対話のあり方を模索するのが、筆者の問題関心なのである。

筆者からすれば、わが国において最初の官僚・行政機構との対話を実現した長良川河口堰問題は、公共事業をめぐる住民・市民参加を考えるうえでたえず立ち返るべき「原点」である。というのも、たとえ「セカンド・ステージ」が実現したかにみえる状況においても、ディスコミュニケーションの会話メカニズムがたえず「息を吹き返す」からである。残念ながら現在でも、ある種の「バックラッシュ」をわれわれは目の当たりにする。たとえば、国土交通省による「淀川水系流域委員会」の意見書の無視などがその例である。すなわち、現在の河川行政は「ファースト・ステージ」と「セカンド・ステージ」のあいだを振り子のように揺れ動いているのだ。そういった緊迫した状況において、本書において長良川河口堰問題を取り扱うことは、今後の河川行政を後退させないための教訓として、色あせてはいない。

（4）「非対称性」という概念は、エスノメソドロジーや会話分析全般においてよく用いられたが（たとえば、西阪 1996; 山田 2000; 好井 1999 など）、実際のところ明確な定義づけがされぬまま、「いささかあいまい」（山田 2000: 110）である。なぜかといえば、初めから非対称性を明確に規定してしまうと、そのような概念規定によって「会話をすることによって何かを実践する」という発話行為の豊饒さが覆い隠されてしまい、会話を分析する意味が損われるからである。これをできる限り避けるために、本章では非対称性を「会話する二者関係のあいだにある何らかの落差」とあいまいに定義しておきたい。

もちろん、本章のようなテーマで非対称性という概念を用いる場合にも、建設省側と反対運動側とのあいだに展開する何らかの「権力現象と無関係ではない」（西阪 1996: 48）。そこで、非対称性という概念を規定するときに「権力」の意味合いをもたせて定義することは可能かもしれない。特に、対話がなされる以前に注目すれば、すでに建設省と反対運動とのあいだに圧倒的な落差（権力関係）があると想定できるわけだから、本章でも実際の会話を分析する前から非対称性を明確に定義することができるのではないか、と。

しかしながら、たとえば「反対する会」の天野氏が運動のニュースレターで「円卓会議は、私達に与えられた最大のチャンス」（天野 1995: 1）と訴えかけるとき、対話の場それ自体は「対話の原則」を適切に管理・運用しさえすれば、建設省側と反対運動側のあいだに何らかの落差（＝権力関係）は存在しない、つまり両者とも「対等」なはずであった。にもかかわらず、対話につれて両者のあいだに何らかの落差が生み出され、溝が深められてしまう。この過程にどのような会話メカニズムが働いて「権力的なもの」が発生するのだろうか。本章ではこのような「微細な権力」を問題にしている。したがって筆者は、非対称性概念をあらかじめ明確にするよりも、あいまいなまま会話データの解読に当たっていき、そのような権力のあり方を見きわめていくほうが、両者の対話の最中に発生する「微細な権力」をとらえるうえで生産的だと考えている。

（5）立石は、河口堰問題の分析に際して「新しい知見が出てきて、問題の展開に影響を与える」（立石 2007: 104）という科学観から科学の自律性や知見の制度化を強調する傾向があるため、【会話9】のような建設省側の態度を見逃している。その態度とは、当初科学的にふるまいながら、反対運動側が真剣に科学論争に取り組もうとすると、あっさり科学から離脱してデータなしで自らの立場を繰り返すものである。立石の分析枠組みは、このような対話の現場から遊離しているといわざるをえない。

（6）アユやサツキマスの遡上をめぐる見解の対立は続いている。建設省側は河口堰の最新型魚道によって遡上を一定量確認できているとして、パンフレット、折り込みチラシ、技術論文、ホームページ、速報・報告書などで個体数の遡上データを逐一公開している（詳しくは、水資源開発機構長良川河口堰管理所 2010 を参照のこと。これらデータのまとめとして国土交通省中部地方整備局ほか 2006 がある）。これに対し反対運動側は、河口堰運用直後から反対派研究者や流域の漁協組合員とともに「長良川監視委員会」を発足させて「長良川ＤＡＹ」をはじめとするシンポジウム、集会、ホームページ、学術論文において、アユやサツキマスは激減したと反論してきた（詳しくは、長良川河口堰建設をやめさせる市民会議 2000 を参照のこと）。まとまった研究としては、長良川河口堰モニタリング調査グループほか（1999）、長良川河口堰建設をやめさせる市民会議（1999）、村上ほか（2000）がある。これらを根拠として、反対運動側は河口堰ゲートの全開をいまも要求しつづけている。

岐阜県によれば、長良川水系のアユの漁獲高は河口堰運用前の一九九〇年度約一千トンであったのに対し、本格運用時の一九九五年度に一気に約四〇〇トンにまで落ち込み、二〇〇五年度は二〇〇トン弱、二〇〇九年度は三〇〇トン台と激減した。サツキマスは、一九九三年度の二〇トン台から二〇〇九年度には一〇分の一の二・二トンまで落ち込んでいる（『中日新聞』二〇一〇年五月一八日岐阜版朝刊）。

その一方で、反対派研究者の粕谷志郎が岐阜県のデータをもとにまとめた一九八二〜二〇〇五年度のアユ放流量は、一九九〇年度の三〇〇トン台から一九九五年度には五〇〇トン台へ一気に増加し、それ以降四〇〇〜五〇〇トン台のあいだを推移している（粕谷 2009）。これらから、一九九五年を境に全体の漁獲高と放流量のあいだに逆転が起き、いかに天然遡上のアユが激減しているかがうかがえる。すなわち、河口堰運用以降、長良川は〝釣り堀〟化しているといえよう。

（7）序章で述べた構造論のアプローチからすれば、「パターナリスティックなレトリック」が対話場面で繰り返し登場するのは、対話の前提として大規模公共事業の「経済的・財政的利害」が絡んでいるからだと言うだろう。コミュニケーション分析だけでなく、そのようなレトリックを生成する構造的要因も重要ではないか、と。しかし、ここで構造的要因を認めるとすれば、その一方で、なぜ建設省は「急に」利害を超えて反対運動側に歩み寄り対話しようとしたのかがわからないままである。対話の前提を説明する際に「利害」をもち出すのならば、「なぜ建設省は急に対話によって歩み寄ろうとしたのか」も同時に説明しなければならないだろう。

つまり、建設省側が構造的に優位な立場であるならば、わざわざ対話の場に出てくる必要もなく、事業を強行するという選択肢がありえたはずだ。そのような選択を建設省がとれなかったのは、「反対する会」のリーダーが実践した運動戦略にあると考えられる。たとえば前章の経過でもふれたように、反対運動と建設省との対話の前には、必ず天野氏が「ハンスト」や「船上スト」を楯に対話のチャンネルを開いたという事実がある。このことは、誰でもハンストさえすれば可能になるわけではない。前章で詳述したように、有名人を起用した天野氏のユニークな運動戦略が対話を開いたという社会運動論として解明すべき事実が存在している。建設省が対話路線をとらざるをえなかったのは、ときに反対運動側が主導権を握りつつ展開する、建設省とのあいだの相互作用過程が関係しているのではないだろうか。つまり、相互作用過程それ自体が構造的要因をいったん無化する力をもつと考えられる。

第8章　運動の分裂と自己正当化の語り

――住民のカテゴリー化による微細な抵抗

1　地域社会の軋轢

1・1　軋轢と分裂

一九八九年の長良川カヌーデモ、一九九〇年の建設省前デモなど、当初の長良川河口堰反対運動はユニークな運動スタイルの「新しい文化＝政治運動」として「カーニバル」の様相を呈していた（毛利 2003）。郡上八幡の釣り師たちも、一九八八年秋に天野氏の呼びかけに呼応して「長良川水系・水を守る会」（以下「守る会」）を結成し、週末には東京をはじめ大都市圏でのデモや集会に参加し、全国の「川の遊び人」たちとともに、反対運動に〝燃えた〟という。

ところが、反対運動が都市部の示威的＝文化的行動から脱却し、長良川流域で何らかの政治的な実行力をもとうとしたとき、地元住民とは無関係に、「民主主義」「自由・平等」「環境保護」などをラディカルに強調するようになっていく。このような近代市民社会の普遍的な価値を掲げる反対運動は、地元に住む河口堰推進派はもちろんのこと、これまで地道に運動を担ってきた反対派のあいだにも軋轢を生じさせることになった(1)。

反対運動が郡上八幡の地元住民にもたらした軋轢とは何か。それは、天野氏をはじめとする全国の河口堰反対運動のネットワークが河口堰建設を止めるための一戦略として「守る会」から八幡町長選挙の候補者を擁立し、会全体として一九九三年一二月の町長選を戦うよう要請したことに端を発する。このとき候補者として名前があがったのは、天野氏と行動を共にし、当時「守る会」の会長であったP氏(三〇歳代後半、男性、会社員)だった。「守る会」の内部ではP氏を町長選挙に担ぎ出すかどうかで意見が分かれ、会は一九九三年六月に分裂する。

1・2　郡上八幡における長良川河口堰反対運動

本題に移る前に、郡上八幡における長良川河口堰反対運動がどのような活動を行ってきたのかを概観しておこう。

郡上八幡での運動の盛り上がりは一九八八年に遡る(2)。このまちの住民は幼い頃から川に慣れ親しんでおり、関心の的は釣りであった。河口堰建設によってアユやサツキマスといった天然魚が減少し、長良川の水質悪化に拍車がかかるのではないかという懸念がわき起こった。そのとき、天野氏が地元(＝八幡町市街地区＝旧八幡町)(3)の人々に反対運動の組織化を呼びかけた。そこで、一九八八年地元の有志たちが「守る会」を創設し、活動の拠点を地元においた。「守る会」発足によって地元の河口堰建設反対運動が本格的に始動することになった(4)。

当初「守る会」には会長職がなく、事務局長のみをおいていた。この会内部のインフォーマルなグループは、フィッシング・クラブの仲間と、スナックの常連の二つだった。スナックは地元で「釣り名人」として知られ、「町衆」の一人に数えられるQ氏（七〇歳代前半、男性、商店主、故人）の家族が経営する店だった。

フィッシング・クラブの会員はイベント志向であり、発足当初の「守る会」の中心的活動は、さまざまなイベント（シンポジウムや講演会など）を企画・実行することであった。しかし、当時の天野氏が長良川流域の「釣り名人」としてQ氏を前面に押し出したために、Q氏派がやがて会の中心になっていく。Q氏派のP氏が二代目の事務局長に就任し(5)、後に会の会員たちが推挙し、P氏は会長に就任する。ここで初めて会長職ができる。

全国の河口堰反対運動のなかで「守る会」の注目すべき点は、その活動内容にある。一九九〇年「守る会」は「漁協補償金拒否署名」活動を実施する。水資源開発公団からの漁業補償に対して、八幡町が属する漁業協同組合の有志だけでも補償金の受け取りを拒否して「河口堰建設反対」の意志表示をしようというものであった。また一九九一年、会は「長良川河口堰建設の一時中止を求める決議を要請する請願」とその「請願」に賛同する八幡町有権者過半数の署名を八幡町議会に提出する。

この活動では「守る会」が中心となって他の地元の反対運動と連携をとり、長良川流域の市町村で唯一有権者過半数の署名を集めた。このとき、俳優の近藤正臣氏も「人寄せパンダ」としてこの活動に協力した。結局、この請願は一九九一年六月二八日の八幡町議会において不採択になり、これ以降も町政は「河口堰推進」を掲げる岐阜県に追従して、何らかの目立った動きを示すことはなかった。会の存在はマスメディアに大きく取り上げられ、河口堰建設反対の象徴的運動としての位置を獲得していった。もちろん会はマスメディアに受ける活動ばかりではなく、町民に「河口堰建設反対」の立場を理解してもらうために地域奉仕的な活動も行った。ほぼ月一回ペースで地元付近の長良川本・支流を清掃する「川そうじ」や「魚の観察会」（特に「サツキマスの産卵を観る会」）を実施した。

このような「守る会」の活躍に対して、全国の反対運動の関係者は、天野氏の意向と地元の活動が非常にうまく噛み合っていると評価した(6)。また、天野氏と地元や隣接する町村に住む一五名ほどの実行委員たちとの結束があったに違いないと見ていた。

全国から注目され、地元への奉仕活動も地味ながら軌道に乗り、「守る会」の活動は一見順調にみえた。ところが一九九三年六月、「守る会」は町長選出馬問題をめぐって二つのグループが対立し、選挙反対の「守る会」と選挙賛成の会長P氏が中心となった「郡上八幡・清流カレッジ実行委員会」（以下「カレッジ」）に分裂した。

2　「守る会」分裂の経過と当事者の語り

2・1　分裂とその後の経過

選挙賛成派の語りと反対派のそれとの共通する部分を要約しながら、「守る会」分裂の事実経過を押さえておきたい(7)。分裂ばなしは一九九三年二月頃に遡る。これは天野氏が建設大臣と会見を果たす約一年前、第一回円卓会議の直接対話の約二年前の出来事であった。

かねてから八幡町長選を「長良川河口堰建設反対」を表明するチャンスと考えていた天野氏は、一九九三年二月二七日、東京のイベントでＰ氏に町長選出馬を要請した。それを受けてＰ氏は、若手が集まる「守る会」実行委員会において会全体の方針として同年一二月の町長選挙にどのようにかかわるかを議題にした。Ｐ氏の語りによれば、当初町内に住む人物を擁立しようと考えていたが、適当な人材がいなかったため、彼自身が選挙に立候補する決意を固めていったという。

その一方で、実行委員会は計四回開かれたが、出馬をめぐって賛否両論が入り乱れ、結局結論は出なかった。四月二九日、年一度の定期総会の席で、Ｐ氏は一九九三年度の活動計画に「八幡町長選挙を我々の政治参加の第一歩とする」と提案する。この提案は、地元に住む実行委員たちに反対されたが、「選挙戦を積極的にとり組む」に修正されたうえで出席者全員の了承を得るに至った。しかし、その後いっこうに会としての結論が出ない。そこで、五月四日の五回目の実行委員会において、次回の実行委員会で多数決によって結論を出すことを全員で了承する。五月一一日の六回目の実行委員会において、一三票中一票差で選挙賛成に傾いた。

その後、地元に住む選挙反対派が多数決に際し「不正があった」として結果の無効を訴え、選挙賛成派と反対派のあいだで再びもめる。このような状況で、Ｐ氏は選挙に賛成する実行委員たちとともに「守る会」を脱退し、六月一日別組織を立ち上げた。ここに「守る会」は分裂したのである。

この分裂後、両派は次のような経緯をたどって現在に至っている。まず選挙賛成派は、一九九三年一二月投票の町長選挙にリーダーであるＰ氏出馬を最終的に断念する。その理由として、①天野氏によるロビイング活動との関係で、当時与党だった日本新党を中心に「来年度の河口堰予算を凍結する」動きが出てきたので、このような時にひとつでも負ける選挙はできなかったことと、②地元で選挙母体をつくれなかったことをあげている(8)。つまり選挙賛成派は、全国運動の方針に合わせていたといえる。たとえばＰ氏は、一九九四年の河口堰試験湛水に反対する船上ストライキに天野氏と共に乗船していた。

同時並行して、賛成派は自らのグループを「カレッジ」と名乗り、一九九三年九月から、郡上八幡の自然を舞台に環境教育の市民講座を開催する。この講座は、一般市民向けに、毎年度ごとにひとつのテーマで年数回、環境について著名な政治家・思想家・研究者による講義と地元のボランティアによる野外体験学習をセットにしたものである。このカレッジはもともと天野氏の発案であり、開始時点では、Ｐ氏が町長選に出馬するための宣伝という意味合いもあった(9)。だが賛成派は、河口堰反対といった対決型運動ではなく、あくまでもソフトな環境教育型運動としてカレッジを続けた。

一九九八年以降カレッジは開講されず、グループとしての活動も行われなくなった。Ｐ氏は勤務先である地元企業の新事業として、カレッジでのノウハウを活かした自然体験型プログラムを提供し、子どもたちへの環境教育を実践している。

一方、分裂直後の選挙反対派は、天野氏と別行動をとる各地の河口堰反対派と連携をとりながら、反対運動を続けていた。岐阜市内にある「反対する会」の事務局からは河口堰反対運動の情報がつねに伝えられており、一九九九年には「長良川ＤＡＹ」において、物販ブースを出店するまでに関係の改善が見られた。また地元においては、分裂時と同様に政治にかかわることなく、設立当初から行ってきた「川そうじ」や「サツキマスの産卵を観る会」を継続してきた。特に「観る会」では、分裂前の一九九

写真８・１　サツキマスの産卵を観る会
（八幡町吉田川，1994 年 10 月 23 日撮影）
水中に仕掛けたビデオカメラの映像を見守る「守る会」会員たち。貴重な産卵の撮影に成功した

二年に水中ビデオカメラで貴重な産卵シーンの撮影に成功していた。一九九三年七月、この映像がＮＨＫ『生きもの地球紀行』で放映された。

これを機に、会は外部資金の助成を受けながら、外部の研究者を招いて「サツキマス・フォーラム'95」を独自に開催した(10)。その後も環境団体としての実績から、地元の小学校などの依頼を受けて環境教育の授業を行うかたわら、河口堰問題だけでなく、長良川上流域のダムやスキー場開発問題にもかかわりつづけている。

２・２　賛成・反対両派に共通する語り

一九九三年の分裂時に話を戻そう。選挙賛成派の主張はこうだ。いままでの運動の成果から、八幡町の有権者は「河口堰建設反対」という意志をもっている。だから、このチャンスを活かして町長選に出るべきだ、と。一方の選挙反対派の主張はこうだ。いままで華々しい活動をやってきているが、町長選と河口堰反対運動は別である。「河口堰建設反対」という争点だけでは町長選を戦えない。仮に出ても町民の関心を引かずに負けるだろう。負ければ、河口堰建設推進派の人々に「いままでの活動は何だったのか」と批判されてしまう。だから選挙には手を出さないほうがいい、と。

とめどもなく流れ出る双方の自己正当化の語りのなかで、フィールドワークを始めたばかりの筆者は途方にくれるばかりだったが、しばらくして一見ばらばらにみえる賛成／反対両派の語りのなかに、共通するひとつの語り方があると気づいた。たとえば、選挙に賛成するＰ氏は、反対派の人々がなぜ選挙に出ようとしないのかという動機を分析している時に、次のように語った。

【語り２】　一九九三年六月二一日

Ｐ氏：やっぱり、そのぅ選挙するほうからしてみれば、この選挙で河口堰を止めるとか、上流の開発を止めるとかいうね、目標を掲げてやるわけだから、そのぅいろんなしがらみとかね、ぐるみ選挙のなかで苦い思いをこのまちで経験したなかで、それは世間知らずだと、世間知らずでもあるし、自分たちの力量からいって保守的なこういうまちのなかでそれをやるのは冒険主義的というかなぁ、突飛すぎるというような意見があったわけで、うん、だからやっぱり、そのへんはぼく自身、このまちで生まれたんだけど、長いあいだ都会というか、行っていて、そのあたりのこう古いしがらみなんか、あんまりどちらかといえば左右されずに考えるタイプだから、そのあたりの違いも出てきたんかなと思うんですけど、長いあいだここに住んでて、ほんと川が好きで、この暮らしが好きで、という人たちにとってみれば、「あの気持ちはわかるんだけど、ちょっとそれはやりすぎで、ついていけない」っていうね、ことだろうと思うんですけどね。

ここで注目したいのは、「長いあいだここに住んでいる」人々は地元の「古いしがらみ」を配慮して選挙に参戦することができないが、「長いあいだ都会」に「行ってい」たP氏はそれに配慮することなく選挙に出馬することができる点である。

同じような語りは選挙反対派からも聞き取ることができた。選挙反対派の事務局長であるR氏（三〇歳代後半、会社員、故人）は、このまちの河口堰反対運動のやり方に言及して、次のような語り方をした。

【語り3】　一九九三年六月二二日

R氏：うん、やっぱりそうやってね、顔を見せてればね、ちゃんと話してれば、あのぅ理解されてきますよね。河口堰の運動やってるんで、やっぱり表向きはね、いい顔しても、陰では「あれはまずい」って言っているかもしんないけれども、そうやっていっつも常識的なつきあいのなかでいつもそういうことを話していればね、潜在的にこう「やっぱり（河口堰建設は）悪いのかな」っていう部分もあるしね。特にこのまちはそういうところ抜きでは、根回しっていうかね、抜きではぁだめぇです。田舎は特に、あのぅすごく先鋭的にこうね、えらくなっちゃって、上のほうだけでね、「反対」「反対」って言ってるだけでは、その土地土地の考え方がある、まず、それを。これが東京や大阪で、ま、近所づきあいくらいはあるけど、それこそ、ここって、この市街地中ね、ぼくまぁわりと飲みにいくの好きだし、そのときもまあ、コミュニケーションとれるというふうに思っているし。

ここでR氏は、①【語り２】のP氏とは異なり、「しがらみ」と同じようなものを「常識的なつきあい」「根回し」「土地土地の考え方」と肯定的に表現しつつその存在を指摘しており、②「東京や大阪」とは違って「このまち＝田舎」の人々は「常識的なつきあい」を実践しなければうまく物事が運ばないことを告げている。

ここで【語り２】と【語り３】をまとめると、こうなるだろう。ここ（このまち）に住むことは「しがらみ」に拘束されるが、（一時的であれ、永久的であれ）ここに住まなければ「しがらみ」から自由である。「ここに住んでいる人」（「地元民」「土着層」「旧住民」「永住者」）は「しがらみ」に拘束されて簡単に選挙に出ることができないし、「ここに住んでいない人」（「よそ者」「来住者」「新住民」「帰郷者」）は「しがらみ」から自由であるために、いとも簡単に選挙に出て自分の意見を自由に発言できるのだ。このような語り方をもとに、彼らは最終的に「運動の分裂」というトラブルの原因は「ここに住む人」と「ここに住んでいない人」の違いであると結論づける。

このような一連の語り方は、郡上八幡だけに限られず地域社会の現場でよく流通しており、多くの人々にリアリティがあるだろう。このような語りを「カテゴリー化の遂行」と呼ぼう。そして研究者も、現地の人々の「ここに住む人」や「ここに住んでいない人」というカテゴリー化に則って、両者の生活条件や行動パターンを類型化して記述・分析するだろう(11)。そのうえで「ここに住む人」に保守する者を、また、「ここに住んでいない人」に変革する者を理論的に投影させていくのである(12)。

しかし、ここで探究すべき別の主題がある。それは、運動の成員たちのカテゴリー化を前提にして記述・分析する以前に存在する、軋轢や分裂のなかの特定の微細な言説実践――そもそもいかにして「ここに住む人」あるいは「ここに住んでいない人」というカテゴリー化を可能にするのか――が立ち現われてくる。本章ではこのようなカテゴリー化を社会学的説明の「資源」としてではなく、それ自体探究すべき「トピック」(Zimmerman and Pollner 1970)として扱っていこう。というのも一般に、軋轢や分裂のなかで「自界/他界」(鳥越 1997: 27-8, 37, 88)を形成するうえで「自分ら/あいつらはいったい何者なのか」というカテゴリー化の遂行がきわめて重要なメルクマールになってくるからだ。

本章では、いかにして選挙反対派の成員たちは対立する人々を「ここに住んでいない人」というカテゴリーに押し込めていくのか、またその際にどのような実践を行っていくのかを明らかにしていこう。

3 例外の出現

【語り2】と【語り3】に立ち返ることにしよう。

語り手たちの言う「ここ」や「このまち」とは、具体的に旧八幡町(=八幡町市街地区)をさす。特に選挙反対派の成員たちは「この旧八幡町に住んでいる人は選挙をやらない」という言い回しをよく使った。Q氏をはじめまちのなかで「町衆」と呼ばれ、選挙に反対する頑固な世話人たちと、彼らにある程度従っていく若手実行委員たちとのやりとりから、筆者はこの運動がこのまち独自の意志決定システムを保持しているのではないかという仮説を抱くようになった。選挙反対派の成員たちが「旧八幡町に住んでいる」という属性をもつことから、「旧八幡町/旧八幡町以外」という居住地の地理的範域を根拠として、こうした仮説は支持されるように思われた。

また、選挙に反対するのは「このまちに住んでいる人」というカテゴリー化が可能ならば、選挙に賛成するのは「このまちに住んでいない人」とカテゴリー化することも同時に可能であるはずだと筆者は考えた。こうした思い込みは、先に述べた環境社会学や地域社会学による住民の類型化とほぼ重なるものであろう。そして、このまちに住んでいる人が選挙反対、このまちに住んでいない人が選挙賛成であるのは、前者が「しがらみ」に拘束され、後者がそこから自由であるからだと推測された。

しかし、選挙反対派の成員たちが言うように選挙賛成派のすべてが「旧八幡町以外に住んでいる人々」ではなかったことが、両派の成員たちへの聞き取りを繰り返すことによってわかってきた。たとえば、選挙反対派のR氏は次のように語った。

【語り4】

R氏：選挙やるっていう人はほとんどいない。……ほとんどというか、このまちの人は、旧八幡に住んでいる人は、P以外は誰もやんないと、それが現実なんですよ。

ここで注目したいのは、【語り4】のR氏がいったん「旧八幡に住んでいる人」には「選挙をやるっていう人はほとんどいない……誰もやんない」と発話するにもかかわらず、ただし「P以外は」と注釈をつけている点である。P氏は明らかに旧八幡町に住んでいるにもかかわらず、選挙に出馬することになっている。ということは、P氏の存在は【語り2】と【語り3】の「旧八幡町に住んでいる人＝しがらみに拘束＝選挙反対」という語り方と矛盾するのではないだろうか。流通する語りのなかに「P氏」はどのように位置づけられるのだろうか。

このような素朴な疑問を解決していくために、筆者はその後の聞き取りにおいてもP氏と選挙賛成派の主要な成員であるS氏（三〇歳代後半、女性）がどのように位置づけられるのかを再度確かめようとした。次に紹介する筆者の問いただしは結果的に、この分裂の当事者たちに環境問題や環境運動についての支配的な語りと、そこにうまく位置づけられない人物とのズレに注日させることになった。ここでは特に「旧八幡町に住んでいる＝地元住民」とされる選挙反対派の成員たちがこのようなズレをいかに埋めようと説明するのかに注目してみたい。

4 「あいつはここに住んでいない」という語り

4・1 例外を説明するカテゴリー

では具体的な会話データを提示しつつ、調査者（筆者）の再確認作業のなかで、運動の成員たちはいかにして例外について説明するのかを検討していきたい。ポイントは選挙賛成派で「旧八幡町に住んでいる」とされるP氏とS氏の処遇である。

筆者の聞き取りにおいて、選挙反対派の二人の成員（T氏＝四〇歳代前半、U氏＝三〇歳代前半。いずれも旧八幡町在住、男性、自営業）は、選挙といままでの活動とは別であると述べた。その後、P氏がなぜ町長選に出馬するのかを詮索していく際に、出馬を要請した天野氏とのつながりのなかで、P氏がカリスマ的になっていったのだと主張する。その後に、次のような発話が続いた。

【会話12】一九九四年二月一五日

（元会長であるP氏がだんだんカリスマ的になってきたと語った後で。＝掛け合い）

T氏：そう、性格っていうか、その、彼も、まあ学生時分も、どうもおとなしいっていうかガキの頃もね、おとなしいタイプの人らしいし、ずっとこっちで青春過ごいた、（U氏に向かって）どこにおったんかえ？　あの人。

U氏：なんか知らんけど

T氏：＝ちょっと

U氏：＝半分おらんし、地元、ほとんど地元の人間じゃないっちゅうたらあれかしらんけど、半々くらいやないの、Pくんは。

（その後、旧八幡町に住む自分たちと選挙賛成派では運動のやり方に違いがあることを指摘しながら、分裂の事実経過が語られた）

ここで特に注目したいのは、U氏の「半分おらんし、地元、ほとんど地元の人間じゃないっちゅうたらあれかしらんけど、半々くらいやないの」という発話である。この発話はT氏の「どこにおったんかえ？　あの人」に対応しているわけだが、ここでなぜ彼らはP氏の個人史、特に転居歴に言及したのだろうか。

それは、旧八幡町に住んでいるが選挙に賛成するP氏の存在が「旧八幡町に住んでいる＝しがらみに拘束＝選挙反対／旧八幡町に住んでいない＝しがらみから自由＝選挙賛成」という語りの正当性を脅かしてしまうからである。そこで彼らは、P氏の個人史（転居歴）を回顧的・遡及的（Kitsuse 1962: 253）に構成しつつ、旧八幡町に住んではいるが「真正の旧八幡人」ではなく『半分くらいの旧八幡人』であるので「しがらみ」に拘束されずに選挙を闘うことができるのだ、とほのめかしているのである。

次に、もう一人の例外とされるS氏がいかに語られるかを見てみたい。ある選挙反対派の成員V氏（Q氏の長女、四〇歳代前半、自営業、故人）は、P氏があまり日頃のつきあいをしないことを述べて、彼が分裂以前の運動においてどのような存在であったのかを語った。その後、次のような発話が続いた。

【会話13】一九九四年二月一六日

（P氏が運動＝「守る会」のなかでどのような存在であったかを語った後で。……＝中略）

筆者：他のメンバーの方ってどうなんですか。まあ、Pさんについていかはった、まあPさんの奥さんは、そういうことらしいですけど、あとの四人の方いらっしゃるじゃないですか、四人か五人くらい、「清流カレッジ」でいかはった人、その方々は、そういうおつきあいっていうか、こちらでお酒飲んだりとか。

V氏：ないな、そういうことはぜんぜん。

筆者：あっそうですか。じゃあもうほんとに「あの人誰」っていう感じなんですか。

Ｖ氏：誰っていうことはないけれども、あの会を、だいたい旧八幡の人間でないもん、みんな。
筆者：あぁなるほど。
Ｖ氏：あの女の子（Ｓ氏のこと）はだいたい運動やるようなタイプやない、芸術家やで、詩人やで、自分の世界やで（笑い）。
筆者：ほぅ、でも詩人の人でも運動はできませんか。
Ｖ氏：できんな。
筆者：あっ、そうですか。
Ｖ氏：（聞き取り不能）
筆者：詩人がやると。
Ｖ氏：詩で訴えりゃええんや。
筆者：反対をね、ふん。
Ｖ氏：うちらと同じようなことはできんがね。詩でうたやぁええんや。
筆者：ああ、なるほどね。Ｓさん、どちらのほうにお勤めなんですか。
Ｖ氏：いま、フリーや。
筆者：あっ、フリーですか。旧八幡には住んでおられるんですか、Ｓさんは。
Ｖ氏：あの子も旧八幡の（地区名）やで。旧八幡やないな、けっこう転々としとるし、学校の先生やで親は。
筆者：じゃあ古くからこちらにお住まいで、というような感じではないわけですか。

V氏：そら小学校（沈黙〇・七秒）こっちで生まれないたんやろうけども。
筆者：じゃあ、あとの方っていうのは、だいたいお一人の方。
V氏：……（残りの選挙賛成派の成員が旧八幡町以外に住んでいることを告げる）
筆者：なんか、すごくあれですね、だいたい、じゃあ、その（いま残った選挙反対の）執行部の方っていうのは、なんか、ちょっと住所拝見させてもらうと、ご住所なんかを聞いたりすると、やっぱり旧八幡の方が多いですね。
V氏：みんなまちなか。

4・2　新たなカテゴリー化の遂行

会話の初めから順を追って見ていこう。まずV氏は、選挙賛成派がみんな「旧八幡の人間でない」ことを語る。筆者の相槌のあと、V氏は「（S氏は）だいたい運動やるようなタイプやない、芸術家やで、詩人やで」という発話をしている。なぜV氏は「みんな旧八幡の人間じゃない」の後にS氏のことだけ、しかもS氏が「芸術家」「詩人」であることに言及したのだろうか。

つまり、こうだ。V氏はS氏だけが「旧八幡の人である」ことを認識していた。そのため、先に発話した「旧八幡じゃない＝しがらみから自由＝選挙賛成」というカテゴリーに基づいた説明と矛盾する。そこで、V氏は「詩人」というS氏の属性を構成し、「詩人／一般の職業」という対立する別のカテゴリーをもち出して「詩人＝自由人＝選挙賛成／一般の職業＝しがらみに拘束＝選挙反対」と説明しつつ、S氏がなぜ選挙に賛成するのかを分析している。このことは、筆者の問い（＝「Sさん、どちらのほうにお勤めなんですか」）に対するV氏の「いま、フリーや」という答えからうかがえる。

次に注目すべき発話は「あの子も旧八幡の（地区名）やで。旧八幡やないな、けっこう転々としとるし」である。ここでV氏は、S氏が「旧八幡の人」、その後すぐに「旧八幡の人でない」と訂正した。ここでなぜ「転々としている」に結びつけられたのか。これは【会話13】のP氏と同じ解釈が成り立つ。すなわちV氏は、S氏が「旧八幡町の人」ではあるが「転々としている」帰郷者であり、この町の「しがらみがよく理解できない人」と位置づけている。つまり、しがらみがよくわかっていない帰郷者だから選挙に賛成するという誤った決定を犯したのだとほのめかしている(13)。

そして【会話13】の最後の部分において、筆者は選挙賛成派の成員一人一人が「旧八幡町以外に住んでいる」ことを聞き取った後、「だいたい、……その（いま残った選挙反対の）執行部の方っていうのは、……やっぱり旧八幡の方が多いですね」という具合に、もう一方の選挙反対派の成員が「旧八幡の方」であると強引にまとめつつ再確認した。それに対して、V氏も「みんなまちなか」と応答することによって支持している。筆者とV氏は協働して「選挙反対＝旧八幡町に住んでいる人」というカテゴリー化を遂行している。

さらに、このS氏をめぐる会話は続く。筆者は【会話13】で登場したT氏とU氏に、選挙賛成派の成員たちがどこに住んでいるのかを問いただすと、一人一人がどこに住んでいるのかを教えてくれた。ほとんどの選挙賛成派の人々は旧八幡町以外であった。その後で次のような会話が続いた。

【会話14】

（【会話12】の続き。ほとんどの選挙賛成派の成員が旧八幡町以外に住んでいることを確認した後で）

筆者：じゃあ、いま残っておられる方（選挙反対派のこと）っていうのは、だいたいもう市街地の方ですか、だいたい、ほとんどが、もう。

U氏：そうやな。

T氏：そうやな。

U氏：そう。

筆者：旧市街というか、あっ、旧市街というか、市街地というか。

T氏：まあ市街地やね。

U氏：うん。（沈黙六・二秒）Sさんは新しいしな、ほとんどこの（分裂の）問題が出る頃入ったんやねえか、どうなんや。

T氏：そうや、ちょい前や、まあそれに近いせんやったけど、この問題に関してはぁ。

ここで筆者は選挙反対派の成員と協働して、運動にかかわる人々を「選挙賛成派＝旧八幡町以外に住んでいる人／選挙反対派＝旧八幡町に住んでいる人」にすんなりとカテゴリー化している。しかしその後、U氏は約六秒間もの長い沈黙に続いて「Sさんは新しいしな、ほとんどこの（分裂の）問題が出る頃入ったんやねえか」という奇妙な語りを発している。

なぜS氏に言及しなければならないのか。それは、S氏の存在が選挙に賛成し旧八幡町に住んでいる

「例外」であるからだ。特に、S氏は旧八幡町（＝郡上八幡）の詩人として全国的に有名であり、「旧八幡人である」と町民に強く認識されているから【会話14】の「選挙賛成派＝旧八幡町以外に住んでいる人」のカテゴリー化が不適切になるのである。うがった見方をすれば、U氏が発した「うん」という発話直後の約六秒間もの長い沈黙は、〈ちょっとまてよ〉という発話者の解釈過程（解釈の一時停止）を表わしているようにみえる。

では、なぜS氏が運動にとって「新しい人である」というカテゴリー化がなされるのか。それは、この会話のなかでS氏の存在が「選挙賛成派＝旧八幡町以外の人／選挙反対派＝旧八幡町の人」という説明の正当性を脅かしてしまい、S氏の存在を先の説明に適切に位置づけることができないからである。そこで、U氏は運動にとって「新参者／古株」というカテゴリーをもち出すことによって、「旧八幡町の人」だが運動に参加して間もない「新参者」は運動について何も知らないから、選挙賛成という「誤った」決定をしてしまうと説明していたのである。

4・3　自己正当化の語り

【会話12】～【会話14】のような会話をした後に、選挙反対派の成員たちは「だから今回の分裂の原因は、旧八幡町に住む人とそうでない人の違いである」と結論づける。ここで本章の冒頭で述べた「語り」は終結を迎える。結局【会話12】～【会話14】の選挙反対派の成員たちは何をしていたのだろうか。

彼らは自分たちの説明を正当化すると同時に、相手方の「わけのわからない」行動をある程度「わけのわかる」ものにしようと説明していたのだ。ただし、彼らはこのような説明に当てはまらない「例外」については、個人史・属性の構成から「帰郷者かどうか」「新参者か古株か」「一般的な職業か特殊な職業か」という新たなカテゴリー化を遂行することによって、最終的には「ここに住んでいない人」というカテゴリーにむりやり押し込めようとしたわけである。

このような「例外」を強引に流通する語りのなかに押し込める実践は、つねに・機会均等に遂行されるとは限らない。たとえば、筆者の別のフィールド・データを参照すれば、選挙反対派の成員たちが言うように、反対派のすべての人が「真正の旧八幡町の人」ではない。そこにはいわゆる「移住者」が含まれており、選挙反対派をリードする役についている。実際、【語り3】の語り手であるR氏がそうである。選挙反対派の成員たちの反応は、「あいつはわかってるんだ」とか「よくがんばってる」と言って「ここに住まない人＝しがらみから自由＝選挙賛成」という説明を（当然のことながら）免責するのである。また当のP氏自身も、筆者の聞き取りのなかで、彼自身旧八幡町生まれで小学生の頃までここで育ち、現にここに居をかまえていることを根拠に「私もここに住んでいる」と主張し、選挙反対派の恣意性にうんざりしているようすだった。

つまり、選挙反対派（一方の選挙賛成派もそうなのだが）にとって説明（語り）が本当に妥当であるかどうかはあまり問題ではない。それよりも、その場その場の関心に応じて自らの立場を正当化するために、ある特定の説明がいつでも参照可能でさえあればそれでよいのである。言い換えれば、説明の〝真／偽〟が問題ではなく、説明が〝維持されるかどうか〟が問題なのである。

5　カテゴリー化の遂行と語りの正当化過程

本章では、郡上八幡に住む選挙反対派の成員は、対立する相手方の成員を、いかにして「あいつはここに住んでいない」というカテゴリーに押し込めていくのか、その際に彼らは、どのような実践を行っていくのかを考察してきた。筆者は自動的に・すんなりとカテゴリー化できない「例外」からこの問いに応えようとしてきた。

地元住民は例外とされる人物の個人史・属性・運動参加の時期などを〈いま・ここ〉において構成する。そして彼らは、それらを根拠にして関連するカテゴリー（「永住者か帰郷者か」「新参者か古株か」「一般的な職業か特殊な職業か」）を随時探し出し・出現させながら、「この人はここに住んでいる人だ」とか「あの人はここに住んでいない人だ」という具合にカテゴリー化を遂行しているのである。そして最終的に、「ここに住んでいる人＝しがらみに拘束＝選挙反対／ここに住んでいない人＝しがらみから自由＝選挙賛成」と説明していくのである。

一般に、当事者によって語られる・半ば常識化した「住民」のカテゴリー化をもとに研究者が類型論を行っていくと、いわゆる「数の論理」に依拠しているために、本章で紹介したような例外を無視しがちである。そのことによって、人々の微細なカテゴリー化から語りが正当性を帯びるまでの過程をとりこぼしてしまう。それでは地元住民の行動を類型的説明の枠内に〝冷凍保存〟してしまう恐れがある。

それに対して本章では、流通する・半ば常識化した語りそのものと、語りからはみ出す例外とのズレに注目してきた。例外を矛盾なきかたちでカテゴリー化しつつ、語りそのもののリアリティや自分たちの正当性を増大させようとする人々は、一般に分裂・問題・トラブルの原因とされている差異化（あいつはわれわれとは違う）をその場その場の関心（ここでは運動の分裂というコンテクスト）に応じて、恣意的に行っているのである。恣意性とは現に住んでいるにもかかわらず、考え方を異にすることで「あいつはここに住んでいない」とカテゴリー化することによって、新しい文化＝政治運動としての河口堰反対運動のラディカルさに対して、ひとつの微細な抵抗を行うことであった。

本章では、「ここに住む人」あるいは「ここに住んでいない人」というカテゴリー化が、たんにニュートラルな事実に対応するのではなく、軋轢や分裂のなかで「自分たちを正当化し、相手方を貶める」（足立 1995b）というミクロ・ポリティクスとしてはたらくことを示した。このことがかつて志を同じくしたよそ者に対する地元住民のもどかしさを表わしており、また、圧倒的多数のよそ者が担う新しい文化＝政治運動に対する、地元住民の対抗手段になっているのだ。

「――たいていの人類学者は、研究の対象である人びとの話す物語のことを文字通りに受けとったために、こちらの軽信しやすい性格が、逆に、未開人の嘲笑のまとになるという経験を持っている。これはちょうど、イギリスで、月に人がいるということを聞いた外国人が、イギリス人は本当にこのことを信じているのだろうと思ってイギリス人に話しかけるというようなものである」（Lienhardt 1956＝1970: 176–7）。

注

（1）「新しい文化＝政治運動」は、初期の示威的段階において、政治的イデオロギーに左右されないユニークさを発揮して「盛り上がる」。しかしそれ以後の段階の運動戦略には、明確なビジョンがないために、当初の文化的ユニークさを徐々に失っていき、既存の政治制度へと取り込まれていく。このような事態を、田中は「ヒューマニズムや科学あるいは民主主義といったモダンの論理の取り込み」（田中 2001a: 345）と指摘する。
　その一方で、毛利は新しい文化＝政治運動のカーニバル性＝柔軟さが運動の弱さでもあると認めつつも、「ひとたびこの文化＝政治運動に関わった世代は、悪い表現をあえて使えば『味をしめて』おり、もはや後に引き返すことはないだろう。そして、ひとつの運動がなくなっても、あたかもモグラたたきのように他の場所で全く別の形式を生み出しては現れるだろう。そのすばやさ、ずるがしこさ、したたかさが、いまどきの新しい文化＝政治運動の強さなのである」（毛利 2003: 188）と論じている。たしかに、そのような「すばやさ、ずるがしこさ、したたかさ」は重要であるが、それが地域社会を巻き込む場合、この運動の一過的な「盛り上がり」がもつ無責任については本章と次章で示すとおり、個々の事例を詳しく追っていく必要がある。
（2）第6章でも述べたが、八幡町には一九八八年以前にも河口堰建設に反対する運動があった。それは、長良川流域の七漁協の連合体が中心となった、漁業を守るための反対運動であった。現在反対運動にかかわる人々は、この漁協の運動を「第一次運動」と呼んでいる。
（3）第1章でも述べたように、地元住民にとって「旧八幡町」とは、一八八九（明治二二）年に合併して誕生した、行政単位としての旧八幡町（＝江戸後期でいう八幡一一箇町と島谷村の範域）ではなく、そこを中心に戦後の町村合併以降も市域として編入された市街地区全体をさしている。つまり、行政単位を規準に旧八幡町を考えれば、必ずしも旧八幡町と八幡町市街地は重ならないのだが、多くの住民のリアリティはあくまでも「旧八幡町＝八幡町市街地区」にある。本書も住民のリアリティに従って議論を進める。

（4）調査時（一九九三年）の「守る会」の会員数は約四二〇名である。その内訳は、世話人六名、実行委員一五名（役職付きを含む）、一般会員約四〇〇名である。一般会員のうち、約一五〇名が岐阜県外に住む人々である。

（5）P氏は、調査時三〇歳代後半の男性で小学生の頃までこの町にいたが、父の転勤で転出した。関西の大学卒業後、書籍販売の仕事に就き、関西の小・中学校を回りながら、現場の教師たちと環境・教育問題について学習した。一九八七年に再び生まれ故郷に帰ってきた。

（6）ただし、全国規模のデモなどについては天野氏がイニシアティブをとって、P氏や実行委員たちに指示していた。

（7）両派の語りを突き合わせるならば、それぞれの事実報告は、筆者のような第三者にはその理由をうかがい知ることができないほど鋭く食い違っている部分もある。その食い違いを中心に、両派がいかにして「運動の分裂」という事実を語るのかを追った論文としては、足立（1995b）がある。運動の分裂をあえてここで報告するのは、次のような理由による。

当初郡上八幡の河口堰反対運動は、天野氏や氏に協力するP氏がマスメディアを動員することによって活発化していた。また一方の天野氏側も、地元とともに活動することによって、地元住民から「よそ者」というレッテルを貼られずにすんだのも確かである。このように、地元と天野氏らの「反対する会」

のダイナミックな相互作用があったからこそ、郡上八幡の反対運動は、全国に影響を及ぼすことができたに違いない。もし地域環境運動を担う人々が、今後このようなダイナミックな相互作用を取り戻そうするならば、分裂という出来事を避けて通ることはできないと筆者は考えている。

（8）一九九三年一二月二三日のＰ氏への聞き取りによる。

（9）一九九三年九月一九日と一〇月三日のカレッジの様子については、梅原ほか（1994）を参照のこと。このとき、各界の著名人が多数来幡し、川に関する講義を行った。

（10）このときのフォーラムの成果は、長良川水系・水を守る会（1998）にまとめられている。

（11）たとえば、Ｒ・Ｋ・マートンの「ローカル」「コスモポリタン」という影響者の類型（Merton 1957＝1961）、鶴見和子の「定住」「漂泊」という分類（鶴見 1983）、長谷川公一の環境運動における「住民運動」「市民運動」の性格づけ（長谷川 2003: 37–9）があげられる。ただしここで言及した研究は、類型化だけでなく、各自の問題関心にそった研究を展開している点において、筆者としても異論はない。

（12）農村社会学における混住化論がその典型であろう。たとえば、二宮ほか（1985）や徳野（1988）を参照のこと。特に徳野貞雄は、地域紛争の原因がどちらかといえば来住者の行動にあると特定している（徳野 1988: 59）。その一方で、環境倫理学において「よそ者」の役割を積極的に評価しているものに、鬼頭（1996: 246–8）がある。

（13）属性にはもうひとつ興味深いカテゴリーがある。たとえば、選挙反対派のＴ氏は隣村在住のＷ氏について次のように語った。

【語り５】（選挙賛成派の成員Ｗ氏が隣村に住んでいることを述べた後）「で、最初の頃は、Ｗという人も『いやぁ両方がもっと話し合うべきだ』っていうようなね、あれもあって、あいだ的なもんがあったんだけども、ま、そっち入っていっちまったと、ま、あの人も労組関係のあれ、あれしてる人やから、まぁ党うんぬんっていうわけじゃないけど、ま、共産党、共産党の人だっていう」。

ここで興味深いのはW氏の処遇である。選挙反対派にしてみれば、彼は完全に行政村としての「隣村に住む人＝ここに住んでいない人」であるから自動的に「選挙賛成」という立場をとるのがわかるはずである。だが彼は、W氏に対して「ここに住んでいない人」にさらに「共産党の人」というカテゴリーをわざわざ上乗せしている。

第9章　「町衆システム」という仕掛け——地域社会の意志決定システム

1　地元住民になる条件

1・1　選挙反対派の抵抗

前章では、わが国における「新しい文化＝政治運動」の先駆けであった長良川河口堰反対運動のラディカルさに対して、郡上八幡に住む選挙反対派の成員たちが、現に住んでいる人々を「住民ではない」とする語りを明らかにしてきた。町長選挙をめぐる分裂過程で、選挙反対派の成員たちは、微細な抵抗を示したのだ。

選挙反対派は語りのレベルにおいて、選挙賛成派の一部が現に郡上八幡に住んでいるにもかかわらず、あたかも住んでいないかのように、彼らの成員性を剥奪している。それはまるで「いじめ」でいう「シカト」にも似たネガティブさを含んでいる。この部分をとらえて、選挙反対派を「保守的」「因習的」「非民主的」と考えることができるかもしれない。

しかし、選挙反対派の成員たちが、エコロジー・ブームを背景にした都市部の河口堰反対運動のネットワークに包囲されながらも、自らが信奉するリアリティに固執しつづけたのには、それなりのポジティブな合理性(1)があったからではないだろうか。これこそが、環境運動、特に「よそ者」とのあいだに経験した〝もどかしさ〟を乗り越えて、自分たちの思いを実現しようとする意志ではなかったか。

今回の運動分裂の原因は、町長選をめぐる意見の食い違いだけだったのだろうか。この問いに応えるためには、〈いま・ここ〉に属する運動の分裂を取り巻く、より大きな地域社会の歴史的コンテクストも視野に入れながら、地元住民の語りやリアリティの〝民俗的色合い〟にまで踏み込んでみる必要があるだろう(2)。

いわゆる「地元住民」であるためには、たんに一定の地理的範域に「住んでいる」だけでは不十分である。そこでは住むことの時間的蓄積が求められるのは、当然である。だが、それよりも重要なのは、地域社会の歴史的コンテクストを前提にしつつ、前章で紹介した「しがらみ」あるいは「つきあい」を踏まえているかどうかである。「しがらみ」や「つきあい」とはどのようなものであるかを明確にすることによって〝これがこのまちにとって正しいやり方だ〟という地域社会の合意形成の仕掛けや意志決定のやり方が見えてくるのではないか。そのようなしくみやあり方を踏まえることで、そこに住む人々は初めて地元住民として認められる、すなわち「地元住民になる」のではないだろうか。

以上のような問題関心から、本章では、これまでの第Ⅱ部の各章を踏まえつつ、地元住民による語りやリアリティから郡上八幡の意志決定システム（やり方）がどのようなものであるのかを、交錯論的アプローチから明らかにしていきたい。

1・2　選挙賛成派の主張

一連の分裂の事実経過を見ると、P氏は会全体の方針として選挙に賛成することを前提に事を運んでいたといえる。では、P氏を中心とする選挙賛成派は、なぜ運動の優先目標を町長選挙への出馬・当選においたのか。

まず八幡町議会への請願と八幡町有権者過半数の反対署名を提出したにもかかわらず、八幡町議会がそれを不採択にしたので、賛成派は署名を背景に町長選を闘い、P氏を町長に就任させれば行政を「上から」変えられるのではないか、と考えた。また彼らの社会的属性を見ると、ほとんどが旧八幡町以外の出身またはいったんこの土地を離れた帰郷者で、年齢も三〇歳代後半に集中している。彼らの職業は、会社員、トラック運転手、自営業、文筆業とさまざまで、いわゆる「ぐるみ選挙」と呼ばれる地域の「しがらみ」から比較的自由な立場にあった。

そこで選挙賛成派は、河口堰反対運動を担うなかで「選挙に出るのは当然の帰結である」と考えるようになった。たとえばP氏によれば、選挙賛成派の運動理念とは意志疎通によるグループの形成→他の人々の啓蒙→陳情・署名といった意志表示→政策決定への参加といった発展的過程であるという(3)。この理念を実践した運動は、まさに環境運動における先進的なモデルケースかもしれない。

だが、このような運動理念は「署名と町長選とは別」と考える、地元に住む「守る会」の実行委員たちに受け入れられなかった。選挙反対派の成員たちの社会的属性を見ると、賛成派と年齢構成はほぼ同じであるが、ほとんどが旧八幡町出身で、職業も個人経営の商店が多い。それについてP氏は、彼らが「ムラの閉鎖性」「田舎の古いしがらみ」に配慮しているのだと分析した（足立 1995b: 80–1）。具体的にいえば、彼らは町長選に絡んで親戚縁者や商売上のつきあいに配慮しすぎているのだと語った。

ところが筆者が聞き取りを重ねるにつれて、選挙賛成派の人々は、反対派は会の「代表世話人」でまちのなかで町衆、長老と呼ばれているQ氏に操られていると説明する。つまり、フォーマルな会長以外に力のある有力者が存在しているというのである。選挙賛成派、特にP氏にしてみれば、このような有力者の存在は本来「平等」であるべき会のあり方や「会員の意志」を無効にする。一部の地域有力者の意向だけが会の意志決定に反映されるという「おかしな」現象が起こっている、と彼らは主張する。

2 「守る会」の意志決定システムと住民の総意

2・1 町衆の権威？

「守る会」には発足当初から会長職以外に「世話人」という役職が設けられている。世話人は全部で六名おり、「守る会」のなかに世話人会という組織が設けられている。特に代表世話人は世話人たちを代表する役職にある。先の有力者とはこの代表世話人であるQ氏をさしている。彼はまちのなかで腕のいい釣り師として尊敬され、また「町衆」あるいは「長老」などと呼ばれ、一目置かれる存在である(4)。たしかに、選挙反対派の人々はこの町衆に「お伺いをたてないと後がうるさい」というように、会の意志で何かを決定するには町衆に相談しなければならないという意識をもっている。

一方、町衆と呼ばれるQ氏本人も、運動全般の意志決定に当たって、正式な会長以外に世話人といった「ボス的存在」（Q氏自身の表現による）が必要不可欠であり、正式な会長以上に権威を保持していなければならないのだと主張する。なぜこのような二つの主体が運動の意志決定において必要なのか。Q氏によれば、正式な会長一人では必ず失言・失策が生まれるので、複数のボス的存在が会長の側についてあらゆる可能性を考慮したうえで意志決定すべきであるという（足立 1995a: 209–10）。

この語りからQ氏自身も旧八幡町における自らの権威を自覚しているのがわかる。ここに至って選挙賛成派は、「守る会」という本来自由で平等な成員による自発的な集まりが、世話人たちを頂点とした地域の権力構造によって崩され、会員の意志が無視されたと主張する。

2・2 意志決定の手続きとしての町衆システム

構造論的アプローチから見れば、この会の意志決定にはたしかに「町衆制」というべき地域の権力構造のヒエラルヒーが影響しているといえるかもしれない。しかし、Q氏と行動を共にする若手の選挙反対派はそうではないと反論する。彼らには、自分たち実行委員がいままで会を運営してきたという自負がある。自分たちで企画を立て、細々した作業をしているのであって、たまにしか来ない世話人の意向にすべて沿うわけではない。若手の実行委員たちは、運動の意志決定にかかわる世話人のさまざまな意向を取捨選択しており、ときに自分たちが「面白い」と思うものを採用するのだという。

また、町長選について若手の実行委員たちがQ氏にお伺いをたてたからといって、直ちに会の権威が一極集中していると結論づけるわけにはいかない。なぜなら若手の実行委員たちは、今回の選挙出馬について複数の世話人（たとえば、かつて革新系町議員だった世話人など）にもお伺いをたてている。その際、どの世話人に相談するかという彼らの選択基準は、その事柄について「専門家」であること、河口堰反対運動に「熱心」であること、の二点である。これら二つのうちどちらかが満たされれば、その世話人にお伺いをたてに行く。今回の選挙の件ではQ氏が二つとも基準を満たしていたので目立ってしまったが、別の事柄では他の世話人にお伺いをたてることもある。

では「会員の意志」を無視しているという選挙賛成派の批判はどうか。これについて選挙反対派は、自分たちこそが地元に住む「住民の総意」を背景にした「会員の意志を反映」しており、選挙賛成派こそが住民の総意や会員の意志を無視していると反論する。

どういうことか。「守る会」では、まず若手の実行委員たちから、何らかの提案が町衆になされる。町衆は、それが「住民の総意を反映」していれば承認するが、そうでなければ「〇〇と思うんだが、おまえたちはどうか」という具合に再度若手に提案する。それを受けて、若手も住民の総意を参照しながら新たな代替案を出してくる。この町衆―若手のやりとりのなかで会員の意志や住民の総意を反映した決定が形成されていく(5)。意志決定をめぐる語りやリアリティが具体的な手続きとして具現化したものを「意志決定システム」とするならば、郡上八幡におけるこのような手続き＝意志決定システムを、本章では「町衆システム」と呼んでおこう(6)。

ここで若手はさまざまな提案をする役割を、一方の町衆は若手から提案されたものを外部からの視線に照らして調整する役割をおもに担っている。だが問題なのは、町衆や若手たちのそれぞれが提案―再提案を行う際に「住民の総意」をどのようにして把握・参照するのかという点である。彼らによれば、それは河口堰反対運動を担っていない旧八幡町の住民との「近接」(7)（＝顔を突き合わせることの積み重ね）であるという（足立 1995b: 82）。具体的には、身近な地元住民との歓談のなかで自分たちの運動の方向性を語り、それについて意見を聞くことができる。このようなやり方で「住民の総意」を推し量るのだ。

ここで推し量られた住民の総意は、本当に総意なのかどうか疑わしい。けれども町衆や若手からすれば、近接が唯一の方法であり、また彼ら自身もこれで「住民の総意がわかる」と述べる。このように把握した住民の総意をおのおのが参照しながら、あるいはお互いのやりとりを通じて、町衆と若手が会の意志決定を遂行する。

写真９・１　郡上八幡春祭りの「守る会」御輿
（八幡町下殿町，1999 年 4 月 17 日撮影，守る会撮影・提供）
各地区で製作した御輿をおもに子どもたちが担ぎ，できばえを競い合う。この年の「守る会」御輿はダエンボと呼ばれる雑魚。左から二番目が筆者

このように町衆システムは、ヒエラルヒー的な権力構造よりも、意志決定の手続きとしての意味合いが強いのである。そして、この手続きを無視することは、会員の意志だけでなく、住民の総意も無視することを意味する。再度繰り返すが、ここでいう「住民の総意」は、本当に総意なのかどうかはわからない。しかし、運動の成員たちがこの手続きを踏むことによって「総意に至る」という意識をもっているのは確かである。つまり、そのように意識したり・実践すれば、彼らにとってそれは「総意」になる。これを無視して町長選に出馬しようと

する天野氏とP氏の行動はあまりにも性急すぎるのである。一方の天野氏とP氏にしてみれば、地元の選挙反対派の意志決定は「ゆっくり」としている。河口堰建設反対運動にとって、絶好の機会に何をもたついているのか、と。しかし、選挙反対派にしてみれば、この話題がもちあがった当初から「じっくり」考えたかったのだという。

たとえば、一九九三年四月の定期総会で会の事業計画として決定した「選挙戦を積極的にとり組む」という文言について、選挙賛成派はこの文言をもって会全体の方針として「選挙賛成」の根拠としたのだが、選挙反対派は「どう考えればいいのかな」という程度であったという。ここには、選挙反対派内部で揺れながらも「町衆システム」に基づいて結論を急がずに文字どおり「じっくり考える」という意図を読みとることができる。この「じっくり考える」というのは、選挙が成員個々人のその後の生活に大きなインパクトを与えるがゆえに、「町衆」―若手間で「総意」に基づきながら意志決定をくだしたい(=鍛えたい)という意識の表われなのである。

2・3　町衆―若手間のやりとり

では、「守る会」が分裂する以前の意志決定はどのようなものだったのか。実は補償金拒否署名や町議会請願という華々しい活動の裏に、このような意志決定過程があった。しかし、生活へのインパクトがあまり大きいものではなかったので、「町衆」―若手間のやりとりは頻繁ではなく、時間もかけていなかった。

「守る会」の事務局長であるR氏は、華々しい活動の頃の「町衆」―若手間のやりとりを以下のように再現した。

【語り6】一九九四年六月九日

（漁協補償金拒否署名の意志決定に際して）あの時にもQさん来てて「ほんなもん、漁師は欲が深いで、そんなもんできんわ」って叱ったんですよ、みんなを。だけど「まぁええことやで、やってみなわからんやないか」って言って、みんなはやろうって言ったもんで、Qさんも、まぁ「本当にやる気ならやれ」っていうような感じでいちおう始まったんですけど。

ここでわかるのは、町衆（ここではQ氏）がいったん若手を叱りつつ再提案を行いながらも、彼らの意志を確認する役回りを引き受けている点である。それに対して若手からの意志が確認された後、彼は、自らの考えだけで会の意志決定を行おうとはせず、それらの活動後の生活へのインパクトを鑑みたうえで、若手の意志や住民の総意に従ったといえる。しかし一方のP氏側は、このような若手―町衆のやりとりを「根回し」と見なし、「選挙ができないのは田舎のしがらみに縛られているからだ」あるいは「選挙に反対する若手はQ氏に操られているからだ」と理由づけた。

本章で示した意志決定システムは、一見すると「民主的」「平等」でなく、会員の意志あるいは住民の総意を反映していない「密室での根回し」と見られがちである。しかし、郡上八幡という地域社会の側からすれば、このシステムは、「近接」を通じて運動内部の意志決定が地元住民に対して公にされており、「会員の意志」や「住民の総意」をうまく反映したものであるといえる(8)。そこには彼らにとっての合理性がある。

3　地域社会の公論を導く仕掛け

本章では人々の語りとリアリティに着目しつつ、「守る会」の意志決定システムがどのようなものであるのかを明らかにしてきた。

郡上八幡固有の意志決定システムの特徴は、①「町衆」―若手のあいだで提案をやりとりしながら、運動の成員や一般町民との近接から把握した「会員の意志」や「住民の総意」に沿うように提案を調整・再調整し、意志決定を形成している。そして、②このやりとりの密度は、これから実行しようとする活動が成員たちの生活に与えるインパクトの度合によって決まってくる、という二点である。

これらの二つの特徴は、運動の成員たちが意識的、無意識的に、具体的な語りや実践を通じて維持してきたものである。運動の成員たちは、いわゆる町衆の役割とは会の「御意見番」であると述べるにとどまっている。しかし、筆者から見れば、「町衆は御意見番である」以上の何かがあるように思われる。町衆―若手間のやりとりのなかに、総会で話し合い、その場で議決する意志決定とは異なった、その地域社会に固有の〝公論〟を導く社会的な仕掛けが見いだされるのである。

ただし、ここでいう公論は、「相互に対等な諸個人が、社会的諸課題や文芸作品を主題にして批判的持続的な討論を行うような開放的な場」（船橋 1997: 54）である「公共圏」のなかで形成されるものではない。この市民社会論的な公共圏は、開放性が前提となっているために、個々人がもつ経験や能力の差について、あらかじめ考慮されることはない。公共圏のもとでの個々人は、原則として〝対等〟に扱われる。そのような意味で公共圏を完全に成立させるためには、コミュニケーション回路をあくまでも水平にとどめざるをえない。

だが素朴にいって、社会的諸課題の克服には、具体的な個々人による、なにがしかの経験や能力が強く要求されるのではないだろうか。その意味で、ある課題に対して経験豊富な者―そうでない者とのあいだの序列や階梯を認める垂直的なコミュニケーション回路が、公論を貫いてもよいのではないか。

本章で主張する「町衆システム」は、ある事柄に対して経験知があるかないかを基準にしたうえで、経験を積んだ者（＝町衆）とそうでない者（＝若手）をそれぞれ〝層〟として組織化しながら、それらをうまく配置することで、経験者の思慮深さと未経験者の大胆さを併せもった、地元住民全体にとって的確かつ創造的な意志決定を可能にする。つまり、ここでいう公論を導く社会的な仕掛けは、同じ地域社会に住む「身近な他者」にひそむ異質性や差異を際立たせながら、各層のなかの水平的コミュニケーションと、層と層のあいだの垂直的コミュニケーションが交差したところに浮かび上がってくる公論（＝地域的公共）をとらえるシステムなのだ。

このような公論を無視して、ある成員がいくら「よい提案」を出したとしても、また、それをいわゆる「民主的」に訴えかけたとしても、その提案は地域社会に受け入れられない。公論を無視することは、提案がうまく進まず、地元住民から陰口を叩かれるという「町衆システム」からの負のサンクション（制裁）を受けることになる。前章の「あいつはここに住んでいない」は、その表われだったのだ。

よって、「町衆システム」は意志決定の手続きとして地域社会に存続する。それは、「ムラの閉鎖性」

「密室での根回し」といった不合理なものではなく、できる限り「成員の意志」や「住民の総意」を反映する地域社会に合理的な意志決定システムなのである(9)。筆者は、この意志決定システムそのものもひとつのローカルな公論を導く社会的な仕掛けであり、旧八幡町のような伝統に寄りそうまちや都市において見られるのではないかと考えている。そして、町衆システムを保持していたがゆえに、旧八幡町に住み河口堰反対運動を担った人々は、そこに住まない人々との相互作用によってもたらされる〝もどかしさ〟を克服して、より明確な郡上八幡独自の意志決定を遂行してきたのだといえる。

この意志決定システムには、ともすれば「意思決定を下したことの重みは、集団のメンバーに均等にかけられ、その実、その誰ひとりとしてその責任を分担しようとしない」「言葉の不在（無責任）」（橋爪 1992: 31）が伴うかもしれない。しかし、本章で述べてきた手続きを経て、意志や総意を踏まえた以上、彼らはその後の生活のゆくえをみんなで受けとめる覚悟をもつ。それが彼らの〝生きざま〟なのだ。そしてこの生きざまこそが、大規模公共事業や開発に対して地域社会が権限をもち、反対運動を持続させていく大きな拠りどころになる可能性を秘めている。

注

（1）ここでいう合理性とは、いわゆる普遍的な経済的合理性をさしているのではなく、地域社会にとって〝わけのわかる〟、〝理にかなっている〟ということを意味している。

（2）本書には収録できなかったのだが、筆者は以前、すでに述べた「守る会」の分裂について構築論的アプローチから分析を行った（足立 1995b）。そこでは聞き取りという〈いま・ここ〉において、選挙賛成

／反対の両派が「しがらみ」あるいは「つきあい」を言語的資源として用いながら、いかにして「分裂」を構築していったのかという語り方に関心を注いだ。

（3）前章でも述べたように、このようなプロセスの進展に伴って、「新しい文化＝政治運動」としての河口堰反対運動は、当初の「カーニバル」性を失っていき、既存の社会運動と何ら変わらなくなっていった。

（4）旧八幡町の人々は、まちにおいて顔がよく知られており、趣味・仕事などの分野で長年にわたって優れた才能を発揮してきた年配者のことを「町衆」「長老」「顔役」などと呼ぶ（足立 1995a: 208; 1995b: 82）。このような年配者はいままでの経験と実績から、住民が主体となったさまざまな文化活動やまちづくり活動などで「相談役」「顧問」「世話人」に推され、就任することが多い。

では町衆たちは、旧八幡町においてどのような役割を果たしてきたのか。彼らは、まちで生活するうえで必要ではあるが、なかなか行政の手が行き届かない活動（たとえば、用水路の浄化といったアメニティ活動）を自分たちで資金やアイディアを出し合って進めてきた。たしかに一九七六年彼らが組織したまちづくり運動は、当時の八幡町議会から「第二の町政」と敵視された。しかし、あくまでも八幡町をよりよくするために政治的争点やイデオロギーをいっさい持ち込まないことを会則に掲げ、実績を上げてきた。これによって町行政も彼らのまちづくり運動の提案を受け入れるようになっていった。Q氏はこの運動でも「顧問」という肩書きで参加していた。

（5）民俗学者は、寄合の研究を通じて本章でいう意志決定システムの存在を指摘してきた（宮本 1984: 12–9; 福田アジオ 1997: 109–10; 関沢 1991: 104–5）。特に福田アジオは、地域社会の編成原理を個人の側からとらえ返すなかで、このような意志決定のあり方から「衆」というひとつの地域社会運営の伝統を指摘する。

一方、都市社会学・都市人類学的研究にも同様の報告がある。たとえば松平誠は、秩父本町の付祭を運営する祭礼組織のなかに「元老」という集団を見いだした（松平 1990: 141–2）。「元老」集団は、本章でいう「町衆」の役割ときわめて類似している。中村孚美も、川越祭りの運営において、町内の長老格の人と青壮年層との寄合によって事が決まることを記述した（中村孚美 1972: 358–62）。また、大阪上六地区のまちづくりを扱った越智昇も、「町衆」は存在しないが、その地区の意志が役員幹部の寄合だけで決められて下達されるのではなく、自由な寄合を通じて幹部たちにフィードバックされる柔らかいパターンを報告しており（越智 1980: 308）、興味深い。

そのほかにも、このような物事の決め方は日本社会独自であるとして、西欧社会（市民社会）と比較した研究に栗田（1991）、橋爪（1992）、中村牧子（1994）らがある。

（6）ここで「町衆システム」というタームを使う場合、問題になるのは、「町衆システムはいつ頃から発生したのか」「町衆システムは以前のものと同一なのか」といった歴史的連続性を強調した問いであろう。これについて筆者は旧八幡町の住民に聞き取りを行ったが、当然のことながら「昔からあった」とか「昔の人は偉かった」という答えしか返ってこない。たとえばQ氏によれば、彼の若い頃から自治会に「町衆」のような存在がいて、何かを決定する時には必ずお伺いをたてるのを「身体で覚えた」という。

しかし本章では、町衆システムの正確な歴史的年代の確定ではなく、なぜこのまちの住民がある人物を町衆と呼んだうえで町衆システムを利用しながら意志決定を遂行するのかという現在のリアリティのほうを重視する。なぜなら住民たちのリアリティのなかに、運動を担う彼ら独自の主体性と創造性を見ることができるからである。

そのように眺めるならば、町衆システムは第一次運動衰退の後に「守る会」結成をきっかけにつくられたのではないかと思われる。というのも、第一次運動当時の漁協の組合長で、八幡町を選挙母体とした県会議員でもあった第一次運動のリーダーは、八幡町を含む漁協組合員たちに対して、漁協幹部の決定に一任するようにと白紙委任状の提出を求めたという。漁協組合員たちは彼らを信じて、これを提出した。しかしその後、突如として漁協幹部たちは訴訟を取り下げ、補償金交渉がスタートし、組合員のあいだに苦い思いだけが残ったと、旧八幡町の住民は認識している。

つまり、上述したような歴史的コンテクストから、運動リーダー層の独断的な決定を防ぐために「町衆システム」がつくられたのではないかと選挙反対派の成員たちは推測する。そうであるならば旧八幡町の住民は、経験に裏打ちされた生活の知恵に基づいて「町衆システム」をつくりあげてきたといえる。

（7）ここでの「近接」という概念については、菅原（1993: 197）から借用した。

（8）注４で紹介した旧八幡町のまちづくり運動を中心的に担っている役員たち（およそ四〇～五〇歳代）は、「顧問はコーモン（来ない者）だから」などと皮肉を言いつつも、何かを決定する時には彼らに「お伺いをたてないと後がうるさい」と述べ、了承を得ることを忘れない。ここにも「町衆システム」が見られるのである。

（9）だが「町衆システム」の合理性は、当該地域に住まない人々や直接民主制を強く志向する人々にとって納得いくものではないのかもしれない。この合理性をめぐって当該地域に住む人々とそうでない人々とのあいだで認識のズレが生まれる可能性は十分にある。そうであるならば、地元に住む／地元に住まないといった生活の論理を異にする人々が協調していかなければならない環境運動にとって、この合理性は〝負〟の影響を及ぼす可能性があるかもしれない。ただ、だからといって本章で指摘したような地域の意志決定システムが、つねに環境運動全般を分断する原因だと同定するのは差し控えるべきだろう。地域の意志決定システムが環境運動全般にどのような影響を与えるかについては、個々の事例を詳細に見ていく必要がある。

第10章　論争としての観光・環境問題

ここまで〝踊り〟と〝水〟をめぐる住民の語りやリアリティを手がかりに記述・分析を進めてきたが、交錯論的アプローチが観光と伝統文化、公共事業、環境運動といった各論をくぐり抜けるとき、これまでの研究史のなかでどのように位置づけられるか。この点を中心に先行研究を整理・検討するとともに、それらがもつ環境問題・運動の現場への意義についてふれてみたい。

1　観光現象と伝統文化の社会学・人類学・民俗学研究

一九八〇年代後半から出現する、最近の観光と伝統文化の関係について探求する社会学・人類学・民俗学研究を批判的に検討しておきたい。

近年、観光と伝統文化に関する研究史には、大きく二つの流れがある。まずひとつは、すでに述べてきた構築論的アプローチという大きな流れに属する「文化構築主義」と呼ばれる分析視角である。この分析視角をもつ研究者は、伝統文化を通じた地域づくりの現状を次のようにとらえている。地域の豊かさのために、地元住民は自分たちに身近な伝統文化を観光資源として位置づけるが、そのような外部の観光客のまなざしを意識した伝統文化は、歴史的に脈々と受け継がれた「真正な実体」ではなく、再構築された「虚構」である。だが、観光客との相互作用を通じて伝統文化を構築していく過程のなかには地域づくりの契機となる「現地の人々の主体性」が見いだされる（太田 1998; 山下 1999; 川森 1996）。つまり彼らは、現在の地域づくりにおける観光の役割を重視しており、そのようなコンテクストのなかで生成する「観光化された伝統文化」を肯定的に評価する。

しかし、ここで疑問に思うのは、文化構築主義者が鼓舞する「現地の人々の主体性」とはいったいどのような類のものなのか、という点である。というのも、そもそも地元住民が自分たちの文化を地域資源として売り出すことは、「農業もダメ、商工業もダメ」「これくらいしか……」といって選択された最終手段であったはずだからである。はたして地元住民は、観光化された伝統文化それ自体をどれほど自分たちの側に引き寄せているのか。つまり、文化構築主義のいう「現地の人々の主体性」とは、〝外部から強いられた主体性〟であるということだ。これに呼応するかのように、各地の観光化された伝統文化と地域の日常生活とのズレが頻繁に報告されるようになってきた（橋本和也 1999: 7; 八木 1999: 194–9）。

そこで、もうひとつの研究史が登場する。それは、各地の観光化された伝統文化と地域の日常生活とのズレを踏まえつつ、観光化にそって構築された伝統文化と、それを可能にさせた「もと」となる伝統文化との葛藤に焦点を当てる研究である（芝村 1999; 安藤 2002）。このような分析視角を、本書では

「文化コンフリクト論」と呼んでおこう。この分析視角をとる研究者は、まず同一の地域社会における複数の文化形態――観光用につくられた文化形態と地元向けの文化形態――の存在を指摘する。次に、それぞれの文化形態の担い手は、お互いに「伝統文化の真正性」を主張し合う。そして最後に、複数の文化形態間の葛藤こそが「文化のバイタリティ」（芝村 1999: 36）を生み出し、「観光化に対応し祭りを活性化させる原動力」（安藤 2002: 27）になると結論づける。

しかし、ここでの文化コンフリクト論者の主張を実践的に見ると、地元住民にとって複数の文化形態は等しく必要であり、同等の価値をもつと暗示してしまうために、どことなく地域社会にとって予定調和的である。このような機能主義的説明は、一方ではダイナミックな複数の文化形態間のコンフリクトを指摘しつつも、最終的には同調的な「まつりの複合体」（安藤 2002: 27）や「共存」（芝村 1999: 36）を語ってしまう傾向にある。だが、このように語ることができる視点は、いったいどこに位置しているのか。文化コンフリクト論は、地域づくりにおいて何がポイントなのかという実践性(1)をぼかしてしまうのではないだろうか。

では、伝統文化を通じた地域づくりに対して、本書がとるべき立場とは、いったいどのようなものであるのか。この点に関して、宮本常一の議論は示唆的である。宮本は、あくまでも地元住民を主眼におく視点から次のように警告していた。

「（各地の民俗芸能が）テレビで放送されると、その地方を訪れた観光客もそれを所望するようになって、観光用として復活したものの数は多い。……しかしそれによってもとの精神は忘れ去られて

いる」（宮本 1967: 201 補足筆者）

「多くの民俗芸能は復活したけれども極端な言い方をすればみずからたのしむためのものではなく、人に見せるためのものになってしまったのである。だから人が見てくれなくなる日が来ればすぐやんでしまうであろうと思われる」（宮本 1967: 202）。

つまり、ここでの「もとの精神」とは、観光化以前のたのしみある＝望ましき民俗芸能であり、それが〝そもそも本来あるべき姿〟なのだ。

このような宮本の議論を踏まえつつ、当の伝統文化について「地元住民はいったい何を望んでいるのか」に着目するならば、文化構築主義者のいう「現地の人々の主体性」も、文化コンフリクト論者のいう「複数の文化形態のせめぎあい→伝統文化の活性化」もともに、地元住民にとって〝本来あるべき姿〟の、現状における一時的な通過点にすぎない。ただ、ここでいう本来あるべき姿とは何か。観光化以前の姿に回帰して考えてよいのか。それとも現代において新たにつくられると考えるべきなのか。

そこで、第Ⅰ部では「本来あるべき姿」を次のように位置づけた。すなわち、地元住民は現在の観光化された伝統文化に対する違和感を契機に、観光化以前に存在した（とされる）、失われた伝統文化を理想化しながら語り合う。このとき、そこで語られる本来あるべき姿は、語りが展開する〈いま・ここ〉において組み上げられた「リアリティ」（現に存在しないけれども本当らしさといった現実感）を有している。ここで強調したいのは、たんに〈伝統文化がいま・ここにおいてつくられた〉という文化構築主義的な事実ではなく、「昔はこうだった」と地元住民がお互いに語り合うなかで「過去を美化してとらえようとする価値観」（井之口 1977: 9）が開示されていき、やがてこの価値観が〝本来あるべき姿〟というリアリティを「過去にあったかも知れないが、未来に築くべきもの」（井之口 1977: 11）という位置へ押し上げていくことである(2)。

このとき、そのような語りの場に臨む地元住民は、語りを通じて〈いま・ここ〉において組み上げてきた〝本来あるべき姿〟というリアリティ(3)をみんなで納得し、お互いをゆるやかに縛りはじめる。このような「リアリティ」こそ、ときに〝本来あるべき（＝自分たちが望む）〟伝統文化の実現に住民を動員させるのではないだろうか。

2　環境問題の社会学における被害・加害・解決論

一般に、環境問題の社会学的研究は被害論・加害論・解決論の三つから成り立っているという（船橋 1995: 5）。多くの環境問題の社会学研究者は、この三つを順次論じていくことで、自らの論理を組み立てている。特に大規模公共事業・公共施設をめぐる社会問題にアプローチして環境問題の解決を志向する環境社会学において、受益圏・受苦圏概念は代表的な論理になっている。以下では、この受益圏・受苦圏概念を概観しておこう。

2・1　受益圏・受苦圏

受益圏・受苦圏概念の提唱者の一人である船橋晴俊によれば、「受益圏」とは「ある社会資本の建設に伴う受益者の集合」であり、一方「受苦圏」とは（ある社会資本の建設に伴う）「受苦者の集合」とそれぞれを簡明に定義した（舩橋 1985a: 77）。たとえば、事例として取り上げられている新幹線公害問題の場合、新幹線利用者（乗客）や経営主体などは受益圏に当たり、一方、四六時中新幹線の騒音に悩まされながら生活していかなければならない沿線住民は受苦圏に当たる。

このような概念規定を行ったうえで、たとえばムラに建設されるゴミ処分場といった比較的小規模な公共施設ならば、その施設を享受する受益圏も、その施設によって被害を受ける受苦圏もともにムラの住民であるために、それぞれの圏域がほぼ重なり問題解決が容易になる。ところが、新幹線やダムといった大規模な公共施設の場合、受益圏は日本全国に〝うすく〟拡散しているにもかかわらず、受苦圏のほうは甚大な生活被害が付近の地域住民のみに局地化するゆえに、受益圏と受苦圏のそれぞれが完全に分離し、当該の問題認識に大きなズレが生じて問題解決が難しくなるわけである。その際、建設推進主体である国などの行政組織は、受益圏の「集約的代弁者」（梶田 1988: 5）の役割を担いながら、「公共の福祉」というレトリックを駆使して事業の正当化を図ろうとする。

このように、受益圏・受苦圏概念は、現代社会の大規模公共事業をめぐる環境問題の構造的特質をうまく析出しており、「加害・被害とは何か」「なぜ加害者（＝受益圏）と被害者（＝受苦圏）はこれほどまでに深刻に対立するのか」をうまく説明・整理することができる。このことは、本節の冒頭で述べたような環境問題研究における被害論・加害論に相当すると考えられる。

2・2　対抗的相補性と公論形成の場

では、このような問題状況を解決するために、いままでの社会学者はどのような解決論を提示してきたのだろうか。梶田孝道は、受益圏・受苦圏概念を踏まえたうえで、「対抗的相補性」という概念を提唱した（梶田 1988: vii）。この概念は、大規模公共事業を計画・立案する受益圏の集約的代弁者たるテクノクラートと、その計画について自らの意志を反映させることができない受苦圏に属する社会運動とが対立・抗争・相互批判し合うことで「それぞれの立場の健全性、積極性を保証し、新しい問題の場をおし広げ、すぐれた解決策を現出させる」（梶田 1988: vii）ことを意味している(4)。

つまりまとめると、テクノクラートおよび行政組織の「自存化傾向」（舩橋 1998a: 44; 1998b）の弊害を露呈する無駄な公共事業を食い止めるためには、①その社会的な意志決定過程のなかに当該環境を利用・享受してきた住民や市民の意志を介在させる必要があること、②①を可能にするような社会的な意志決定の場そのものが必要であること、の二点である。これら二点は、環境問題の解決を志向する環境社会学にとって、解決論の要となっている。

特に舩橋は、②でいう社会的な意志決定の場を「公論形成の場」と呼び、その重要性を論じている（舩橋 1995; 1997; 1998a; 1998b; 1998c）。この「公論形成の場」で求められているものとは、「社会を組織化する普遍性のある原理原則や価値や真理や評価基準」と「行政組織に対する影響力」の二つである（舩橋 1998b: 149）(5)。社会的ジレンマ状況になっている環境問題を解決する場合、舩橋は「公論形成の場」の内実になるもののひとつとして、行政組織と社会運動のあいだに環境問題を制御するための「相互信頼や規範を形成すること」という条件(6)をあげている（舩橋 1995: 17）。これらは、そこに参与する諸主体の平等性と議論の公開性を確保し、諸主体間の合意を導くであろう。

たしかに、大規模公共事業をめぐる環境問題において、当該環境を享受してきた地元住民や一般市民の意志が全く反映されていない状況において、ここで紹介してきた解決論を提示していくことは重要である。特に、これらの解決論が激しさをきわめるわが国の環境問題の現場から叩き上げられてきたことを考え合わせると、これらの解決論の提示が急務であると考えられる。

2・3　ハーバーマスの公共性論

しかしながらその反面、制度的・非制度的にかかわらず、行政やテクノクラートと地元住民あるいは環境運動とのあいだに当該の問題を討議する社会的な場が設定されたとしても、そこに参与する者たちにとって到底合意に到達できないと断念せざるをえないような問題状況は確実に存在する。そこでは、討議を重ねれば重ねるほど、ますます両者のあいだの対立は深まるばかりである。このような状況を思い起こすとき、環境問題研究における解決論は、それを提示したとたん論争に巻き込まれて、行政側も環境運動側もともに利用できる、他者を説得するためのレトリックと化してしまうのではないだろうか。

このような問題は、「公論形成の場」という解決論を提示した舩橋だけに帰されるべきではなく、彼が中心的に依拠したJ・ハーバーマスの公論概念にも通じる。ハーバーマスは、たとえば公論の形成について「非公式的意見が擬似公共的意見の循環水路へ導入され、これに捕えられ変形されるにつれて、この循環水路そのものも、国民公衆によって拡大されて、公共性を帯びてくる」（Habermas 1990＝

1994: 334）とするが、そもそもここでいう「循環水路」のなかで、いったいどのようなコミュニケーションが営まれているのか。このような問題関心をハーバーマスはもちあわせてはいない。

ハーバーマスの公共性論に依拠した環境問題研究の解決論を、論争の際に用いられる単なるレトリックにしてしまわないためにも、現実の対話・論争の場面に立ち返り、そこで行われている会話を具体的に分析していこう。つまり、ハーバーマスや舩橋による解決論が示すような討議の場を設定することはたいへん重要ではあるが、設定しただけで問題が解決されるわけではなく、肝心なのは現場でどのような会話がなされているのかである。

ただし、これまでの環境問題の社会学研究者が、行政と環境運動とのコミュニケーションの不能性に全く注目しなかったわけではない。たとえば、水俣病問題における被害者による苦痛の訴えが認定審査会・行政組織・加害企業に通じないことについて、舩橋は「いったい、この言語不通はどこから来るのか。言語不通、伝達不能を生んでいるのは、加害企業や認定審査会が、これら被害者を被害者として認めたくないという利害関心である。そこから、被害者を被害者ではないと思い込もうとする戦略が登場し、自らの感受性を遮断するような戦略が採られるのである」（舩橋 1997: 62）と考察する。

しかし、ここで指摘したいのは、せっかくコミュニケーション不能を問題にしておきながら、その具体的な会話そのものの経験的な分析に向かわずに、その問題を「利害関心」の違いによって説明して、不能性を生み出す（特に加害者側の）組織や組織間の構造的背景に目を向けてしまう点である（舩橋 1997: 63）。このような分析は、たしかに重要ではあるけれども、その一方で肝心のコミュニケーション場面そのものから分析の焦点がずらされ、対話の場をもちながらも実際には対話を拒絶するという言説実践を見逃してしまうことになる。「みんなで会話する」ことがひとつの社会的な活動であるならば、長良川河口堰問題について行政と反対運動が対話することそのものも、語りとリアリティに着目する本書の交錯論的アプローチ(7)から見てきわめて社会学的な対象になるはずである。

2・4　会話メカニズムの解明

ではなぜ、このような会話の分析が必要なのか。なぜなら、行政側と運動側の対話によって合意へ至るうえで重要である両者の平等性や議論の公開性は、具体的な発話によって編成されているからである。仮に新たな「公論形成の場」を予感させる対話をお互いが遂行しているにもかかわらず、いっこうに両者のあいだで合意が見いだされないとすれば、そこでなされる具体的な発話そのもののなかに、両者の平等性や議論の公開性を阻害する会話メカニズムがはたらいていると考えられる。わかりやすくいえば、公共事業をめぐって行政と反対運動がともに平等で開かれた場にいるにもかかわらず、具体的な発話によって最終的にどちらかが締め出されている。これはかなり巧妙なメカニズムである。

この「公論形成の場」でなされる会話のなかにはたらくメカニズムがどのようなものであるのかを明らかにしていくことは、今後新たな「公論形成の場」を充実し、豊富化する際にひとつの教訓となろう。

3　環境運動の意志決定への社会学的研究

環境運動内部の意志決定がどのように議論されてきたのかを押さえておきたい。これまでの先行研究において、環境運動の意志決定は、おおまかに二つの研究史的な流れからとらえられてきた。

まずひとつめは、運動の成員個々人が自由で、自律的であり（あるいは、自由・自律的であることが成員相互に認められており）、そうした個人が平等に意志決定権を保持しており、討議に基づいて運動全体の意志決定に到達するという直接民主制を反映した意志決定のとらえ方である（佐藤 1983; 森元孝 1989: 91–7; 高田 1985: 188–90; 1990: 223; 渡辺 1990: 262）。もうひとつは、環境運動を取り巻く地域社会の共同性・規範・伝統・慣習から正当性を得た（あるいは、それらの生成過程から正当性を得ていく）意志決定のとらえ方がある。たとえば、鶴見和子の内発的発展論（鶴見 1996）や池田寛二の水利慣行研究（池田 1986）、モラル・エコノミー論（池田 1987; 1988）、三浦耕吉郎の規範化作用論（三浦 1995）をあげることができる。本書（特に第9章）は、どちらかといえば後者の研究史に位置づけることができる。以下では池田のモラル・エコノミー論と三浦の規範化作用論を取り上げておこう。

池田寛二は、わが国の農業と農村の危機的状況に対して、「農業従事者自身および農村居住者自身が現実に直面している状況をどのように認識し、いかなる正当化の論理に拠りながら意思決定を行ってそれに対応しようとしているか」という視座が必要であると指摘する。池田によれば、モラル・エコノミーとは一言で「生存のための経済」であるという。ただ、この人々の「生存のための経済」は、「決して一定不変ではなく『歴史的・文化的に決定されている』」という条件がつく（池田 1988: 176–9 強調原文）。そして、彼は、E・P・トムスンやJ・C・スコットの議論に依拠しながら、モラル・エコノミーとして識別できる四つの点をあげる。

それは、①生存のための経済が機能する場ないし枠組が地域社会であること、②そのような地域的枠組のなかで生存のための経済を媒介する互酬性の規範があること、③モラル・エコノミーの物質的基盤として共有財があげられること、④モラル・エコノミーの文化的基盤が伝統もしくは慣習であること、の四つである（池田 1988: 181-7）。

このように整理したうえで、池田は「要するに、モラル・エコノミーは、単に抵抗の論理を説明するものとは限らず、あらゆる変化に直面した場合に、それに対応するために人々が過去の経験のなかから選び取る行為の作法と論理を意味しているのであり、多くの人々は——特に、農民は——地域、とりわけ『むら』（＝部落）を行為の拠点ないし枠組として選び取る傾向がある」と述べる。本書の議論に引きつけるならば、このことは、地域社会において「地域社会（部落＝『むら』）の合意を優先させる規範」が「基本的に機能して」おり、さまざまな開発・環境問題において「部落に意思決定権が与えられていること」を意味している（池田 1988: 195）。

また、三浦耕吉郎は、奈良県の「迷惑施設」建設反対運動の分裂の事例から、反対運動を担う住民の意志決定に影響を及ぼす規範化作用を見いだした。三浦は、規範化を次の二つの水準に区分する。ひとつは「規範化作用」あるいは「外からの規範化作用」と呼ばれるものであり、それは地域住民の「生活の場で多義的な方向性をはらみつつ表出された行為や言説が、ある方向へと水路づけられて限定されたロジックのもとに統合されていく現象」のことをさす。具体例をあげれば、運動を切り崩していく国家などの外部権力や地域住民の知識体系には存在しなかった科学的言説などがそれに当たる。もうひとつは、「外部社会や自然条件との複雑な関係性のなかで当該集団の生理に自発するとしかいいようのない多義的で混沌とした力」である。この力を三浦は「規範化の力」あるいは「内からの規範化作用」と呼ぶ。例をあげれば、従来から素朴にムラ規範などと呼ばれてきたものに相当する（三浦 1995: 471, 475 強調原文）。

このように二つの規範化の水準を設定したうえで、規範化作用（外からの規範化作用）と規範化の力（内からの規範化作用）が相補ないし対抗すると三浦はいう。では、それらはどのように相補／対抗するのか。三浦の議論をまとめると次のようになる。当該住民が当該地域の開発・環境問題に対して何らかの反対運動を行うとき、まず「ロジック以前の共同性の創出にかかわる多義的な規範化の力」が生成してくる。しかし、その力は、規範化作用の影響によって、ときには住民の方から条件闘争化して外部権力にすり寄ったり、逆に住民が洗練された運動の戦略を発見してより巧妙に抵抗を繰り広げたりして、やがて住民たちに〈このやりかたしかない〉と思わせるようになって彼らを「ゆるやかに縛りはじめる」。このような規範化の力と規範化作用との相補／対抗関係が住民の意志決定や環境表象を可能にさせるのだと三浦は主張した（三浦 1995: 476, 478）。

池田や三浦の先行研究は、観察可能な当該住民のさまざまな行為や実践から意志決定をとらえてきたにもかかわらず、地域社会に存在する規範や力に縛られて、あるいは、規範や力を選びとって意志決定に至るというところで最終的な説明を終えている。では、その規範あるいは力から意志決定へ至るあいだに、どのような人々の語りやリアリティが介在していたのであろうか。また、このような語りやリアリティから、地元住民はどのような意志決定システムを築き上げてきたのだろうか。このような点が先行研究では不明確だったのではないだろうか。

4　第Ⅱ部・小括

最後に本書第Ⅱ部の小括をしておこう。第Ⅱ部では、郡上八幡に住む長良川河口堰反対派の住民の語りとリアリティを中心的に取り上げた。一九六〇年代からもちあがった長良川河口堰建設計画は、小盆地宇宙としての〝水のまち〟郡上八幡にとって、その根幹を揺るがしかねない出来事であった。河口堰建設に対して、地元の釣り師たちはアユやサツキマスへの素朴な関心から、一九七〇年代前半と一九八〇年代以降の二度にわたって反対運動を起こしてきた。しかしながら、彼らのローカルな関心は高度に政治化・科学化・情報化された環境問題の言説空間のなかで大きく変換され、ねじ曲げられることを余儀なくされた。彼らは、河口堰推進側である建設省にも、また、当初は共鳴した全国的な河口堰反対運動にも、ある種の〝もどかしさ〟を感じとっていた。

建設省との直接対話に象徴的に現われるディスコミュニケーションについて、第6章では概略的に「対決型」と「分離型」という二類型に分類し、そのうえで建設省側によるディスコミュニケーション能力を記述・分析した。また、第7章では「対決型」に焦点を当てながら、建設省と反対運動のあいだに非対称性を生み出す、建設省側による「パターナリスティックなレトリック」を見いだした。郡上八幡をはじめとする流域の反対派住民は、このような建設省との直接対話において、自分たちの主張が突き返される〝もどかしさ〟に直面していた。

直接対話は、「新しい文化＝政治運動」としての全国的な河口堰反対運動（天野氏を中心とした「反対する会」）の成果であるが、ここに至るまでの過程で、これまで地道に運動を担ってきた郡上八幡の反対派住民とのあいだに軋轢を生じさせた。その具体的な現われとは、第8章と第9章で扱った町長選挙出馬をめぐる運動の分裂であった。このとき、全国的な反対運動のネットワークは、選挙賛成の立場をとった。これに対し、郡上八幡に住む選挙反対派は、たとえ一部の賛成派の成員が現にここに住んでいるとしても、「あいつはここに住んでいない」とばかりに「よそ者」とカテゴリー化する。彼らは外部の市民による反対運動が地元の生活を引き受けない無責任さに、もどかしさを感じていたのである。

だが、郡上八幡の人々はこのようなもどかしさを乗り越えて、自分たちなりの運動のやり方を実践していく。運動の分裂の原因とは、いったい何だったのか。それは、町長選挙をきっかけに「意志決定の手続きとしての町衆システム」をめぐって、そこに合理性を見いだす選挙反対派（「地元住民」が多い）と、そのようなシステムに気づかず、非合理な「根回し」としか見ることができなかった選挙賛成派（「よそ者」が多い）との対立である。

第8章で選挙反対派の成員たちが自分たちのリアリティに頑強にも固執したのは、第9章でいう「町衆システム」の合理性があったからである。このような「町衆システム」は、全国の運動の主流となっている直接民主制の意志決定システムに比べると、郡上八幡に固有のものであるといえるだろう。

最後に、今後のわが国における環境運動のあり方をめぐって付言しておきたい。地域の環境問題を念頭においた場合、全国的ネットワークの新しい環境運動は、今後ますます地域社会と接点をもちながら、活動を展開しなければならないだろう。町衆システムのような地域社会の合意形成のしくみを踏まえずして、住民と外部の市民が協働する環境運動などありえない。環境運動の〝成熟〟は、本書で述べたような地域社会に固有の合意形成のしくみを受け入れることができるかどうかにかかっているのではないだろうか。

注

（1）ここでの「実践性」とは、研究者が「問題をかかえた住民たちはいったい何を望んでいるのか」といった共同主観的な世界の分析を通じて、住民の生活をよりよくするための「一本化した」（高坂 2000: 205）方向性を示すことを意味している。高坂健次は、社会学者が政策提言を行う際、まず「"On the one hand,"と切り出しておいて、しばらくしたら、"On the other hand,"と続けて言う」（高坂 2000: 202）と指摘し、このような「二つの手」はクライアントにしてみれば不必要だと主張する。そこで彼は、知識から一本化した決定への「ギャップの飛び越え」（高坂 2000: 202）を強調する。

（2）このような「昔」の概念を、井之口章次は、「理念上の過去」（井之口 1977: 9）と呼んでいる。「理念上の過去」については、第5章を参照のこと。

（3）ここでの筆者も、文化構築主義や文化コンフリクト論と同じように、〝本来あるべき姿〟というリアリティの組み上げに「地元住民の主体性」を見ているではないか、という指摘が可能であろう。この点を明確にしておくと、まず筆者が注目する人々は、簡潔にいえば〝昔をなつかしむ〟というごくありふれた行為を繰り返す主体である。ただ、このような主体はたんに「昔」をなつかしんでいるだけでなく、〝なつかしむ〟ことを通じて自分たちの生活（生）の意味を新たに問い直そうとしているのである。つまり、筆者が想定する「主体性」とは、「昔」をなつかしみながら生活の意味を新たに問い直すような、価値形成的な主体性なのである（詳しくは、第5章を参照のこと）。それは、鶴見和子が内発的発展論で想定する「価値明示的」（鶴見 1996: 22）な主体性の一歩手前のところに位置している。このような主体性を想定するならば、文化構築主義者のいう「外部から強いられた主体性」は、この価値形成の領域まで達していないように思われる。一方の文化コンフリクト論者は、この領域を括弧に入れてしまっている。

（4）長谷川公一も、カリフォルニア州サクラメントにおける原子力政策の事例研究から「コラボレイション」という概念を導出する（長谷川 1996）。コラボレイションとは、「自立した複数の主体（特にテクノクラートと社会運動）が対等な資格で、具体的な課題達成のためにおこなう、非制度的で限定的な協力関係ないし共同作業である」（長谷川 1996: 244; 2003: 183-4 補足筆者）という。このテクノクラートと社会運動などの「コラボレイション」によって両者がともに「望ましい政策や環境」をデザインすることができるのだという。

（5）そのほかに関連するものとして、再生可能エネルギー技術の導入と市民参加型社会との親和性を説く「環境民主主義」仮説を検討した寺田良一の研究（寺田良一 1995）や、同じく寺田による環境ＮＰＯの制度化論（寺田良一 1998）、また「イニシアティブ」という公共アリーナからアメリカ・カリフォルニア州の「原子力安全法」の成立過程を描いた田窪祐子の研究（田窪 1996）がある。

（6）舩橋はそのほかの条件として、利害関係者のあいだで社会関係を形成すること、社会的な共同利益についての共通理解を深めること、集合財の破壊の因果関係についての共通理解をもつことをあげている（舩橋 1995: 17）。

（7）ここでは、批判的エスノメソドロジーの立場から差別問題の言説空間を解読してみせる山田富秋や好井裕明の諸研究に負うところが大きい。常識的に「差別はいけない」と信奉して会話する人々であっても、詳細に分析してみれば、「反差別的な会話をする」という活動とは裏腹に、会話を通じて被差別者を排除しているという知見である（山田 2000; 好井 1999）。

終章　郡上八幡の人々の生きざまに学ぶ

これまで交錯論的アプローチから、郡上八幡を特徴づける〝踊り〟と〝水〟をめぐる地元住民の語り（＝統制的発話）を手がかりに、伝統というリアリティがいかにして産出されていくのか、さらにそれがどのように地域社会を突き動かし地元住民の〝生きざま〟を浮かび上がらせかつ形づくるのか、を明らかにしてきた。だが、本書が交錯論的アプローチを打ち出しながら、じつは構築論的アプローチではないか、また、なにゆえに郡上八幡における語りとリアリティか、という本書の試みそのものの意義についても、議論の余地が残されている。

そこで、この終章では、これら二つの疑問に応えながら、交錯論という方法論レベルを越える、新たに生成しつつある社会学の方向性を示すことにしたい。

1 フィールドの〝ちから〟

1・1 いかがわしい調査？

まず前者の疑問に応えるためには、これまでの郡上八幡でのフィールドワークが大きくかかわっているので、まずはそこに立ち返って議論しよう。

改めて論じるまでもないが、フィールドワークとは、〝あるく・みる・きく〟という具体的な経験に基づいて社会現象を記述・説明しようという営みである。このとき、調査者が真っ先に目にする光景は、調査者をも含めた具体的な個々人と向き合う場面である。それは序章でも述べたように、地元住民が調査者を前にして〝いま・ここにおいて語り合う〟という出来事そのものであった。そのような語りにひそむ〝口説きの世界〟に、調査当初の筆者はすっかり魅了されてしまったのだ。そのことを何とかして表現しようとしたとき、構築論的アプローチは筆者の研究の手助けとなった（足立 1995b）。この成果を足掛かりにして、本書は基本的に、筆者の身体を使った〝あるく・みる・きく〟の端緒から始められている。

しかし、〈いま・ここ〉の語りと〈あのとき・あそこ〉に属するコンテクストを交錯させながら、重層的な時空間を生きる郡上八幡の人々にしてみれば、〈いま・ここ〉での語りのみに注目する構築論的なフィールドワークは、どこかしらいかがわしい実践であった。たとえば、長良川河口堰反対運動の分裂において、筆者は対立している選挙賛成派と反対派の両方にそれぞれの主張を聞くことができた。だが、このような対立しているグループを交互に出入りしてフィールドワークを深めれば深めるほど、筆者のうかがい知れぬところで「ヘンな調査している」という噂が広まっているらしいと容易に察しがつく。

やがて、そのような懸念は現実のものとなる。上述のようなフィールドワークを繰り返していた一九九四年六月のある日、地元で「町衆」と呼ばれるQ氏は聞き取りの冒頭で、いきなり「要件だけ言ってください」と切り出しながら、それに続く筆者の「町長選挙以前のPさんとのご関係はどうだったのでしょうか」という質問に対して、次のような不快感をあらわにした。

「いや、それは、なんか共通尋問のようなかたちやけれども、なぜそういった取材が必要なの？そんな文学的なことを。……ぼくは、そんなこと論文の対象になるような問題じゃないと思うんです。……もう少し大きくとらえられたほうがいいんじゃないですか。なんか論文としてあまりにも小さすぎて、ぼくはまともにできんと思いますよ。だから今度（賛成派）のところへ行って、（賛成派）が言いたいことを言う、こっちがまた言いたいことを言う、まるっきり喧嘩口上みたいなことをどんどんと書いて、はっきり何かを表わすことは、困難になると思うんです。言いたいことを言って順番にいったら、水掛け論になってきます。それは、たいへんなことになるんじゃないかと思いますけど」。

Q氏の反応に、筆者は思わず頭が真っ白になってしまった。事実、この聞き取りではこれ以上運動の分裂についてふれることはできなかった。これ以降のフィールドワークにおいて、筆者は地元住民との関係にひびが入ったのではないかと不安にさいなまれるようになった。

つまり、地域社会でフィールドワークを実践する場合、調査者―被調査者のあいだで展開する事実や対象の構築過程を純粋に探求する構築論は、かなり初期の段階では有効であるかもしれないが、フィールドワークが深まっていけばいくほど困難になっていく。聞き取り自体が、両者のあいだで過去のものとして出来事化していき、次なる聞き取りのコンテクストとなっていくために、次の聞き取りはどことなく空々しくなってしまうからである。いみじくもQ氏が「共通尋問」という表現を使ったように、〈いま・ここ〉での語りによる事実構築過程を探求するための方法論的手続きである「括弧入れ」や「脱構築」が聞き取りの際に絶えず繰り返されたならば、地元住民にしてみれば、いままでの自分たちの主張が信じられていないから繰り返されている＝尋問されている、と感じるのである。

構築論のいう事実や対象の構築過程という形式性の探求よりも、郡上八幡に住む人々にとってもっと大切な何かをとらえることが重要なのではないか――Q氏はそのようなことを筆者に問うて、促しているのではないか。それに応えるかたちで書いたのが、第9章である。

また、このようなフィールドワークの履歴は、郡上おどりの保存・継承についても、同じことだった。たとえば、二〇〇一年九月一日、筆者は、郡上おどりの出張公演のため、地元住民といっしょに福井県勝山市行きの大型バスに揺られていた。その頃の筆者は一九九七年秋から構築論的な聞き取りを繰り返したあげく「それだけでは踊りのことはわからない」という地元住民の言葉を真摯に受けとめ、一九九八～二〇〇一年の毎シーズンに踊っていたところだった。

バスに乗り込む直前、出張公演のお囃子担当であるお囃子クラブの会長は、筆者に向かって、あなたはいろいろと郡上おどりについてしつこく調査しているが、いったい何がわかったのか、あなたの立場からいまの郡上おどりはどう見えるのか、これから郡上おどりはどうあるべきなのかを、二〇分くらい時間あげるからいっぺん話してくれ、と依頼してきた。バスに乗ってほどなく件の会長から紹介され、マイクを手渡された筆者は、しどろもどろになりながら郡上おどりについての見解を語った。

この出来事の後、筆者はインフォーマントに対して一瞬懐疑的な態度をとって集中的に聞き取りをするフィールドワークを見直すこととなる。というのも、自らの社会学的な関心と地元住民の実践的な関心とのズレに、筆者はどのような態度をとるべきか、思い悩んだからである。この問いへの応答が、第4、5章に相当する。

1・2　モノグラフに求められるもの

ではいったい、これらのフィールドワークの経験から何がいえるのか。端的にいえば、フィールドワークは固有の履歴をもっている、ということである。さらにフィールドワークの当初は、調査者側からの少々の懐疑的な問いかけは許容される。なぜなら、地元住民にしてみれば調査者は、一回きりの「お客様」である可能性が高いからである。本書の場合、この時期に許される方法論が構築論的アプローチであったというわけだ。そのことによって表現できる地元住民の生活（＝〈いま・ここ〉での言説実践）もたしかに存在し、そのような記述自体に意味があることは間違いない。しかし、長くフィールドにかかわっていけばいくほど、調査者には被調査者（ひいては地域社会）の側から「たしかにわれわれのことをよく調べているし、社会学的には面白いかもしれないが、それではわれわれの課題に社会学はどう応えてくれるのか」という問いが鋭く突きつけられる。このとき、被調査者からの「切実な〈人びとの問い〉」（山室 2004: 152）が調査者の身体に刻み込まれるのだ。このような地元住民がかかえる課題を、〝すでに知ってしまった〟われわれ調査者は、地元住民と研究者の言語ゲームが違うからといって放置することができるだろうか？――いや、できない。

このような地元住民の課題に真摯に向き合うこと、〈人々の問い〉を社会学的な問いに重ね合わせること、そして、微力ながら何らかの社会学的な知見を析出してみること――これらの課題を引き受けたとき、まず筆者が考えなければならないのは、あの河口堰反対運動の分裂や、あの郡上おどりの行く末（あるいは、地元の踊り離れ）に対して、いったい筆者自身はどのように決着をつけるのか、ということであった。これらの地域社会がかかえる課題に〈いま・ここ〉で展開する住民の言説実践に固執するだけでは、どうにも限界があった。

すなわち、〈いま・ここ〉での語りだけでなく、〈いま・ここ〉での語りと〈あのとき・あそこ〉に属するコンテクストとの交錯のなかで立ち現われるリアリティをとらえなければ立ち行かないのではないか。このとき、当初のフィールドワークで有効であった方法論（＝構築論）は、調査者と被調査者との関係性の変容のなかで修正を迫られた。それが交錯論である。つまり、フィールドワーク論としていえば、交錯論は構築論を基礎にして成り立っているのである。

たしかに、このようなフィールドに向かう態度の変容を「方法論的な非一貫性」と見ることも可能であろう。しかし、ひとつの地域社会に腰を据えたモノグラフを志向するフィールドワーカーにしてみれば、ここでいう方法論的な非一貫性は、たいした問題ではない。たとえば、長らくブラジル日系人社会を研究しつづけてきた前山隆は、構造主義や現象学的人類学を起点にさまざまな人類学の諸理論を検討したあげくに、究極的に「文化人類学の最大の手法は『私』である……方法は『私』である」（前山 2003: 321）と断言している。このたいへん力強い前山の主張を受け継ぐならば、フィールドワーカーは地元住民とのやりとりのなかで、切実な〈人々の問い〉を刻み込まれて方法論的な変容を迫られる。このとき、長らく同一のフィールドに身をおき、社会学を志向する者の記述は、それまでの書き方から遠ざかり、隔たりをおくようになる。つまり、この隔たり＝方法論的な非一貫性とは、フィールドワーカーの身体に深く刻み込まれた、フィールドからの切実な〈人々の問い〉の〝痕跡〟である。

この痕跡をモノグラフとしてたどることができるならば、われわれは、長年にわたる調査者―被調査者の関係性の変容、ひいては、調査者を巻き込むフィールドの〝ちから〟をとらえることができるのではないだろうか。とすれば地域社会というフィールドは、フィールドワーカーに積極的に働きかける〝ちから〟をもった、ひとつの「社会的事実」だといえよう。このような現象は、決して言葉でもって明示化されえない、フィールドワーカーの身体に体感されることで初めて、その姿を現わす。

2　郡上八幡の人々の生きざま

2・1　生きざまとは

では、なぜ郡上八幡における、しかも住民の語りによる共同主観的なリアリティを記述するのか。また、そのようにして見いだされたリアリティは、われわれにいったい何を与えてくれるのだろうか。語りとリアリティの社会学は、いったいどこに向かっていくのだろうか。

結論を急げば、交錯論が重視するリアリティは、郡上八幡に住む人々の〝生きざま〟に行き着く、と筆者は考えている。

意志決定の手続きとしての「町衆システム」が郡上八幡という地域社会に存在する。重要なのは、この町衆システムが郡上八幡独自に生成したことだった。この町衆システムは、いったい何を物語っているのか。それは、郡上八幡における人と人とのあいだの平等感覚や公論形成にかかわっている。第9章に立ち返るならば、選挙賛成派のP氏からすれば、代表世話人Q氏のような町衆の発言権は、直接民主制を通すべき環境運動のあり方にとって、許されざるものであった。しかし、ほとんどが地元出身者で占める選挙反対派にとってみれば、何事かに経験を積んだ熟達者が多くを語るのは、きわめて当然のことである。ただし、選挙反対派である若手の成員たちは、いつでも町衆に従順なわけではない。一方の町衆側も、そのことを踏まえたうえで自らの考えが絶対だと言い張るのではなく、若手の自発性を引き出す余地を残している。郡上八幡の人々にとって、この手続きとしての町衆システムを全く踏まえないわけにはいかない。そういった意味で、町衆システムは「余裕をもった厳格な手続き」であるのだ。

つまり、地元住民がなにがしかの意志決定を遂行するために町衆システムという手続きを踏んだ先に「これがこの町にとって正しいやり方だ」と同時に「これがみんなの総意である」と合意するところに、郡上八幡人の生きざまの一端を垣間見ることができるのだ。

また、観光化と文化財として保存された「郡上おどり」が現状どおり維持されていく裏側で、自分たちの身近な〝伝統〟を称揚する地域づくりに住民を動員させるリアリティを記述・分析してきた。そのような郡上八幡に独特なリアリティを踏まえたノスタルジック・セルフこそが、観光化とは異なる新たな価値を形成する地域づくりの方向性をめざすと同時に、ノスタルジーがささえる〝たのしみ〟ある伝統文化の創造的継承を可能にする。地元住民が語る〝たのしみ＝風情〟のある経験によって生み出されるリアリティは、外部からもたらされた観光化や文化財化といった伝統文化や地域づくりの価値のおき方とは一線を画すものであった。このようなリアリティを、本書では〝審美的〟と呼んでおいた。郡上八幡にて〝風情〟と呼ばれる審美的リアリティは、地元住民の生きざまのうちの美的側面を映し出した

写真終・1　郡上八幡春祭りの岸剣神社大神楽
（八幡町上日吉町，1998 年 4 月 18 日撮影）
八幡町市街地に鎮座する 3 つの大きな神社の神楽が各町内，各家々を回りながら演じる。北町の家々のほとんどは岸剣神社の氏子である

写真終・2　郡上八幡春祭りの日吉神社大神楽
（八幡町立町，1998 年 4 月 18 日撮影）
同上。南町の家々のほとんどは日吉神社の氏子である

ものといえよう。

本書には、多様で微細な統制的発話とリアリティについての記述・分析を積み重ねていくことで、やがて郡上八幡の人々の生きざまをトータルに描き出すことができるはずだという構想がある。ここでいう生きざまとは、近年注目されはじめた「生き方」（田辺 2003）、「生きる方法」（島村 2006）、「生活技法」（山室 2008）という概念と重なりつつも、それらからはみ出す性格をもっている。というのも、いわゆる「生き方の方法・技法」には、何らかの知識や資源を「選択、運用する人間」（島村 2006: 8 強調筆者）たちが「生活し続けるために必要なものを協働で創り出す一連の振舞い方」（山室 2008: 9 強調筆者）という、どことなく理知的かつ戦略的なニュアンスが強いからである(1)。それに対して、生きざまとは、その時々にはそうすることでしか（ありえ）ない、物事の成り行きの結果として〝思わず〟漏れ出て（さらけだして）しまう生活態度をさしている。それは、生き方・技法という言い回しよりも、もっと不器用で、〝美醜〟あるいは〝清濁〟併せもった価値を内包している(2)。

また生きざまは、文化人類学者の川田牧人が提唱した「生き方のビジョン」(3)ともずれる部分がある。というのも、川田のいう「生き方のビジョン」は、「よりよく生きる方向へと自らを律する生活倫理」あるいは「生活を一定の方向へと牽引していく理想や志でもあり、暮らしをよりよいものへと押し上げていく生活指針でもある」（川田 2008: 304）のだが、一方の生きざまのほうは、〈いま・ここ〉において将来を見通すことができるような計画性をもちあわせてはいないからである。それは、どうしようもなく「気がつけばそのようにしてあり、そうあり続けようとする類のもの」（関一敏 2002: 43）なのである。

もちろん、生きざまにも〝ビジョン〟といった未来指向性をおびる可能性はあるが、それは、「生活の理念型」あるいは「生き方の理想論」といった「倫理規範的な側面」（川田 2008: 305-6）よりも、どちらかといえば〝人々の願い〟に近い「人情の自然」（桜井徳太郎 1962: 367）といった前―規範的な側面にポイントがある(4)。

そのような郡上八幡の人々の生きざまが、本書の受け手であるわれわれの生きざまとも根底的につながっているのではないだろうか。もちろん、郡上八幡に住む人々の生きざまを描き出すためには、本書で示したような二つの事例研究だけでは不十分である。当然のことながら、より広範な日常生活のなか

写真終・3　宗祇水神祭
（八幡町本町宗祇水前，2001 年 8 月 20 日撮影）
神事終了後，本町住民が観光客に酒をふるまう

写真終・4　宗祇水神祭のふるまい酒
（同上，2008 年 8 月 20 日撮影）
宗祇水で冷やしたビールや日本酒の味は格別。右側が観光客

からさまざまな事例の記述・分析を重ね合わせていくことで、彼らの生きざまは、モノグラフとして浮かび上がってくることになるだろう(5)。

2・2 フィールドから学ぶ

では、なにゆえに筆者は、郡上八幡の人々の生きざまにこだわりつづけるのであろうか。それがわれわれにとってどのような意味があるだろうか。

これらの点は、モノグラフ研究の意義そのものにかかわっている。宮内泰介は、これまでの事例研究が「対象全体のひとつのサンプル」として、あるいは、「対象の本質の探求」として位置づけられてきたと述べている。だが、それら両方とも研究者のリアリティからどことなく乖離していると、宮内は主張する。そのうえで、ソロモン諸島マライタ島の住民が営むバラエティあふれる生活戦略から、「人びとにとっての事例研究は、そして、私たちにとっての事例研究は、そこから一般理論を導くためでも、体系立てた議論をするためでもなく、生活を組み立てるための知恵や力としての事例研究であるべきではないか」(宮内 2005: 43)と主張する。すなわち「生活を組み立てるリソース」として事例研究があるのだと提案している(宮内 2005: 35)。この宮内の議論を参照するならば、郡上八幡の人々の生きざまは、われわれの生きざまにどのように資することになるのだろうか。

周知のとおり、現代日本社会は経済のグローバリゼーションという潮流のもと、ますます自己責任による自由競争原理に拍車がかかっている。社会の個人主義化や心理主義化とあいまって、正統化されたグローバリズムを生きる個々人は、生活の安定を得るためには絶えず〝競争〟せねばならないという価値観が強烈に植えつけられるのである。このとき勝ち残っていくために、個々人の能力、スキル、感情のマネジメントがつねに問われつづけることとなる(6)。その結果、われわれはますます、グローバリゼーションのなかで孤立化していく。そのような漠然とした〝生きづらさ〟（＝個の不自由）がどことなく支配的になっているのではないだろうか。

もしこのような時代認識が妥当であるならば、郡上八幡人の生きざまは、われわれにとってヒントとなるだろう。たとえば、町衆システムや〝風情〟による伝統文化の継承から浮かび上がる生きざまは、明らかに、目先の状況にふりまわされない、しかもみんなで生活することを〝楽しむ〟共同性のなかにひそむ自由、といいうるような「価値」を可能にさせるように思う。このような価値はわれわれにとって、郡上八幡という比較的自律した地域社会がもつ伝統をリソースにしながらも、代替可能で、新しい共同性を志向する生きざまへと仕切り直すことを可能にさせるのではないだろうか。新たな生きざま形成の内実にまで到達しえなかったが、郡上八幡のモノグラフ自体にそのような可能性があることを、ここで明記しておきたい。

とはいうものの、このような意義を声高に述べると「そんな大げさな」とか「この町は周回遅れなんですよ」といった郡上八幡の人々の声が聞こえてきそうである。しか

写真終・5　縁日踊り終了後のセリ
（八幡町下日吉町，1998 年 8 月 11 日撮影）
秋葉祭の後片付けをすませた住民が，供えられた日本酒のセリを行い，分配する。各自が支払ったお金を集めて，翌年のお祭りへの貯えに回す

し、一フィールドワーカーの立場からすれば、郡上八幡の人々の生きざまを踏まえることは、前節で述べた〈人々の問い〉への応答に必要不可欠であると同時に、われわれがよりよく生きていくためのヒントになるという思いがあるのは確かである。

われわれフィールドワーカーが日頃から口にする〝フィールドから学ぶ〟とは、このようなことではなかったか(7)。

＊＊＊

朝六時、また今日も、秋葉さまの鐘が鳴った。もうすでに表では近所の人々がほうきを手に持っておしゃべりを始めている。今日も郡上八幡の一日が始まる。ふとんのなかで鐘の音とおしゃべりを聞いた私は、ぼんやり思う。この一〇数年間、来る日も来る日も、このような光景が繰り返されてきたのだなぁ、と。もしかしたら、次の一〇数年も、その次の一〇数年も、そのまた次も……永遠に変わらないのではないだろうか。

しかし、このような思いをよそに、郡上八幡という地域社会はこの一〇数年間、われわれの生きざまを静かに揺さぶりつづけながら、地元住民の語りとリアリティを通じて絶えず変化していたのだった。

注

(1) ただし、民俗学者の島村恭則は〈生きる方法〉という概念のなかに、「笑いや悲嘆、身体感覚や暴力、さまざまな想念、情念といった、いわば〈混沌の領域〉」を含み込もうとしている。だが、「人間が、自らをとりまく世界に存在するさまざまなものごとを資源として選択、運用しながら自らの生活を構築してゆく方法」と定義された〈生きる方法〉という言い回しそれ自体には、島村のいう〈混沌の領域〉がうまくとらえきれているとはいいがたい（島村 2006: 14）。

（2）ここに至って、われわれは〈いま・ここ〉と〈あのとき・あそこ〉が交錯するリアリティの記述だけでなく、〈いま・ここ〉を中心としたリアリティ記述も、郡上八幡の人々の生きざまにとって重要な部分であることを知る（たとえば、第2、3、8章）。その際、前者のリアリティが彼らの生きざまの〝内包＝中心〟であるならば、後者のリアリティは〝外延＝周縁〟に当たるだろう。

（3）環境民俗学の再構想を試みる川田は、民俗学の独自性が近過去を経由することで「よりよく生きる」という未来指向性にあるとしたうえで、島村のいう「生きる方法」を検討した。そのなかで川田は、「生きる方法」という概念の構成に当たって、柳田國男の「生活目的」をヒントに「生き方のビジョン」を提唱している（川田 2008）。

（4）川田は、「生き方のビジョン」の倫理規範的な側面を指摘したうえで、ここから「共同性の議論へ向かうことは、無理なく理解できよう」（川田 2008: 306）と論じている。これまでの社会学の議論からすれば、もっともな論理展開であろう。しかし、生きざまを提示する本書の立場からすれば、新たな共同性の創出に倫理や規範を基礎づける必然性はない。この点については、道徳や規範から遠ざかって、詐欺や贈与から社会の成立を説いた荻野（2005）の議論がある。

（5）現在の筆者の関心は郡上おどりの保存・継承にあるが、今後は郡上八幡の人々の生きざまをトータルにとらえるために、「タノモシ」（頼母子）という日常的つきあいの研究に着手していこうと考えている。いまだ概略的なフィールドワークにとどまっているのだが、この地域でいう「タノモシ」とは、たとえば同じ趣味の会、同級生などといった横のつながりを半恒久的に保つための親睦講となっている。その集まりは、月一回、会員共通の縁日に行われる飲み会によって具現化されている。この「タノモシ」で培われたモノや金銭の分配のしくみ・原理――それは、一度個々人がみんなの前でモノや金銭を差し出して、そのすべてを一括して集めて、そのうえでセリなどを通じて個々人に再分配するやり方をとる――が、どうやら郡上八幡の相互扶助の精神や日常生活上のつきあいに大きな影響を及ぼしていると思われる。今後は、この「タノモシ」に現われる生きざまを人々の語りと実践から引き出し、本書第Ⅰ部と第Ⅱ部に見られる生きざまと突き合わせて、郡上八幡の人々の生きざまをトータルに描き出したい、と筆者は考えている。

(6) 心理学的知識による個々人の感情マネジメントと自由主義経済を徹底化した高度資本主義社会との関連については、森真一（2000）および渋谷（2003）を参照のこと。

(7) ただし、ここでいう〝フィールドから学ぶ〟以前には、次のような態度がなければならない。それは、宗教人類学者の関一敏が呪術世界へアプローチする態度に似ている。関は、フィリピン・ビサヤ地方シキホール島を事例にしつつ、われわれ研究者にとってシキホール島の呪術が信じがたいものであることを明言する。しかしながら、宗教研究者としての彼は、「それが理にあわないことは分っている、でもやはり……」（関一敏 1997: 364）と述べたうえで、「呪術世界の出来事とともに、それを語るかれらを信ずる根拠を書くこと。この文脈ではフィールドでの長期滞在は一義的にはかれらを信ずるための期間である」（関一敏 1997: 364–5 強調原文）という態度を示している。このような態度は、一見するとわれわれの生活からズレる人々の生きざまから何かを学びとる以前に必要な、記述的スタンスであるといえよう。このスタンスによって、調査者は被調査者である地元住民に対して過剰な賞賛を回避することができるだろう。

あとがき

肝心なことは、言葉で多くを語ることはできない。それは、沈黙、余白、行間といった〝語りえぬもの〟からにじみ出てくるものである――これまで学会などでさんざん「語りや言葉が大事だ」と言っておきながら、本書の行き着いた先は、このようなありきたりなものとなってしまった。だが、肝心なことを見抜くためには、沈黙、余白、行間を生み出す〝語り〟や〝言葉〟がどうしても必要になってくる。この語りと語りえぬものの「交錯」（あるいは「パラドクス」）のなかに、人々の〝生きざま〟が浮かび上がってくるのではないか。とすれば、社会学を志す者として、語りえないからといって、沈黙してはならない。絶えず自分たちの伝統に立ち返ろうとする、郡上八幡の人々の生きざまはどのようなものであり、またその生きざまから郡上八幡という地域社会はどのように見えてくるのか。本書の立場は、おおよそこういったところだろう。

はたしてこの試みが成功しているかどうかはたいへん心許ないが、私としては今後、〝生きざま〟という視点でフィールドワークを、さらには社会学そのものをとらえ返していきたいという野心をもっている。というのも、かつて社会学の存在に救われた者として、生きざまはもっと社会学の根幹に据えられるべきであり、それを踏まえずして運動や政策への有用性などありえないと考えるからである。それが、私なりの社会学へのささやかな〝恩返し〟なのである。

そのためにはまず、フィールドワークは変わらねばならない。たとえば、社会調査論において「質的調査」という言葉がある。これは、教科書的にいえば、量的調査との対比のうえで成立する領域であるといってもいいだろう。たしかに数量化されえない質を伴った事実が存在する。そこに魅かれて、フィールドワークを志す社会学研究者も増えてきた。もちろん、私もその一人である。しかし、質的調査に固有の〝質〟とはいったい何だろうか。それは、たんに数量化されえない「事実」「史料」「データ」「トランスクリプト」だけですませていいのだろうか。いやもっと踏み込んで、語りが産出するリアリティの〝色合い〟〝奥行き〟というか、そのような濃淡や距離感こそ、質なんじゃないか。ただ、その質とやらを社会学的に定義・説明せよと言われるとうまくいかないのだが、フィールドワークを通じて記述するならば、それは可能だ。これまでのすぐれたフィールドワークによる記述は、意図的かどうかは別として、そういうものを含み込んできたはずだ。

もうそろそろ社会学的なフィールドワークは、人々の生きざまに通じる〝色合い〟や〝奥行き〟を伴うリアリティと真剣に向き合わなければならない。本書を書き上げたいま、自省を込めて強くそう思う。

私が最初に郡上八幡を訪れたのは、今から約二〇年前の学部生の頃だった。その頃、専門課程に進んでいた私は、「社会調査とはどんなもんなんだろうか」という軽い気持ちで、当時の指導教授が始めたばかりの長良川河口堰建設問題の調査に仲間とともに同行させていただき、流域の各市町村を訪れていた時期だった。「何か知らんけど、上流のほうに、すごく盛り上がっている反対運動があるらしい」という釣り好きの指導教授の言葉にしたがって、全く聞いたこともないそのまちに行ってみようということになった。それが郡上八幡だった。

路線バスで郡上八幡に到着したのは夜で、季節は冬だった。今でも印象に残っているのは、とにかく宿をめざしてシンシンと冷え込む薄暗いまちなかを歩いていると、突如として現れた宮ヶ瀬橋の欄干に備えつけられた街灯と、右岸側の切り立った崖の上に青く光る某電器メーカーのネオン（現在は景観的な配慮から撤去された）が橋、川、町並み、そして酔って肩を組んですれ違う通行人たちをボーッと照らし出す、何とも幻想的な光景であった。誤解を恐れずにいえば「こんなところがあったのか」というのが正直な第一印象だった。ただし、ここでいう「こんなところ」とは、〝都会か田舎か〟といった単純な二分法とはまったく別次元の、たいへん魅力的な〝まち〟という意味である。このようなまちこそ、実は日本全国に多く点在しているのではないか。そこで反対運動が盛り上がっているって、どういうことなのだろう。ほとんど直感の域を出ない素朴な関心から、私は本格的に郡上八幡でフィールドワークを開始した。あれから一七年――といっても一七年間ずっと郡上八幡にいたわけではないのだが、それでもこのまちで下宿を借りつづけ、そこでの暮らしを立てながら、いまも断続的にフィールドワークを続けている。

二〇〇五年、私は関西学院大学大学院社会学研究科に博士学位請求論文「地域社会における語りとリアリティの社会学的研究——岐阜県郡上市八幡町のモノグラフ」を提出し、翌年学位を取得した。本書はそれをもとに大幅な加筆・修正を加えたものである。初出一覧は、以下のとおりである。

序章　2005「地域社会における語りとリアリティ——郡上八幡という場所をとらえるための試論」『先端社会研究』3 関西学院大学大学院社会学研究科21世紀COEプログラム・関西学院大学出版会: 9–33.

第1章　書き下ろし

第2章　2000「伝統文化の説明——郡上おどりの保存をめぐって」片桐新自編『シリーズ環境社会学3 歴史的環境の社会学』新曜社 132–54.

第3章　2001「伝統文化の管理人——郡上おどりの保存をめぐる郷土史家の言説実践」中河伸俊・北澤毅・土井隆義編『社会構築主義のスペクトラム——パースペクティブの現在と可能性』ナカニシヤ出版 175–95.

第4章　2004「地域づくりに働く盆踊りのリアリティ——岐阜県郡上市八幡町の郡上おどりの事例から」『フォーラム現代社会学』3 関西社会学会・世界思想社: 83–95.

第5章　2004「ノスタルジーを通じた伝統文化の継承——岐阜県郡上市八幡町の郡上おどりの事例から」『環境社会学研究』10 環境社会学会・有斐閣: 42–58.

第6章　2002「公共事業をめぐるディスコミュニケーション——長良川河口堰問題を事例として」『都市問

題』93–10, 東京市政調査会: 43–56.
第7章　2001「公共事業をめぐる対話のメカニズム――長良川河口堰問題を事例として」船橋晴俊編『講座環境社会学2　加害・被害と解決過程』有斐閣　145–76.
第8章　1998「あいつはここに住んでいない――環境保護運動における住民のカテゴリー化実践の研究」山田富秋・好井裕明編『エスノメソドロジーの想像力』せりか書房　159–69.
第9章　1999「地域環境運動の意志決定と住民の総意――岐阜県X町の長良川河口堰建設反対派の事例から」『環境社会学研究』5　環境社会学会・新曜社: 152–65.
第10章　第4、7、9章の初出論文の理論部分を集めて再編
終章　2008「生活感覚のフィールドワーク――岐阜県郡上市八幡町の事例研究から」『社会と調査』創刊号　社会調査士資格認定機構・有斐閣: 50–60.

なお、第4、5、終章のもとになる論文の執筆にあたっては、平成一三〜一四年度文部科学省科学研究費補助金若手研究B（課題番号：13710108）、平成一三〜一五年度文部科学省科学研究費補助金基盤研究B（1）（研究代表者：岩本通弥　課題番号：13410095）、平成一八〜一九年度文部科学省科学研究費補助金若手研究B（課題番号：18730322）の助成を受けた。関係各位に感謝申し上げる次第である。

あとがき

本書の完成までに、多くの方々のご助力をいただいた。この場にてお礼を述べさせていただきたい。

まず真っ先に、郡上八幡の皆様方に深くお礼を申し上げたい。特にフィールドワークに直接かかわっ

てくださった方々は、一九九三年より今日まで、いったい何をしているのかよくわからない私を寛大に受け入れてくださった。ただ、本書をごらんのとおり、まだまだ扱いきれていないテーマが多い。郡上八幡の方々の生きざまは、たいへん奥深い。今後はこの深みに向かいながら、郡上八幡を特徴づける、用水とともにある暮らしぶりや独特の釣り文化など、気持ちを新たにして研究に取り組む所存である。

各章の論考を書き上げる際に、これまで学部から大学院にかけて所属してきた、追手門学院大学文学部社会学科、大阪教育大学大学院教育学研究科、関西学院大学大学院社会学研究科の先生方をはじめ先輩・同僚・後輩の皆様、ならびにさまざまな学会や研究会、専門誌の査読にて批判やコメントを寄せてくださった先生方に、お礼を申し上げたい。なかでも工藤宏司さん（大阪府立大学講師）と山室敦嗣さん（福岡工業大学准教授）は、必ず有益なヒントやコメントをその都度くださった。また構築主義については、中河伸俊教授（大阪府立大学）から多くを学ばせていただいた。

その後、本書のもととなる博士論文の審査では、主査である荻野昌弘教授（関西学院大学）、副査である古川彰教授（関西学院大学）、好井裕明教授（筑波大学）にたいへんお世話になった。特に論文提出に際して、荻野教授からは、既存の方法論や細かい語りの分析に逃げ込みがちな私に対し、〝社会なるもの〟の首根っこをつかむような、自分流の社会学を展開するようにとの助言をいただいた。また、古川教授は、長年にわたるフィールドワークのご経験から、博士論文の方法論や全体の構成について重要な示唆を与えてくださった。そして好井教授は、論文自体が行き詰まった際には〝社会学を生きる私の原点〟を甦らせていただいた。先生方からの助言は、本書を執筆するうえでも引き継がれている。

ところで、私には三人の師がいる。お一人は、学部時代の指導教授であった田中滋先生（龍谷大学教授）である。学部生時代、遊びとアルバイトに明け暮れていた私は、独創的な理論的思考でもって生々しい社会現象をたちどころに説明してみせる先生の語り口に魅せられ、社会学の世界に足を踏み入れた。また何を隠そう、郡上八幡に引き合わせてくださったのも、田中先生なのである。

その後、大学院修士課程に進んだ際には、平英美先生（滋賀医科大学教授）にご指導いただいた。平先生は、専攻されている現象学的社会学やエスノメソドロジーといった方法論だけでなく、それらの根幹にかかわる「ラディカルな態度とはどういうことか」について身をもって示してくださった。

さらに大学院博士後期課程にて指導を引き受けてくださったのは、鳥越皓之先生（早稲田大学教授）である。鳥越先生からはフィールドワークの厳しさや迫力だけでなく、人々の生活から学ぶ姿勢を含めた「研究することの意味」について、実に多くのことを学ばせていただいた。先生のおかげで、どうにか一人前の研究者になることができた。

指導教授である先生方からのこれまでの温かいご指導と励ましに改めて深くお礼を申し上げたい。

最後に、いつもささえてくれる妻と娘に感謝するとともに、これまで勝手気ままな生き方を許してくれた、父（故人）、母、弟に本書を捧げる。

二〇一〇年六月

足立　重和

参考文献

阿部潔 2001『彷徨えるナショナリズム――オリエンタリズム/ジャパン/グローバリゼーション』世界思想社

足立重和 1992「郡上八幡における水と人の関わり」大阪教育大学社会学・経済学研究室編『柳町調査報告書――岐阜県郡上郡八幡町』96–120.

―― 1995a「フィールドにおける矛盾する語りの解釈について」『現代社会理論研究』5: 205–19.

―― 1995b「長良川河口堰建設反対運動における『分裂』の構成―岐阜県X町の事例から」『関西学院大学社会学部紀要』73: 75–86.

―― 2002「公共事業をめぐるディスコミュニケーション―長良川河口堰問題を事例として」『都市問題』93(10): 43–56.

―― 2004「常識的知識のフィールドワーク―伝統文化の保存をめぐる語りを事例として」好井裕明・三

浦耕吉郎編『社会学的フィールドワーク』世界思想社 98–131.

赤阪賢 1994「おわら風の盆考―地域文化のひとつの展開」井上忠司・祖田修・福井勝義編『文化の地平線――人類学からの挑戦』世界思想社 168–90.

天野礼子 1988「長良川が危ない」（カラーグラビア付）『週刊現代』4. 9: 127–30, 135–8.

―――― 1990『萬サと長良川――「最後の川」に生きた男』筑摩書房

―――― 1994「解決は誰の手によってなされるべきか」北川石松・天野礼子編『巨大な愚行 長良川河口堰――政・官・財癒着の象徴』風媒社 291–323.

―――― 1995「『円卓会議、成功』で、長良川を守りきるのだ」『長良川ネットワーク』長良川河口堰建設に反対する会 13（95. 1）: 1.

――――／デイビット・ブラウアー 1993『長良川から見たニッポン』岩波書店（岩波ブックレット No. 313）

安藤直子 2002「地方都市における観光化に伴う『祭礼群』の再編成―盛岡市の六つの祭礼の意味付けをめぐる葛藤とその解消」『日本民俗学』231: 1–31.

青木秀樹・大塚清史・白水正 1999「長良川の水運」第14回国民文化祭岐阜県実行委員会編『ぎふ 山の生活 川の生活』岐阜新聞社 61–84.

浅野智彦 2001『自己への物語論的接近――家族療法から社会学へ』勁草書房

―――― 2003「物語と〈語りえないもの〉」『年報 社会科学基礎論研究』2: 98–115.

Bittner, Egon, 1965, "The Concept of Organization," *Social Research* 32(3): 239–55. Reprinted in: Roy Turner ed., 1974, *Ethnomethodology*, Penguin Education, 69–81.

文化庁文化財保護部 1996「新指定の文化財」『月刊文化財』399: 4–42.

江原由美子 1988『フェミニズムと権力作用』勁草書房
永六輔 1996「永六輔の誰かとどこかで」『週刊朝日』7. 5: 116–7.
―― 1997『あの町この人その言葉――『誰かとどこかで』より…』朝日新聞社
福田珠己 1996「赤瓦は何を語るか―沖縄県八重山諸島竹富島における町並み保存運動」『地理学評論』59A (9): 727–43.
福田アジオ 1997『番と衆――日本社会の東と西』吉川弘文館
舩橋晴俊 1985a「社会問題としての新幹線公害」舩橋晴俊・長谷川公一・畠中宗一・勝田晴美『新幹線公害――高速文明の社会問題』有斐閣 61–94.
―― 1985b「『公共性』と被害救済との対立をどう解決するか」舩橋晴俊・長谷川公一・畠中宗一・勝田晴美『新幹線公害――高速文明の社会問題』有斐閣 237–72.
―― 1995「環境問題への社会学的視座―『社会的ジレンマ論』と『社会制御システム論』」『環境社会学研究』1: 5–20.
―― 1997「環境問題と情報―公共圏の豊富化をめぐって」『社会と情報』3: 53–74.
―― 1998a「補助金制度の構造的欠陥―財政支出肥大化についての社会学的視点」『都市問題』89 (4): 43–54.
―― 1998b「現代の市民的公共圏と行政組織―自存化傾向の諸弊害とその克服」青井和夫・高橋徹・庄司興吉編『現代市民社会とアイデンティティ――21世紀の市民社会と共同性：理論と展望』梓出版社 134–59.
―― 1998c「環境問題の未来と社会変動―社会の自己破壊性と自己組織性」舩橋晴俊・飯島伸子編『講

座社会学12 環境』東京大学出版会 191–224.

Gergen, Kenneth J., 1999, *An Invitation to Social Construction*, Sage. = 2004 東村知子訳『あなたへの社会構成主義』ナカニシヤ出版

岐阜県博物館編 1994『川に生きる――水運と漁労』

郡上八幡産業振興公社（田中義久・細川竜弥・加藤春喜）2001『遊歩9 郡上八幡』編集工房あゆみ

郡上観光協會 1937『觀光の郡上』第三號

郡上踊保存會 1922–46『大正十一年以降　會議録』＝再録 2004 郡上八幡町史史料編編纂委員会編『郡上八幡町史 史料編第六巻（近現代編）』八幡町 498–612.

郡上おどり保存会 1991『無形文化財 郡上おどり』八幡町商工観光課

郡上おどり史編纂委員会編 1993『歴史でみる郡上おどり』八幡町

Habermas, Jürgen, 1990, *Strukturwandel der Öffentlichkeit: Untersuchungen zu einer Kategorie der bürgerlichen Gesellschaft*, 2. Aufl., Suhrkamp. = 1994 細谷貞雄・山田正行訳『〔第2版〕公共性の構造転換――市民社会の一カテゴリーについての探究』未來社

八幡町（大田成和編）1960・61『郡上八幡町史 上・下巻』

―――― 1990『広報 郡上八幡』357（90. 6）

―――― 2003『郡上八幡　平成15年（03年）町勢要覧 資料編』

八幡町議会 2002a『議会だより 第一一三回』（H14. 2. 15）

―――― 2002b『議会だより 第一一六回』（H14. 11. 15）

「八幡城ものがたり」編集委員会編 1991『八幡城ものがたり』八幡町

浜日出夫 1995「エスノメソドロジーと『羅生門問題』」『社会学ジャーナル』筑波大学社会学研究室 20: 103–12.
―― 1997「『共通価値』から『信頼』へ―秩序問題のパラダイム転換」駒井洋編『社会知のフロンティア――社会科学のパラダイム転換を求めて』新曜社 82–106.
―― 1998「歴史はいかにして作られるか―博物館の文法・博物館のリテラシー」『社会学ジャーナル』筑波大学社会学研究室 23：151–62.
長谷川公一 1996『脱原子力社会の選択――新エネルギー革命の時代』新曜社
―― 2003『環境運動と新しい公共圏――環境社会学のパースペクティブ』有斐閣
橋本裕之 1996「保存と観光のはざまで―民俗芸能の現在」山下晋司編『観光人類学』新曜社 178–88.
―― 2000「民俗芸能の再創造と再想像―民俗芸能に係る行政の多様化を通して」香月洋一郎・赤田光男編『講座日本の民俗学10 民俗研究の課題』雄山閣 69–80.
―― 2006『民俗芸能研究という神話』森話社
橋本和也 1999『観光人類学の戦略――文化の売り方・売られ方』世界思想社
―― 2001「観光研究の再考と展望―フィジーの観光開発の現場から」『民族学研究』66(1)：51–67.
――・佐藤幸男編 2003『観光開発と文化――南からの問いかけ』世界思想社
橋爪大三郎 1992『民主主義は最高の政治制度である』現代書館
Holstein, James A. and Jaber F. Gubrium 1995 *The Active Interview*, Sage. = 2004 山田富秋・兼子一・倉石一郎・矢原隆行訳『アクティヴ・インタビュー――相互行為としての社会調査』せりか書房
堀川三郎 1998「歴史的環境保存と地域再生―町並み保存における『場所性』の争点化」舩橋晴俊・飯島伸

子編『講座社会学12 環境』東京大学出版会 103–32.

――― 2000「運河保存と観光開発―小樽における都市の思想」片桐新自編『シリーズ環境社会学3 歴史的環境の社会学』新曜社 107–29.

Ibarra, Peter R. and John I. Kitsuse, 1993, "Vernacular Constituents of Moral Discourse : An Interactionist Proposal for the Study of Social Problems," James A. Holstein and Gale Miller eds., *Reconsidering Social Constructionism: Debates in Social Problems Theory*, Aldine de Gruyter, 25–58. = 2000 中河伸俊訳「道徳的ディスコースの日常言語的な構成要素―相互作用論の立場からの社会問題研究のための一提案」平英美・中河伸俊編『構築主義の社会学――論争と議論のエスノグラフィー』世界思想社 46–104.

飯田卓 2002「旗持ちとコンブ漁師―北の海の資源をめぐる制度と規範」松井健編『講座・生態人類学6 核としての周辺』京都大学学術出版会 7–38.

飯島伸子 1993『改訂版 環境問題と被害者運動』学文社

池田寛二 1986「水利慣行とムラの現在―兵庫県東条町一ノ井堰を事例として」『社会学論考』東京都立大学社会学研究会 7: 13–40.

――― 1987「モラル・エコノミーとしての入会とその現代的意義―兵庫県下の生産森林組合の動向を中心にして」『人文研究』千葉大学文学部 16: 25–72.

――― 1988「モラル・エコノミーの射程―農業問題への歴史社会学的視座」『思想』773: 175–201.

今井信雄 1999「炭坑がもたらした地域アイデンティティ―獅子舞へのまなざし」『地域社会学会年報』11: 103–19.

井之口章次 1977『伝承と創造――民俗学の眼』弘文堂

――1988「心意伝承論―庶民の平衡感覚」日本民俗研究大系編集委員会編『日本民俗研究大系8 心意伝承』國學院大學 7–25.
伊藤守 2005『記憶・暴力・システム――メディア文化の政治学』法政大学出版局
伊藤達也 2004「長良川河口堰住民訴訟・愛知の結末」『長良川ネットワーク』長良川河口堰建設に反対する会 29: 3–4.（http://nagara.ktroad.ne.jp/network/network29/net294.html 09. 11. 20）
伊藤安男編 1991『長良川をあるく』中央出版
岩本通弥 1980「城下町の社会と民俗―茨城県古河の常民生活誌から」『日本民俗学』129: 32–51.
梶田孝道 1988『テクノクラシーと社会運動――対抗的相補性の社会学』東京大学出版会
粕谷志郎 2009「死につつある長良川」長良川河口堰建設をやめさせる市民会議ＨＰ（http://www.nagarask.com/100207kasuya.htm 10. 6. 30）
片桐新自 2000「歴史的環境へのアプローチ」片桐新自編 1–23.
――編 2000『シリーズ環境社会学3 歴史的環境の社会学』新曜社
川森博司 1996「ふるさとイメージをめぐる実践―岩手県遠野の事例から」青木保・内堀基光・梶原景昭・小松和彦・清水昭俊・中林伸浩・福井勝義・船曳建夫・山下晋司編『岩波講座文化人類学12 思想化される周辺世界』岩波書店 155–85.
――1999「口承説話の管理と継承」小松和彦・野本寛一編『講座日本の民俗学8 芸術と娯楽の民俗』雄山閣 59–77.
――2001「現代日本における観光と地域社会―ふるさと観光の担い手たち」『民族学研究』66(1): 68–86.
――・山本志乃・島村恭則 2008『日本の民俗3 物と人の交流』吉川弘文館

川本三郎 1999「サライ・シネマ・レビュー 憶う」『サライ』小学館 11(14) 99. 7. 15: 128–9.
―――― 1999『映画の昭和雑貨店 完結編』小学館
川田牧人 2008「環境民俗学のこれから／これからの（ための）環境民俗学」山泰幸・川田牧人・古川彰編『環境民俗学――新しいフィールド学へ』昭和堂 298–311.
建設省河川局 1997「『河川法の一部を改正する法律』について」(http://www.mlit.go.jp/river/kasenhou/9705.html 01. 4. 26)
岸政彦 2004「語り・差異・構造―沖縄生活史研究における『繋留点』」『人権問題研究』大阪市立大学人権問題研究センター 4: 101–23.
北川石松・天野礼子編 1994『巨大な愚行 長良川河口堰――政・官・財癒着の象徴』風媒社
鬼頭秀一 1996『自然保護を問いなおす――環境倫理とネットワーク』筑摩書房
Kitsuse, John I., 1962, "Societal Reaction to Deviant Behavior: Problems of Theory and Method," *Social Problems* 9(3): 247–56.
小林多寿子 1997『物語られる「人生」――自分史を書くということ』学陽書房
国土交通省中部地方整備局・水資源開発機構中部支社 2006『長良川河口堰環境調査誌』
小松和彦 1999「総説 芸術と娯楽の民俗」小松和彦・野本寛一編『講座日本の民俗学8 芸術と娯楽の民俗』雄山閣 3–21.
高坂健次 2000「ミドルマンのすすめ―『役に立つ』社会学・ノート（1）」『関西学院大学社会学部紀要』87: 197–205.
栗田靖之 1991「会議の文化―『寄合』の伝統をめぐって」梅棹忠夫・栗田靖之編『知と教養の文明学』中

央公論社 329–54.

草柳千早 2004『「曖昧な生きづらさ」と社会――クレイム申し立ての社会学』世界思想社

久徳高文編 1992『長良川河口堰問題略年表』桑名と長良川河口堰を考える会

Leuenberger, Christine, 2006, “Constructions of the Berlin Wall: How Material Culture Is Used in Psychological Theory,” *Social Problems* 53(1): 18–37.

Lienhardt, Godfrey, 1956, “Modes of Thought,” Edward E. Evans-Pritchard, Raymond Firth, Edmund R. Leach, John G. Peristiany, John Layard, Max Gluckman, Meyer Fortes, Godfrey Lienhardt, *The Institutions of Primitive Society: A Series of Broadcast Talks*, The Free Press, 95–107. = 1970 吉田禎吾訳「未開人の思考様式」エドワード・E・エヴァンス=プリチャード／レイモンド・ファース／エドマンド・R・リーチ／ジョン・G・ペリスティアニー／ジョン・レイヤード／マックス・グラッグマン／マイヤー・フォーテス／ゴドフリー・リーンハート 吉田禎吾訳『人類学入門――未開社会の諸相』弘文堂 163–80.

前山隆 2003『個人とエスニシティの文化人類学――理論を目指しながら』御茶の水書房

牧野厚史 1999「歴史的環境保全における『歴史』の位置づけ―町並み保全を中心として」『環境社会学研究』5: 232–39.

松田素二・古川彰 2003「観光と環境の社会理論―新コミュナリズムへ」古川彰・松田素二編『シリーズ環境社会学 4 観光と環境の社会学』新曜社 211–39.

松平誠 1990『都市祝祭の社会学』有斐閣

松井健 1998「マイナー・サブシステンスの世界―民俗世界における労働・自然・身体」篠原徹編『現代民俗学の視点 1 民俗の技術』朝倉書店 247–68.

松島静雄 1978『友子の社会学的考察——鉱山労働者の営む共同生活体分析』御茶の水書房

Maynard, Douglas W. and Steven E. Clayman, 1991, "The Diversity of Ethnomethodology," *Annual Review of Sociology* 17: 385–418.

Mehan, Hugh and Houston Wood, 1975, *The Reality of Ethnomethodology*, John Wiley & Sons.

Merton, Robert K., 1957, "Patterns of Influence: Local and Cosmopolitan Influentials," Robert K. Merton, *Social Theory and Social Structure,* Revised and Enlarged Edition, The Free Press, 387–420. = 1961 中島竜太郎訳「影響の形式—ローカルな影響者とコスモポリタンな影響者」森東吾・森好夫・金沢実・中島竜太郎訳『社会理論と社会構造』みすず書房 351–82.

三浦耕吉郎 1995「環境の定義と規範化の力—奈良県の食肉流通センター建設問題と環境表象の生成」『社会学評論』45(4): 469–85.

——— 1998「市民社会化のなかの被差別部落—聞き取り調査における『語り』の分析から」青井和夫・高橋徹・庄司興吉編『福祉社会の家族と共同意識——21世紀の市民社会と共同性：実践への指針』梓出版社 233–48.

——— 2009『環境と差別のクリティーク——屠場・「不法占拠」・部落差別』新曜社

宮本常一 1967「民衆の生活と放送」『宮本常一著作集2 日本の中央と地方』未來社 195–206.

——— 1976「民俗事象の捉え方・調べ方」池田彌三郎・宮本常一・和歌森太郎編『日本の民俗11 民俗学のすすめ』河出書房新社: 75–100.

——— 1984「対馬にて」『忘れられた日本人』岩波書店 11–35.

宮野雄一 1999「公共事業の費用便益分析—制度と長良川河口堰の分析」『環境と公害』29(1): 18–24.

宮内泰介 2005「事例研究再考—生活を組み立てる〈力〉としての調査研究」『先端社会研究』関西学院大学大学院社会学研究科21世紀ＣＯＥプログラム・関西学院大学出版会 2: 27–46.
水野隆 1990『多喜女聞書』おもだか家
水資源開発機構長良川河口堰管理所 2010「長良川河口堰 OFFICIAL WEB SITE」(http://www.gix.or.jp/~naga02/nagara/japanese/indexj.htm 10. 6. 30)
Moerman, Michael〔1989〕1992, "Life After C. A.: An Ethnographer's Autobiography," Graham Watson and Robert M. Seiler eds., *Text in Context: Contributions to Ethnomethodology*, Sage: 20–34. ＝ 1991 藤田隆則訳「会話分析とともに—ある民族誌家の自伝」谷泰編『文化を読む——フィールドとテクストのあいだ』人文書院 296–321.
森元孝 1989「運動体の析出と市民の析出—池子米軍家族住宅建設反対運動から」『社会科学討究』早稲田大学社会科学研究所 35(1): 83–113.
——— 1996『逗子の市民運動——池子米軍住宅建設反対運動と民主主義の研究』御茶の水書房
森真一 2000『自己コントロールの檻——感情マネジメント社会の現実』講談社
毛利嘉孝 2003『文化＝政治』月曜社
森田真也 1997「観光と『伝統文化』の意識化—沖縄県竹富島の事例から」『日本民俗学』209: 33–65.
村上哲生・西條八束・奥田節夫 2000『河口堰』講談社
永井均 1996『〈子ども〉のための哲学』講談社
長良川河口堰事業モニタリング調査グループ・長良川研究フォーラム・日本自然保護協会編 1999『長良川河口堰が自然環境に与えた影響』日本自然保護協会報告書第85号 日本自然保護協会

長良川河口堰建設をやめさせる市民会議編 1999『資料集　長良川河口堰運用の「被害は軽微」にあらず』
長良川河口堰建設をやめさせる市民会議 2000 長良川河口堰建設をやめさせる市民会議ＨＰ（http://www.nagarask.com/index.html 10.6.30）
長良川水系・水を守る会編 1998『さつきますの本』
中河伸俊 1999『社会問題の社会学――構築主義アプローチの新展開』世界思想社
中村孚美 1972「都市と祭り―川越祭りをめぐって」古野清人教授古稀記念会編『現代諸民族の宗教と文化――社会人類学的研究』社会思想社 353–84.
中村牧子 1994「紛争処理手続きをめぐる比較社会論―中世後期以降の日本社会を中心として」『社会学評論』45(2): 206–20.
中野卓 1978『下請工業の同族と親方子方――「高度成長期」前におけるその存在形態』御茶の水書房
二宮哲雄・中藤康俊・橋本和幸編 1985『混住化社会とコミュニティ』御茶の水書房
西阪仰 1996「相互行為のなかの非対称性」井上俊・上野千鶴子・大澤真幸・見田宗介・吉見俊哉編『岩波講座現代社会学16　権力と支配の社会学』岩波書店 47–66.
――― 1997『相互行為分析という視点――文化と心の社会学的記述』金子書房
野田浩資 2001「歴史的環境の保全と地域社会の再構築」鳥越皓之編『講座環境社会学３ 自然環境と環境文化』有斐閣 191–215.
帯谷博明 2004『ダム建設をめぐる環境運動と地域再生――対立と協働のダイナミズム』昭和堂
越智昇 1980「地域組織の日本的構成」蓮見音彦・奥田道大編『地域社会論』有斐閣 294–334.
落合恵美子 2005「歴史社会学の分裂―実証主義と構築主義をめぐって」『ソシオロジ』50(1): 137–8.

荻野昌弘 1998『資本主義と他者』関西学院大学出版会
——— 2002「文化遺産への社会学的アプローチ」荻野昌弘編 1–33.
——— 2005『零度の社会——詐欺と贈与の社会学』世界思想社
——— 編 2002『文化遺産の社会学——ルーヴル美術館から原爆ドームまで』新曜社
大石泰夫 1998「民俗芸能と民俗芸能研究」『日本民俗学』213: 82–97.
——— 1999「芸能の二面性（神事性と娯楽性）」小松和彦・野本寛一編『講座日本の民俗学8 芸術と娯楽の民俗』雄山閣 110–25.
大蔵省印刷局 1992「地域伝統芸能等を活用した行事の実施による観光及び特定地域商工業の振興に関する法律」『官報』号外 92（6. 26）: 55–9.
——— 1997「河川法の一部を改正する法律」『官報』号外 110（6. 4）: 24–5.
太田好信 1998『トランスポジションの思想——文化人類学の再想像』世界思想社
Pollner, Melvin 1987 *Mundane Reason: Reality in Everyday and Sociological Discourse*, Cambridge University Press. ＝部分訳 1987「お前の心の迷いです——リアリティ分離のアナトミー」ハロルド・ガーフィンケル／ハーヴェイ・サックス／メルヴィン・ポルナー／ドロシー・スミス／ローレンス・ウィーダー 山田富秋・好井裕明・山崎敬一編訳『エスノメソドロジー——社会学的思考の解体』せりか書房 39–80.
「歴史探訪 郡上八幡」編集委員会編 1998『歴史探訪 郡上八幡』八幡町教育委員会
桜井厚 2002『インタビューの社会学——ライフストーリーの聞き方』せりか書房
桜井徳太郎 1962『講集団成立過程の研究』吉川弘文館
佐藤慶幸 1982『アソシエーションの社会学——行為論の展開』早稲田大学出版部

—— 1983「自発的結社の組織論」『現代社会学』現代社会学会議・アカデミア出版 17: 3–17.

関一敏 1997「呪術世界の描き方」脇本平也・田丸徳善編『アジアの宗教と精神文化』新曜社 347–66.

—— 2002「民俗」小松和彦・関一敏編『新しい民俗学へ——野の学問のためのレッスン26』せりか書房 41–51.

関礼子 1997「自然保護運動における『自然』—織田が浜埋立反対運動を通して」『社会学評論』47(4): 461–75.

関沢まゆみ 1991「寄合における長老の意義—近江・三津屋の事例を通して」『日本民俗学』188: 88–110.

—— 2000『宮座と老人の民俗』吉川弘文館

Sennett, Richard, 1970, *The Uses of Disorder: Personal Identity and City Life*, Alfred A. Knopf. = 1975 今田高俊訳『無秩序の活用——都市コミュニティの理論』中央公論社

芝村龍太 1999「地域の活性化と文化の再編成—串原の組の太鼓と中山太鼓」『ソシオロジ』44(1): 21–37.

柴田勇治 1988『郡上釣り——アマゴ釣りの原点・六人の職漁師に聞く』山と溪谷社

渋谷望 2003『魂の労働——ネオリベラリズムの権力論』青土社

嶋数男 1994『明治・大正・昭和の記録　写真が語る郡上八幡の一世紀』あゆみ会

島村恭則 2006「〈生きる方法〉の民俗学へ—民俗学のパラダイム転換へ向けての一考察」『国立歴史民俗博物館研究報告』132: 7–24.

—— 2010『〈生きる方法〉の民俗誌——朝鮮系住民集住地域の民俗学的研究』関西学院大学出版会

Silverman, David, 1997, "The Construction of 'Delicate' Objects in Counselling," *Discourse of Counselling: HIV Counselling as Social Interaction*, Sage, 63–88.

菅豊 1998「深い遊び―マイナー・サブシステンスの伝承論」篠原徹編『現代民俗学の視点1 民俗の技術』朝倉書店 217–46.
――― 2006『川は誰のものか――人と環境の民俗学』吉川弘文館
菅原和孝 1993『身体の人類学――カラハリ狩猟採集民グウィの日常行動』河出書房新社
――― 1995「身体とことばのコミュニケーション―身ぶり・相互行為・会話」米山俊直編『現代人類学を学ぶ人のために』世界思想社 222–47.
――― 2004『ブッシュマンとして生きる――原野で考えることばと身体』中央公論新社
鈴木榮太郎 1940『日本農村社會學原理』時潮社＝再版 1968『鈴木榮太郎著作集Ⅰ・Ⅱ 日本農村社会学原理（上・下）』未來社
鈴木義秋 1986「常友と白雲水」郡上史談会編『岐阜県の歴史シリーズ5 図説郡上の歴史』郷土出版会 73.
鈴野藤夫 1993『山漁 渓流魚と人の自然誌』農山漁村文化協会
――― 2002『山釣り談義』文一総合出版
高田昭彦 1985「草の根運動の現代的位相―オールタナティヴを志向する新しい社会運動」『思想』737: 176–99.
――― 1990「草の根市民運動のネットワーキング―武蔵野市の事例研究を中心に」社会運動論研究会編『社会運動論の統合をめざして――理論と分析』成文堂 203–46.
高橋教雄 1992「郡上八幡の文化の底流」郡上八幡まちづくり誌編集委員会編『ふるさと創生読本 郡上八幡の本』はる書房 216–55.
――― 1997「水と郡上八幡」『環境社会学研究』3: 117–20.

武田俊輔 2001「民謡の歴史社会学―ローカルなアイデンティティ／ナショナルな想像力」『ソシオロゴス』25: 1-20.
田窪祐子 1996「カリフォルニア州『原子力安全法』の成立過程―複数のアリーナ間の相互作用としての政治過程」『環境社会学研究』2: 91-108.
玉野和志 2004「魅力あるモノグラフを書くために」好井裕明・三浦耕吉郎編『社会学的フィールドワーク』世界思想社 62-96.
田辺繁治 2003『生き方の人類学――実践とは何か』講談社
田中滋 1993「河川の環境社会学・試論（1）」『追手門学院大学文学部紀要』28: 105-15.
―― 2001a「ポスト・モダンの社会運動―長良川河口堰建設反対運動の歴史的変化とその構図」『龍谷大学 国際社会文化研究所紀要』3: 325-50.
―― 2001b「河川行政と環境問題―行政による〈公共性の独占〉とその対抗運動」舩橋晴俊編『講座環境社会学2 加害・被害と解決過程』有斐閣 117-43.
立石裕二 2007「長良川河口堰問題における科学と社会の相互作用―批判的科学ネットワークと科学の自律性に注目して」『ソシオロジ』52(1): 103-18.
寺田敬蔵 1986a「承応の大火」郡上史談会編『岐阜県の歴史シリーズ5 図説郡上の歴史』郷土出版会 75.
―― 1986b「八幡歴史散歩」郷土文化誌「郡上」編集部(代表: たにざわゆきお)編『郷土文化誌 郡上』9: 34-44.
―― 1990a～f「踊念仏と踊りと祭りと」『広報 郡上八幡』357 (90. 6): 12-3; 358 (90. 7):16-7; 360 (90. 9):10-1; 361 (90. 10):14-5; 362 (90. 11):12-3; 363 (90. 12):16-7 八幡町
―― (郡上史談会) 編 1997『改訂版 郡上の民謡』郡上史談会
寺田良一 1995「再生可能エネルギー技術の環境社会学―環境民主主義を展望して」『社会学評論』45(4): 486-500.

――― 1998「環境NPO（民間非営利組織）の制度化と環境運動の変容」『環境社会学研究』4: 7–23.
徳野貞雄 1988「ニュータウン開発にともなう混住化社会の地域組織形態と地域紛争」『山口大学文学会志』38: 43–68.
鳥越皓之 1997『環境社会学の理論と実践――生活環境主義の立場から』有斐閣
――― 2002『柳田民俗学のフィロソフィー』東京大学出版会
つげ義春 1994『つげ義春全集6 ねじ式／夜が掴む』筑摩書房
鶴見和子 1977『漂泊と定住と――柳田国男の社会変動論』筑摩書房
――― 1983「多発部落の構造変化と人間群像―自然破壊から内発的発展へ」色川大吉編『水俣の啓示――不知火海総合調査報告（上）』筑摩書房 155–240.
――― 1996『内発的発展論の展開』筑摩書房
上野千鶴子編 2001『構築主義とは何か』勁草書房
上野直樹 1999『仕事の中での学習――状況論的アプローチ』東京大学出版会
梅原猛・筑紫哲也・天野礼子・北川石松・野田知佑・C. W. ニコル・近藤正臣・根津甚八・恩田俊雄・水口憲哉・保母武彦 1994『川の思想』山と溪谷社
脇田健一 2001「地域環境問題をめぐる〝状況の定義のズレ〟と〝社会的コンテクスト〟―滋賀県における石けん運動をもとに」舩橋晴俊編『講座環境社会学2 加害・被害と解決過程』有斐閣 177–206.
渡部一二・郭中端・堀込憲二 1993『水縁空間――郡上八幡からのレポート』住まいの図書館出版局
渡辺登 1990「生活自治型住民運動の展開―池子米軍住宅建設反対運動を事例として」社会運動論研究会編『社会運動論の統合をめざして――理論と分析』成文堂 247–80.

八木康幸 1994「ふるさとの太鼓―長崎県における郷土芸能の創出と地域文化のゆくえ」『人文地理』46(6)：581–603.
―― 1999「ふるさとのけしき―西海のねぶた」鳥越皓之編『講座人間と環境4 景観の創造――民俗学からのアプローチ』昭和堂 171–201.
山泰幸 2003「記憶を祀る―『赤穂事件』記憶をめぐるモノと場所」大野道邦編『記憶と文化――「赤穂事件」記憶への文化社会学的アプローチ』平成13～14年度科学研究費補助金基盤研究（C）（2）研究成果報告書 奈良女子大学 81–105.
―― 2007「民話―なぜ、猿退治伝説は再び語られるようになったのか」小川伸彦・山泰幸編『現代文化の社会学 入門――テーマと出会う、問いを深める』ミネルヴァ書房 137–51.
―― 2009『追憶する社会――神と死霊の表象史』新曜社
――・川田牧人・古川彰編 2008『環境民俗学――新しいフィールド学へ』昭和堂
山田富秋 2000『日常性批判――シュッツ・ガーフィンケル・フーコー』せりか書房
―― 2003「相互行為過程としての社会調査」『社会学評論』53(4)：579–93.
――・好井裕明 1991『排除と差別のエスノメソドロジー――〈いま―ここ〉の権力作用を解読する』新曜社
山口節郎 1982『社会と意味――メタ社会学的アプローチ』勁草書房
山本堯 1979「流域の人びと」岐阜大学長良川研究会編『長良川』三共出版 30–62.
山室敦嗣 2004「フィールドワークが〈実践的〉であるために―原子力発電所候補地の現場から」好井裕明・三浦耕吉郎編『社会学的フィールドワーク』世界思想社 132–66.
―― 2008「それでもそこで暮らし続けるためには―原子力施設立地地域における住民の生活技法」『九

州人類学会報』35: 1–12.
山下晋司 1996「観光人類学案内—《文化》への新しいアプローチ」山下晋司編『観光人類学』新曜社 4–13.
——— 1999『バリ 観光人類学のレッスン』東京大学出版会
——— 編 2007『観光文化学』新曜社
山崎正和 2003『社交する人間——ホモ・ソシアビリス』中央公論新社
柳田國男〔1926〕1990「郷土舞踊の意義」『柳田國男全集 18』筑摩書房 471–9.
———〔1941〕1970「たのしい生活」『定本柳田國男集 第三十巻』筑摩書房 187–202.
安井眞奈美 1997「町づくり・村おこしとふるさと物語」小松和彦編『現代の世相5 祭りとイベント』小学館 201–26.
——— 2000「消費される『ふるさと』」成田龍一・藤井淑禎・安井眞奈美・内田隆三・岩田重則『故郷の喪失と再生』青弓社 91–132.
横山尚己 2000『サツキマスが還る日——徹底検証 長良川河口堰の三〇年』山と溪谷社
米山俊直 1989『小盆地宇宙と日本文化』岩波書店
好井裕明 1999『批判的エスノメソドロジーの語り——差別の日常を読み解く』新曜社
吉兼秀夫 1996「フィールドから学ぶ環境文化の重要性」『環境社会学研究』2: 38–49.
吉野耕作 1997『文化ナショナリズムの社会学——現代日本のアイデンティティの行方』名古屋大学出版会
在間正史 1997「長良川河口堰の事業評価—河川開発事業の検討」『環境社会学研究』3: 47–57.
Zimmerman, Don H. and Melvin Pollner, 1970, "The Everyday World as a Phenomenon," Jack D. Douglas ed., *Understanding Everyday Life: Toward the Reconstruction of Sociological Knowledge*, Aldine, 80–103.

人名索引

事項索引

さ行

著者紹介

足立　重和（あだち　しげかず）

1969年　兵庫県生まれ

追手門学院大学文学部社会学科卒業，大阪教育大学大学院教育学研究科修士課程修了，関西学院大学大学院社会学研究科博士課程後期課程単位取得退学

博士（社会学）

現在　愛知教育大学教育学部准教授

専攻　社会学（環境社会学，地域社会学，フィールドワーク論）

著書・論文

『現代文化の社会学 入門――テーマと出会う，問いを深める』（共著）ミネルヴァ書房，2007年

『社会学的フィールドワーク』（共著）世界思想社，2004年

「生活史研究と構築主義―『ライフストーリー』と『対話的構築主義』をめぐって」『社会科学論集』（愛知教育大学地域社会システム講座）40・41合併号，2003年　ほか

新曜社

郡上八幡 伝統を生きる

地域社会の語りとリアリティ

初版第1刷発行　2010年8月15日

著　者　足立　重和

発行者　塩浦　暲

発行所　株式会社　新曜社

101-0051　東京都千代田区神田神保町2-10

電話（03）3264-4973（代）・FAX（03）3239-2958

E-mail：info@shin-yo-sha.co.jp

URL：http://www.shin-yo-sha.co.jp/

印　刷　長野印刷商工（株）　Printed in Japan

製　本　渋谷文泉閣

ISBN978-4-7885-1202-3　C3036

体感する社会学
Oh! My Sociology
金菱　清　著
四六判一九二頁
一九〇〇円

生きられた法の社会学
伊丹空港「不法占拠」はなぜ補償されたのか
金菱　清　著
四六判二四八頁（口絵一六頁）
二五〇〇円

環境と差別のクリティーク
屠場・「不法占拠」・部落差別
三浦耕吉郎　著
A5判二二八頁
二一〇〇円

追憶する社会
神と死霊の表象史
山　泰幸　著
四六判二二八頁
二〇〇〇円

コモンズ論の挑戦
新たな資源管理を求めて
井上　真　編
A5判二三二頁
三二〇〇円

コモンズをささえるしくみ
レジティマシーの環境社会学
宮内泰介　編
四六判二七二頁
二六〇〇円

観光文化学
山下晋司　編
A5判二〇八頁
二一〇〇円

新　曜　社

表示価格は税別